LA CATIRA

CAMILO JOSÉ CELA

LA CATIRA

Seix Barral Biblioteca Breve

Cubierta: «Los grandes caballos azules»,
de Franz Marc (fragmento)

Primera edición
en Biblioteca Breve:
marzo 1988
Segunda edición: noviembre 1989

© Camilo José Cela, 1955
Derechos exclusivos de edición en castellano
reservados para todo el mundo:
© 1988 y 1989: Editorial Seix Barral, S. A.
Córcega, 270 - 08008 Barcelona

ISBN: 84-322-0585-0

Depósito legal: B. 41.075 - 1989

Impreso en España

Yo soy el pajarito titiritaño
que vengo de España buscando mujer.

(De un juego infantil venezolano.)

PRIMERA PARTE

VIENTO OESTE, VIENTO BARINÉS

La guerra...

CAPÍTULO I

LA CATIRA PIPÍA SÁNCHEZ

Aquí le vengo, patrón, pues, a traele nuevas de la catira Pipía Sánchez, güeno, que es damita muy jodía, patrón, y usté bien lo sabe...

Don Filiberto Marqués ni aún miró para Clorindo López. Clorindo López, la verdad por delante, tampoco tenía mucho que mirar. Tuerto y con dos dedos de menos, su pinta recordaba la del araguato. Hace ya muchos años, de niños, don Filiberto Marqués le atapuzó una pedrada a Clorindo López y le saltó un ojo. En el juraco, Clorindo López llevaba una vendita negra, tiñosa y confitera, banquete y hartazón de jejenes. Los dedos se los había comido, aún mozo, una buba maligna.

—Miá, bicharango e el diablo, vagabundo, habla, pues, y no te arrimes, que jiedes a temiga e loco.

—Güeno, patrón, no me se ponga birriondo, pues, que la catira Pipía Sánchez me manda ecile que lo aguardia en la punta e el boquerón. Güeno, y que yo le vengo a ecile, patrón, que la niña ya anduvo jugándole cucambeo a su papá, sí, señó, güeno, y que ya botó a la bestia toiticos sus corotos, patrón, eso es, güeno, sin dejá ni uno.

Don Filiberto Marqués se paró con parsimonia. Don Filiberto Marqués tenía el pelo colorao, igual que un torito orúo.

—Miá, mocho Clorindo, vale, píe a los santos que to vaya a salí con bien. Un marrón te he e da pa tóa la gente, vale. Yo no me muevo e el hato. Don Froilán Sánchez ha e vení a buscame, lo has de ve. Don Froilán Sánchez es un campuruso muy cumplío.

—Sí, patrón, y menos enconchao, ¿sabe?, e lo que la gente piensa. Güeno, eso ando cavilando.

Don Filiberto Marqués hizo como que no entendía. Don Filiberto Marqués era buenmocísimo y, metido en su liquilique, lucía muy gallarda figura.

—A la doña la llevas al hato Primavera, pues, a casa e mis primas, ¿sabes?, y le ejas tres hombres pa que la guardien.

—Sí, patrón.

—Y tú, con otros tres, te enmatas en la laguna pa recibí a don Froilán, cuando venga a buscame, ¿sabes?

—Sí, patrón.

—Y como don Froilán es hombre como los demás, güeno, tampoco más duro, me le caes a bala y sin marrá, ¿sabes?

Al tuerto Clorindo se le alumbró el ojillo que le quedaba.

—Sí, patrón.

Don Filiberto Marqués prendió un cigarro.

—Un marrón te he e da pa tóa la gente, vale. Y don Froilán algo llevará encima, ¿sabes? Anda, pues, y no me armen demasiao esporororo, ¿sabes? Y la doña que no me se asuste; a Europa la he e llevá, e paseo.

—Güeno, pues, patrón...

—Güeno, pues...

Clorindo López apostó a su tropilla en la mata de la laguna. Las garzas, blancas y grises, levantaron el vuelo presintiendo el tomate; los garzones soldados les dieron gentil airosa escolta.

—Güeno, aquí se quean ustés. Eso es, güeno, yo ya golveré, güeno, que tengo que cumplí una iligencia e el patrón.

Los negros zamuros, entretenidos en vaciar por el trasero a una res muerta, ni miraban la escena.

—Y si don Froilán arrima con su gente, güeno, eso es, y si don Froilán arrima con su gente, ustés me lo tumban de un tiro e cachito, güeno...

Ño Canillera quería más precisiones.

—Güeno, compae, y si don Froilán se nos pone guapo, pues...

Clorindo López no era amigo de que se discutiesen las órdenes; bastante había obedecido ya, toda la vida.

—Mié, corneto, malcuero, que las cosas han de salí con bien. Que yo me ando ahoritica con un pilenque e vainas, güeno, y no me ha e vení usté con el pato y la guacharaca, ¿sabe?

Ño Canillera agachó aún más sus orejas de can percusio. Caballero en su penco melao, ño Canillera semejaba un chicuaco sarnoso.

—Que don Froilán es muy farrusquero, güeno, tóos lo saben, y esde lejos se le ha e escuchá la chocontana, güeno. Y esta gente nuestra es muy fregá, ño, y con ella se pué contá, güeno. Peo si to se pierde, vale, me toman el cachachás y me se raspan ligerito, güeno.

—Sí.

Ño Canillera se puso a mascar güeva.

—E Santa Cru.

—¿Eh?

—E Santa Cru.

—¡Guá, que es sabrosona!

Clorindo López, con tres hombres, se arrimó al boquerón donde aguardaba la catira Pipía Sánchez. A la catira Pipía Sánchez, un poeta de Cumaná, Estado Sucre, le había llamado, una vez, "perla de Nueva Esparta". La catira Pipía Sánchez, aunque más llanera que don Juan Ramón Torrealba, era hija de una señora, muy bella y muy blanca, natural de Porlamar, en la isla Margarita.

Los hombres de Clorindo López trotaban a la vera del mocho, en silencio, quizás pensando en pescosearle la despensa a las primas del patrón, las dueñas del hato Primavera.

El más viejo de los hombres de Clorindo López se llamaba Brígido San José y había sido guatanero de don Servando, el hermano mayor de don Filiberto, que murió asesinado, de un tiro por mampuesto, en el paloapique del hato del Pedernal. Brígido San José, desde la muerte de don Servando, había caído en desgracia ante el patrón, e incluso entre la peonada, pero, como ya no era ningún niño, ni tenía mejor sitio a dónde ir, aguantaba y procuraba portarse bien. Brígido San José montaba un potro zebruno que se llamaba *Pluma e chusmita.*

Bartolomé Saucedo, otro de los hombres de Clorindo López, era un tercio guapetón y jaranero que estaba en la flor de la vida. Bartolomé Saucedo, andaba siempre de buen humor. Bartolomé Saucedo tenía el labio apitonado, desde el guarurazo que le atestaron, cinco o seis años atrás, en Punta Mata, Estado Monagas, cuando el barajuste que se armó con lo del gringo de las morocotas. Sería muy largo de contar. Bartolomé Saucedo se sentía general —¿no había sido Páez bestiero en el hato de la Calzada, propiedad de don Manuel Pulido?—, jinete en su padrote marmoleño, *Indio libre,* un caballo maranto, que había que ser muy hombre para que no le botase a uno por las orejas.

Daniel Suárez era el otro peón destinado a formar la escolta de la catira Pipía Sánchez.

—¡Guá, que es linda la catira! ¡Y el patrón ta como airiao y no se percata e que barriaíta la tié, a la catira! ¡Guá, que es linda la catira!

Daniel Suárez jamás se hubiera atrevido a decir una sola palabra en alto, de todo lo que pensaba. Ni siquiera a su bestia, el zaino *Púa e juásdua,* que era amigo.

Don Filiberto era poeta y ensayista. Don Filiberto también era versado en historia. Don Filiberto cuidaba, hasta donde le era posible hacerlo, de que el joropo no se adulterase.

—Ahoritica, hasta el más cholúo quié escuchá el radio, vale. ¿Qué va a se e el joropo?

—¿Y yo qué sé, don? ¡Con eso e el radio!

Don Filiberto Marqués era autor de un libro —*Valsiao, escobillao y zapatiao,* Ediciones Camorure, Barquisimeto, 1935— en el que trataba de la pureza del joropo. El libro tiene ciento cinco páginas y va dedicado al arpisto Manuel

Colmenares y el cantor Gregorio Páez, de San Francisco de Asís, Estado Aragua.

Don Filiberto, algunas veces, cepillaba su borsalino de peloeguama y se acercaba a Caracas. Don Filiberto, por más que anduviera por la capital, no perdía su buen aire campeche.

—Eso es cosa e el ají —solía explicar a las señoras—, mientras quede ají no hay mieo e que se acabe el mundo.

En una de sus visitas a Caracas, a don Filiberto le presentaron a un gallego medio vagabundo, que se llamaba Evaristo. Evaristo, antes, cuando era persona de provecho, se llamaba Camilo. En España, la palabra vagabundo, aún sin querer denotar un título de nobleza, es algo menos mala que en Venezuela. A don Filiberto, le presentó a Evaristo otro gallego, don Cándido Seoane, que era un señor de pelo blanco, tez tersa y el ánimo enhiesto como el de un paladín. Don Cándido, por eso del paisanaje, convidaba alguna que otra vez a Evaristo a almorzar o a comer. Don Filiberto y Evaristo se hicieron muy amigos y hubo una temporada en que se pasaban el día y la noche arreándose palitos de ron santateresa por los botiquines.

—Miá, chico, que esto e el ron es un güen invento, ¿sabes?

—Sí, señor, la mar de bueno.

Evaristo estaba, por aquel tiempo, varado en Caracas, sin documentación y sin un bolo en el bolsillo. Evaristo había intentado colaborar en los diarios pero, al final, no pudo. Lo iba a introducir en los medios intelectuales un linotipista de *El Faro de Vigo*, que parecía muy bien relacionado, pero al hombre, cuando ya todo estaba a punto, le salió un choyo en Maracay, algo así como imprimir unas etiquetas comerciales, o cosa por el estilo, y abandonó a Evaristo a sus pobres fuerzas. A Evaristo no se lo llevó la rúa-rúa de la ciudad, porque arrió las velas a tiempo, cerró las escotillas y se puso al pairo. A mal tiempo, buena cara. Entonces fue cuando Evaristo conoció a don Filiberto.

Don Filiberto y Evaristo, en cuanto andaban ya medio rascaítos, se ponían a hablar de política y de filosofía. Evaristo, como era español, tenía cierta tendencia a echar discursos. Evaristo, de joven, hubiera querido ser gobernador civil, pero no lo hicieron porque tenía un primo que no iba a misa más que el día del Apóstol.

—Mire, don Filiberto, que quería decirle una cosa que inventé ayer por la noche.

—Vamo allá, chico.

Don Filiberto, en general, era muy complaciente. Don Filiberto, siempre dentro de ciertos límites, solía aguantar los discos de los demás, incluso fingiendo un mínimo interés, a cambio de que le dejasen colocar los suyos, cuando se presentaba la ocasión.

Evaristo prefirió tomarse una pequeña pausa.

—¿Le parece que bebamos otra copita de ron?

—¡Claro, chico! ¡Cómo no!

Evaristo se sopló de un trago su palito de ron y se fue al toro derecho y por los cuernos. Evaristo habló muy de prisa y aflautando un poco la voz. Evaristo soltó una parrafada sobre el destino de Hispanoamérica, que se había leído, una vez, en *La Nación* de Buenos Aires.

A don Filiberto, por poco, se le atraganta el ron.

—¡Guá, compañero! ¡Qué pico e oro!

Evaristo sonrió, agradecidamente, e hizo seña con la mano de que le dejase continuar. Evaristo adoptó un aire ecuánime y senatorial y redondeó su discurso haciendo un jeribeque en el aire con los dedos. Don Filiberto empezó a dar saltos en la silla.

—¡Qué palo e hombre! ¡Guá, compañero! ¡Y cómo se lo piensa en la memoria! ¡Qué tronco e hombre!

Evaristo aprovechó el momento psicológico para pedir más ron. Don Filiberto le atajó.

Don Filiberto, con su mejor vozarrón de trueno, gritó al niño del botiquín, un portuguesito canijo y saripioso:

—¡Miá, chico, éjate e lavativas! ¡Tráete la botella! ¿Sabes?

Don Filiberto, por lo bajo, mientras se bebía, mano a mano con Evaristo, la botella de ron, no hacía más que repetir:

—¡Qué palo e hombre!... ¡Qué palo e hombre!...

Don Filiberto estaba anonadado. Evaristo, resplandeciente.

—Pues aún sé más.

—Miá, chico, éjalo pa otro día. Esto me lo tiés que ecí entero aún otra vez.

—Como guste...

La negra Cándida José se presentó hecha un mar de lágrimas.

—¡Ay, patrón, que nos han bailao a la niña Pipía, patroncito! ¡Ay, don, que a la casa le pasó una mano!... ¡Ay, que to es obra e Moquinga! ¡Ay, patrón, que nos han bailao a la niña!

Don Froilán Sánchez zarandeó de un brazo a la negra Cándida José.

—¡Qué hubo, birragua e dañera, qué andás pregonando!

—¡Ay, patrón, que nos han bailao a la niña Pipía, ah, trenza! ¡Que la hube e buscá por tóa la casa, don, y no se eja ve! ¡Ay, patrón, que estoy encocoraíta! ¡Que hay mucho bolero suelto, don, encampanaos de cachiquel, juídos de los mesmos infiernos, don! ¡Que nos han bailao a la niña Pipía!

Don Froilán Sánchez estaba pálido como un muerto. Don Froilán Sánchez se sentó en el chinchorro. Don Froilán Sánchez habló con un hilo de voz.

—Miá, negra, tráeme la botella e whisky.

—Sí, patrón.

—Y que le igas a la pioná que se arrimen tóos a la casa.

—Sí, patrón.

—Anda, pues...

Don Froilán Sánchez, cuando la negra llegó con la botella del whisky, la mandó a buscar a su espaldero.

—Que le igas a ño Perico que venga.

—Sí, patrón.

Ño Perico tardó algo en llegar. Ño Perico era un chingo faramallero, más feo que el pecado. Ño Perico era el único peón del hato del Pedernal que tenía un güíncheste. En el paloapique del hato del Pedernal había sido muerto a bala, hacía ya algunos años, cuando la jumadera, don Servando,

17

el hermano mayor de don Filiberto. Nadie supo jamás cómo pudo ser. Poco después vino al mundo la niña Pipía, que mató a la mamá, doña Chabelonga Saro, para nacer.

—Miá, ño Perico, pues, que mi compae don Filiberto está como alzao, ¿sabes?, que es un arrastracuero el carajo, ¿sabes?, y que me bailó a la niña.

Ño Perico se entretenía en sacar astillas de un bambú con el estonado. Don Froilán dio un rodeo.

—Güeno, ño, que aquí chumiando, chumiando, vine a cavilá, pues, que una cosa piensa el macho y otra el que lo va a ensillá, ¿sabes?

Ño Perico no levantó la vista de la caña.

—Verdá, patrón.

Don Froilán sacó los ojos por la ventana. El llano estaba hermoso, solitario y señor. Un zamuro perdido se entretenía en curucutear por el cañaveral.

—Y lo que yo pienso, ño, es que tú me vayas, solitico, a ecime a don Filiberto que me degüelva a la niña, ¿sabes?, que onde tigre pone baile, burro no saca pareja, pues... Un marrón te he e da, pinchi-pinchi, pa licó...

La catira Pipía Sánchez llevaba en la cabeza una cataja-rra de pensamientos.

—¡Guá, que si no vié Filiberto, niña!

La catira Pipía Sánchez, con el fustán por medio muslo, se entretenía en tejer una guirnalda de marinelas.

—¡Guá, que están ahogaítas como yo!

La catira Pipía Sánchez tenía las piernas largas y delgadas.

—¡Guá, que si el mondongo e Clorindo no me lo ijo bien!

La catira Pipía Sánchez había salido del hato del Pedernal con dos caballos: el rucio marmoleño *Chumito*, que parecía una miss con sus ojos azules y sus clenches de damita tierna, y el ruano *Guapetón*, para que le cargase los corotos.

—¡Guá, que si mi taita se vié pu el pisaíto!

La catira Pipía Sánchez tenía los ojos grandes, la tez pálida y el cabello largo.

—¡Guá, que si to sale, niña, qué feliz!

La catira Pipía Sánchez miró para el horizonte. Los hombres de Clorindo López avanzaban, confusos aún, levantando un tierrero con el trotar de sus caballerías. La catira Pipía Sánchez se paró de un brinco.

—¡Guá, que esa tropa no es gente e Filiberto! ¡La mosca e mi taita, niña! ¡Juye, catira, que se prendió el macán!

La catira Pipía Sánchez, sobre *Chumito,* parecía el mesmo viento, lambe que lambe la sabana.

El potro *Guapetón,* a lomos el arca de los corotos, la despidió con un relincho largo y extraño que voló, como un lento pájaro loco, por la llanura.

Clorindo López detuvo a su gente.

—¡Ajá, cuñao, que la chusmita se nos remontó en los mesmiticos morros. Güeno, que yo que le igo, vale, que usté se güelve, con el compae Brígido, a la laguna, y que el compae Daniel Suárez se vié conmigo, cuñao, a mirá qué hubo e la señorita, que así no nos vamo a presentá en Potreritos, ¿sabe?

Clorindo López, con Daniel Suárez al estribo, picó espuelas a su pavón *San Benedicto* y salió en pos de la niña Pipía. *Púa e juásdua,* el zaino de Daniel Suárez, no era bestia para quedarse atrás.

La catira Pipía Sánchez bordeó la ceja de monte para acercarse hasta el hato Potreritos por la trocha de la laguna.

—¡Guá, y si no me quié Filiberto en su casa, no faltará algún zambo que me abra el tranquero e su ranchito!

Clorindo López y Daniel Suárez, por más que pedían a sus bestias, no lograban acortar distancias.

—¡Ajá, cuñao, que la niña, a caballo, es la tacamajaca e ño Leandro!

A la catira Pipía Sánchez, poco antes de la laguna, en el sitio que dicen del Turupial, le salió al paso ño Perico, que llevaba su güíncheste en la cañonera, asomando por encima de la cobija.

—¡Hazte a un lao, ráspago, coño e madre, que soy mujé

y me quineo contigo a bala onde quieras, patón pendejo, galafato e mierda!

La catira Pipía Sánchez, con la color tomada, el pecho jadeante y el mirar con el brillo del mirar del tigre, estaba hermosa como nunca.

—Peo mié, señorita, pues, que yo le vengo a ecí, ¿sabe?, e la parte el patrón...

La catira Pipía Sánchez no le dejó continuar. La catira Pipía Sánchez le metió a ño Perico una bala de plomo en el hígado. A la catira Pipía Sánchez se le puso la voz bronca y cachonda.

—Los del hato Potreritos, ño, ¡los del hato Potreritos!, ¿entiendes?, tenemo la sangre más brava. Que Dios y la Virgen te hayan perdonao que mataras a mi papá, cochino...

Una bandada de corocoras voló sobre la catira Pipía Sánchez.

—Nunca lo ije y tengo ya más de veinte años... Peo lo digo ahorita, pa que me escuchen las corocoras...

La catira Pipía Sánchez se echó a llorar. Dentro de su corazón sentía como un gran alivio.

En el Turupial se encontraron, en menos que la turca espanta, todos los hombres de Clorindo López. La catira Pipía Sánchez no se había descabalgado de *Chumito*, que resoplaba nervioso, cansado de galopiar.

—Tome, Clorindo, le regalo el mitigüison.

La catira Pipía Sánchez alargó el arma a Clorindo López.

—Gracias, misia, ¡guá, que es lindo el rególver!...

—No hay que dalas, Clorindo, ya cumplió.

—Y cumplió bien, misia, que ño Perico...

La catira Pipía Sánchez le atajó.

—Ño Perico es un muerto, Clorindo, a los muertos hay que ejalos.

Ño Perico, el pie izquierdo todavía en el estribo, la cara contra el suelo y los ojos abiertos, parecía un carrao chucuto puesto a secar al sol.

—Sí, misia, a los muertos hay que ejalos...

La catira Pipía Sánchez ya no lloraba.

—Y el güíncheste e ño Perico, ¿sabe?, me lo bota a la laguna, por lo más jondo, ¿sabe?, yo no quieo ni velo...

El potro *Guapetón*, cargado con el arca de los corotos de la niña, se volvió al hato del Pedernal, por el mismo pisao que trajo. Al potro *Guapetón* se lo fue a topar el peón Dominguito, al pie del bote del queso, detrás del corral.

—¡Ajá, *Guapetón*!

Dominguito se voló a la casa, a darle la novedad al patrón.

—Guá, patrón, que ta ahí el potro que se llevó la señorita, patrón, que yo lo vide...

Don Froilán, sin soltar la botella del whisky, se incorporó en el chinchorro.

—¿El güevón de *Chumito*?

—No, don, que es el ruano, con un arca a los lomos...

Los ojos de don Froilán eran como dos ojos de vidrio.

—A los corotos de la señorita, ¿sabes?, me les pones fuego... Sin saoalos del arca, ¿sabes?

—Sí, patrón. ¡Guá, que es doló!

La voz de don Froilán parecía como de bronce hendido.

—Y al potro me le caes a palo, ¿sabes?, hasta que mesmitico no resuelle...

Dominguito no oyó del todo.

—Sí, patrón, y que me le caigo a palo, eso es, hasta que mesmitico no resuelle...

El peón Dominguito sintió una nube bailándole el zumbaque-zumba en el mirar.

—...¡Hasta que mesmitico no resuelle, pues...

La procesión iba en silencio y como ñonga. En cabeza, la catira Pipía Sánchez, con el cabello hasta la boca, y el mocho Clorindo, con el ojillo avizor. Detrás, Jacinto Bello y Catalino Borrego, los dos hombres que se habían quedado con ño Canillera en la mata de la laguna. Más detrás, Bartolomé Saucedo y Daniel Suárez. Y cerrando la marcha, ño Canillera y Brígido San José. Ño Canillera llevaba de la brida a la bestia de ño Perico, con el muerto encima.

—¡Lástima e güíncheste!

—¡Guá, que es cierto! Peo miá, chico, ¡el que manda, manda!

Llegando a la primera cerca del hato Potreritos, Clorindo López le dijo a la catira:

—Mié, soñorita, que el patrón me ejó que muy encargao que la llevase al hato Primavera, ¿sabe?, con las primas del patrón.

—¡Guá, Clorindo, y éjese ahora! Yo pienso que el patrón se ha e alegrá e veme po Potreritos.

Hacia el grupo trotaban, por terreno cercado, dos jinetes.

—¡El patrón! ¡Guá, que es el patrón!

La catira Pipía Sánchez hizo uña seña.

—Quéense, pues.

Don Filiberto, al ver avanzar sola a la catira, detuvo a su compañero.

—Quéate, pues.

La catira Pipía Sánchez llegó llorando hasta don Filiberto.

—No quería llorá, ¿sabes?, peo, ¡ya ves! Si no me quiés en Potreritos, no me ha e faltá un zambo que me abra el tranquero...

A don Filiberto se le apiadó la voz.

—Catira, ¡qué preciosura!

El jinete que galopaba con el patrón era don Juan Evangelista Pacheco, un hombre, todavía joven, que fue millonario y que se había gastado una realera en París, en beber champán y en acostarse con las artistas más famosas. Algunos peones, e incluso algunas personas que no lo eran, le decían el doctor Pacheco porque era tercio elegante y de modales distinguidos. Don Juan Evangelista Pacheco era hombre de agallas y de él contaban y no acababan por todo el llano. Don Juan E. Pacheco, cuando quemó la última locha, se llegó al hato Potreritos y le dijo al patrón:

—Miá, Filiberto, chico, que aquí me vengo a empatiá, que ajuera llueve. Yo pienso que, po lo menos, ya he e serví pa andá vaquiando po la sabana.

—Güeno, vale, que tú eres como un hermano pa mí, ¿sabes? Haz lo que quieas, que aquí mandas.

Desde entonces, don Filiberto siempre había encontrado a don Juan Evangelista, cuando lo necesitó.

Al llegar a la casa la caravana, la peonada se agolpó en el porche.

—¡Guá, si es la catira e el Pedernal!

—¡Y el muerto es ño Perico, vale, el sigüí e don Froilán, que así tenía que acabá!

—¡Y pa mí que lo baleó Clorindo, cuñao, con un mitigüison que siempre lleva guardao!

—¡Sí, que yo se lo vide mostrá a don Juan Evangelista!

—¡Guá, que es bravito el mocho!

—¡Que este tercio tié tabaco en la vejiga, vale!

—¡Y que esta sangre no traiga más sangre etrás, ¿sabe?, que po toitico el llano se va a corré la guirizapa!

—¡Guá, que la catira es linda como la flo!

—¡Y al chiva el patrón, cómo y que se le vino a la mano! Don Filiberto se asomó al balaustre.

—Güeno, pues, y ca cristiano a su juraco, que aquí no nos hemos juntao pa cantá guacharacas...

La peonada se disolvió rosmando por lo bajo mientras don Juan Evangelista, en un ford pintado de amarillo que tenía don Filiberto, se echó a la trocha de La Yegüera para traerse al bendito que le leyera los latines y la epístola a la pareja.

Don Filiberto llamó a la negra Balbina.

—Miá, negra, tú y tres comaes, pues, se van a guardiá a la señorita, ¿sabes?, que mañana ya la guardiaré yo.

—Sí, patrón.

Don Filiberto llamó al mocho Clorindo.

—Miá, Clorindo, que hay que acabá con bien esta rochela, ¿sabes? Los hombres, a pie firme y sin aguardiente, ¿sabes? Si don Froilán no vié esta noche, no vié nunca, mocho. Y esta noche tampoco vendrá, ¿sabes?, esta noche tampoco vendrá. A padrote viejo, no le relinchan potrancos.

—¡Guá, patrón, que ta bien!

—Y en las cercas me pones la mosca, ¿sabes?

—Sí, patrón.

—Oye, pues, y a ese y que no me lo entierren, ¿sabes?

—Sí, patrón.

Don Filiberto se paró de su mecedora.

—Güeno, pues mocho...

—Güeno, pues, patrón...

La noche cayó negra, solemne y temerosa como el entierro de un pobre. Y en la negra noche, un negrito mundaro, la mano trémula en el mimoso cuatro, cantaba con su más triste voz una canta despaciosa y grave, gallarda y desesperada.

> *Cuando un blanco ta comiendo*
> *con un negro en compañía,*
> *o el blanco le debe al negro*
> *o es del negro la comía.*

Fuera, los canes de Potreritos le hacían el compás con sus aullidos.

Debajo de su mosquitero y cuidada por la negra Balbina y las tres comadres, la catira Pipía Sánchez —la pálida tez en las holandas— dormía su última noche de soltera.

El ford amarillo de don Filiberto, llevaba, pintado en la popa, un letrero en letra de molde que decía: "Dios es mi copiloto".

—¡Miá, chico, atiende a la curiara, güeno, y no vayas a pelá el pisao!

Don Job Chacín, el bendito de La Yegüera, no las llevaba todas consigo.

—No, don, no tema, que me conozco bien estos revolcaeros.

Don Juan Evangelista Pacheco miró para don Job Chacín.

—Guá, don, que paece como que le toma la jojana...

Don Job era un curiepe que tuvo nombre, de mozo, de ser tercio fregado y llanero maranto, buen tomador de licor y mejor aficionado a las galleras, pero a quien los años y el ácido úrico habían vuelto bestia de lengua pelá, tranquilo y apacible potro de la madrina.

—No, chico, miá, que uno ya no es quien jué; que los años pasan pa tóos, chico, y eso es lo que te igo... Que con esta ropa, cuñao, no es cosa e andá a tarrayazos por cualquié guarapera... Que el coroto se ta poniendo fututo, cuñao...

Don Juan Evangelista arrió el trapo respetuosamente.

—No, don, que yo no le ecía...

Don Job Chacín y don Juan Evangelista Pacheco, siguieron su camino en silencio durante el tiempo de chupar de un cigarro. Desde una mata de olivos, el cristofué los saludó al pasar.

—¡Cris... to... fué...! ¡Cris... to... fué...!

Don Job Chacín habló sin mover la cabeza.

—¡Ya ta ahí ese, con sus lecos!

—Sí; y sabaneando por su cuenta, güeno, igual que un escotero.

Don Juan Evangelista, al salir de Potreritos, había pensado en acercarse al hato del Pedernal.

—Güeno, vale —le hubiera dicho a don Froilán Sánchez—, que aquí tién que llegá a un convite, ¿sabe?, usté y Filiberto Marqués, ¿sabe?

Después, don Juan Evangelista pensó que eso también sería meterse donde no le llamaban. El cura de La Yegüera le dio la razón.

—Miá, chico, no te metas, que eso es un espinero. Don Froilán es tercio caprichoso, ¿sabes?

—Sí, don.

—Pues eso, chico. Que pa mí don Froilán, ¿sabes?, y yo tampoco igo na, ¿sabes?, no juega con naipe limpio. Que pa mí don Froilán se pasó la vía poniéndole el peine al prójimo, ¿sabes?, a ve quién lo pisa.

—Sí, don.

—Claro, chico. Miá, ¿tú sabes el paguanare que tié con el hijo e pulla e ño Perico, ese zamuro que pa confiscao no tié precio?

A don Juan Evangelista le zumbaron un poco los oídos.

—Sí, don.

A don Job Chacín se le animó la voz. A don Job Chacín, a veces, le soplaba el alma un fugaz y violento entusiasmo, resto de su pasada juventud.

—Pues eso no es de caballeros, vale; un caballero no se hermana con un ráspago, ¿sabes? Claro que tampoco se pué pedí a un maute, ¿sabes?, que estripe un jaco en una espabilá, vale. Y si el maute es cacho broco, menos se le pué pedí, ¿sabes?

—Sí, don.

—Pues eso, cuñao, que ya se ice bien que ni burro es bestia, ni cazabe es pan. Que ca uno es como y que Dios lo hizo, ¿sabes? Y a don Froilán, vale, pa mí que no lo hicieron de güen palo.

—Sí, don.

Entre la yerba cruzó la tragavenado, sucia, gorda y poderosa.

—¡Sampablo, la bicha! ¡Sayona e el carajo, cholúa e la sapera! ¡Apretá, chico, písale la chancleta, pues, y aplástala pu el medio e la mandofia!

Don Juan Evangelista evitó el culebrón y se salió de las saltanejas; a poco, vuelca.

—¡Guá, que es fea!

—¡De bola!

Don Juan Evangelista enderezó su ford y sacó la mula del bolsillo de atrás del pantalón. Don Job Chacín, que vio la maniobra, procuró hacerse simpático.

—¡Se portó el furruquito, cuñao!

—¡Vaya, no hay quejá! ¿Quié usté chumiase un palito, don?

Don Job Chacín adoptó un gesto beatífico.

—¡Güeno! ¡Si es orden!

A don Job Chacín y a don Juan E. Pacheco les sorprendió el día viniendo de La Yegüera, a mitad de camino, más o menos. Sí; don Job tenía razón, el furruquito se había portado; estos fores son muy seguros.

La noche había transcurrido nerviosa y pajarera en el hato del Pedernal. Don Froilán, rabioso como un tigre entabanao, estaba de un humor de todos los diablos.

—¡Ah, pi... zarra! ¡Si a ño Perico no me lo egüelven, de Potreritos no va a quear ni la jumaera!

La negra Cándida José no se apartó del patrón en todo el tiempo.

—¡Y la niña, don! ¿Po qué no se trae a la niña, don? ¡Míele, don, que en el hato e ahí e ese lao son bellacos!

—¡Usté ya se ha callao, negra! ¡Que lo que son en el hato e ahí e ese lao, ya me lo sé yo!, ¿sabe?

—¡Sí, patrón! Peo, ¿y la niña? ¡Ay, don, que la catira era tal y como una plumita e azulejo! ¡Qué doló más grande, don!

La negra Cándida José, sentada en una lata de kerosén vacía, no se hartaba de llorar.

—¡Anda, negra e el diablo, eja ya ese leque-leque, pues! ¡Con la soga a cacho y quijá te voy a traé a la niña, pa que la veas!

Don Froilán se dirigió a la peonada, reunida bajo el alar del hato.

—Güeno... ¡Toitico el mautaje por desmostrencá! ¿Qué se hizo e los tercios que metían un chicote a pie a un lebruno cacho e diablo? ¡Güeno...! ¡Aquí naide habla! ¡Que pu el llano no quea más que magalla con las manducas trozás! ¡Güeno...!

La peonada procuraba no mirar para don Froilán. Don Froilán, en la mano el cárdeno rejo de enlazar y el pavonado colt en el cinturón, tampoco hubiera consentido que lo mirasen.

—Güeno... ¡Pues hablaré yo!

Don Froilán se apoyó en un pitoco de jobo que por allí asomaba. Don Froilán carraspeó un poquito y escupió lejos; después, cambió la voz.

—En el hato Potreritos, muchachos, se gana bien... Güeno, mejó que en el Pedernal, eso es... En el hato Potreritos hay una rialera e güenos juertes de plata esparramá pu el suelo, güeno... Yo me voy a dir pa el hato Potreritos... El trabajo es muy jochao, muchachos, peo se gana bien...

Don Froilán se detuvo, a ver qué efecto habían hecho sus palabras en el personal. La peonada, en silencio, seguía sin mirarle.

—El que se quiea e vení conmigo, pues, no tié más que ensillá. Güeno... El que se quiea e vení conmigo ha e ve, pues, que entoavía no le ha volao la pierna al caballo, pues, y ya empieza a ganase los riales. El ganao e ese costo es menos bravo e lo que la gente piensa, pues...

Don Froilán sacó unos duros y los sonó en la palma de la mano.

—Esto es un ñereñere, muchachos... Güeno, en Potreritos hay más, toiticos iguales.

Don Froilán echó los duros a la peonada como hubiera podido echar un puñado de maíz a los pavos del corral.

El doctor Pacheco, al acercarse a Potreritos, metió a su ford por más allá del palmar de la Güérfana, para evitarse el paso del Turupial, en el camino del hato de Sánchez.

En el paso del Turupial, don Froilán había puesto, a eso de las cuatro de la madrugada, a tres hombres fregados, con la escopeta hambrienta y las gandumbas bien prietas.

—Y al primeo que pase, como no sea gente e el Pedernal, me lo caen a bala, ¿sabes?

—Sí, patrón.

Don Job Chacín, cuando se chocó al tranquero de Potreritos, respiró.

—¡Ajá, cuñao, que hemos llegao con bien!

—Sí, don, ¿y por qué no habíamos de llegá con bien?

Don Filiberto salió a recibirlos. Don Filiberto, aquella mañana, iba montado en el potro *Lancero,* el bayo cabos blancos de las grandes solemnidades.

—¡Guá, don Job, que ya me se hacía tardá!

—¡Güeno, don Filiberto, que anduvimos como que venteando la sabana, peo aquí le toy a la orden!

28

En Potreritos estaba todo preparado para la boda. Las mujeres habían adornado el altar de la Virgen —¡minúscula Virgen de la Coromoto, tímida como la yerbita de la granadilla!— con ramos de albahaca y de orégano y con la flor, oro y púrpura, de la marinela. A la catira, que había pasado la noche con un si es no es de fiebre, le dio la negra Balbina, que era algo curiosa, una fletación con agua de flor de mayo, por la cintura.

El patrón explicó a don Job cuáles eran sus propósitos. Don Job ya estaba al cabo de la calle.

—Sí, cuñao, que algo ya me contó don Juan Evangelista. Peo, ¿ha e se así, sin botá las amonestaciones?

—¡Y claro, don! ¿Y pa qué nos va a botá las amonestaciones? ¿Y no sabe usté que la catira y yo somos los dos solteros, pues, y sin compromiso?

—¡Guá, que también es cierto, vale!

La catira Pipía Sánchez, cuando ya estuvo vestida para la ceremonia, mandó llamar al mocho Clorindo López. La catira Pipía Sánchez estaba linda como una garza real.

—Mié, Clorindo, pues, que aquí paece y que me voy a casá...

—Sí, misia, que así paece.

—Güeno, peo toy aún soltera, ¿sabe?, y quería pedile un favó.

—Sí, misia, lo que usté hable.

La catira Pipía Sánchez llevaba un corpiño, bordado en oro, que le había regalado su mamá a don Servando, de recuerdo.

—Güeno, que espués, cuando ya me hayan botao la bendición, ¿sabe?, ya no le tendré que pedí favores, ¡guá!, que seré el ama e el hato, ¿sabe?

—Sí, misia, que usté manda.

La catira Pipía Sánchez hurgó en su bolso hasta que se topó con lo que buscaba.

—Mié, Clorindo, tome estos cien bolos, ¿sabe?

—Gracias, misia, que tampoco había que dalos... Eso es mucho rial, señorita.

La catira Pipía Sánchez ni le dijo "de nada". La catira Pipía Sánchez tenía los ojos como un gato. A la catira Pipía Sánchez le tembló la voz.

—Al muerto e ño Perico, en su bestia, me lo pone más allá e el tranquero, en el camino e el Pedernal...

El mocho Clorindo tragó saliva y habló mirando para el suelo.

—A los muertos hay que ejalos, misia...

—Güeno, Clorindo, no me hable usté... Mié, ¿me quié jacé ese favó? A ño Perico hay que degolvéselo a don Froilán... Ño Perico es suyo... Los dos tién la mesma yel en el corazón...

La catira Pipía Sánchez habló como una sonámbula.

—También hay que no ecíselo a naide.

El mocho Clorindo tenía unos raros escrúpulos de conciencia.

—Peo, ¿y al patrón no se lo hemos de ecí?

La catira Pipía Sánchez sonrió, quizás incluso con tristeza.

—Al patrón no jace falta, Clorindo; el patrón ya lo sabe...

La potranca *Paraima*, con el muerto de ño Perico atravesado, se iba acercando, ni aún a medio casco, al paso del Turupial.

La catira Pipía Sánchez tenía la voz templada y llena de vigor.

—¿Quié usté pu esposo al señó Filiberto Marqués?

—Sí, quiero.

—¿Se otorga usté pu esposa, y tal y cual?

—Sí, me otorgo.

En aquel momento, a la catira Pipía Sánchez la encontraron hermosa hasta las primas del novio, las solteronas del hato Primavera, que habían venido a la boda a toda prisa, en una tartana y con sus mejores trapitos encima.

A lo lejos se oyeron unos disparos. Don Filiberto miró para don Juan Evangelista y don Juan Evangelista salió de la capilla.

—¡Ajá, muchachos, que empieza el joropo! ¡Calma, que tan enrabietaos y les vamo a da con el plomo en los ojos!

¡Ca cristiano a su escopeta, muchachos, y el que no la tenga que ajorre pa otra ocasión y que se gaste el mono!

La peonada de Potreritos respetaba a don Juan Evangelista y se sentía segura a su lado.

—Miá, moreno, que tú tiés un jaco que es el mesmo viento, ¿sabes? Y te vas a dir po la culata e la casa, ¿sabes?, y te güelas al hato Primavera a ecile al caporal que sus señoritas están en un peligro muy grande, ¿sabes?, en un peligro grandísimo.

—Sí, doctó.

—¡Pues ánimo, cuñao, y ya tas allá!

Don Juan Evagelista, organizando la defensa de Potreritos, tenía un noble aire de general romántico, de bravo llanero de un siglo atrás.

—Y tú, vale, te llegas a la mosca, pues, que se vengan a la casa, que yo no quieo muertos, ¿sabes?

—Sí, don.

Los disparos sonaron hacia el Turupial y por la parte de la laguna.

Cuando la potranca *Paraima* llegó, con su carga encima, hasta la gente del hato Pedernal, la peonada palideció.

—¡Guá, que son bellacos los de ese costo!

Don Froilán trató de levantarles el coraje.

—¡Toitico erechos, compaes! ¡Al rumbo y ajuera e el camino! ¡Que tres caballos se corran a la trocha e Primavera, pa cortala! ¡Alante, muchachos, que les vamo a enseñá la danza a esos vegueros! ¡Alante, que esta noche hay que tomá ramás en Potreritos! ¡Que naide ajorre la pólgora, que va a sobrá! ¡Alante, que a estos marrajos se les revienta con el rejo!

Don Job, después de leer la epístola de San Pablo a los novios, tomó a don Filiberto de un brazo.

—Mié, patrón, que si quié yo me salgo a ecile a ese piazo e sute e el vecino que se esarrime a sus calcetas.

Don Filiberto sonrió.

—No, don, que el vecino es tercio caprichoso, ¿sabe?, que pa mí que no lo hicieron de güen palo...

Don Filiberto miró para don Job Chacín y don Job Chacín frunció un poco los ojitos.

Éjelo y que se llegue a tiro, don; el hato Potreritos tié un güen melitá en don Juan Evangelista.

—Sí, don.

—Y claro que sí, cuñao... Con don Juan Evagelista en los tranqueros, uno se pué casá tranquilo, don.

La catira Pipía Sánchez estaba pálida y seria. A la catira Pípia Sánchez, de recién casada, le hubiera gustado ser hombre, para volarle la pierna a un potro y echarse al yerbazal a pelear.

—Tú, catira, te vas pa entro, que éste no es fregao pa señoras, ¿sabes?

—Sí, patrón.

A don Filiberto no le hizo gracia que la catira le llamase patrón, ni aún de broma.

—Dame un beso, pues, que eres mi señora.

—Sí que lo soy, ¡guá!, y haga Dios que te llene la casa e hijos...

A la catira Pipía Sánchez le corrió un temblor por el espinazo.

El moreno Chepito Acuña llegó al hato de las primas de don Filiberto, ajobachado y con la lengua afuera; su caballo *Espigao* tampoco estaba más fresco.

—¡Guá, caporal, que le vengo a comunicá y que estamo en guerra!, ¿sabe?

Aquiles Valle, el caporal del hato Primavera, no pareció inmutarse demasiado.

—¿Lo mesmitico que en España?

—Pues, sí, compae, eso es, lo mesmitico que en España.

Aquiles Valle era hombre de aficiones..., bueno, de aficiones más bien pacíficas y sosegadas.

—¡Guá, qué tronco e vaina! ¿Y pu ónde anda la guerra, moreno?

—Pu el hato e mi patrón, compae, que los cerreros del Pedernal nos han caío a bala y tan armando un zaperoco.

Pa mí que lo venían tutumiando, compae, esde que mi patrón le enamoró la niña a don Froilán.

—Y antes, moreno, que el pleito tié los mesmos años que la catira...

—También pué se así, compae...

Aquiles Valle le ofreció un cafecito al moreno Acuña.

—¡Guá, que este gallito candelillo e don Froilán no tié arreglo, moreno!

—Pué que no, compae, que es tercio duro e pelá.

Aquiles Valle se consideró en el deber de preguntar por sus señoritas. Aquiles Valle, mientras le servía el café a Chepito Acuña, dejó caer las palabras como por compromiso.

—¿Y misia Marisela, moreno, y misia Flo e Oro?

—Pues ya lo ve, compae, en mitá e el combate.

Aquiles Valle volvió a torcer el morro.

—¡Guá, qué palo e vaina!

La gente de Potreritos disparaba desde el tejado y desde el corralón; la gente de Potreritos hacía la guerra con buen orden y con mucha serenidad.

La peonada de don Froilán, escondida entre la alta yerba, tampoco se asomaba del veladero. A don Froilán, a veces, se le veía cruzar, a lo lejos, recorriendo los puestos y animando a la tropa.

El doctor Pacheco había dado una orden muy clara.

—A don Froilán no se le apunta, muchachos. Don Froilán es venao pal patrón.

Entre la gente de Potreritos había ya dos bajas: el negrito guayanés Gonzalo Walter, muerto de un tiro en la cara, y el catire Lamberto Salas, un mozo bravito y barbilampiño que llevaba plomo en la cadera. El catire Lamberto Salas, cuando cayó herido, acababa de gritar, lleno de júbilo:

—¡Pata e mollejera la que le metí a aquel zambo en la barriga!

El catire Lamberto Salas ponía la bala donde ponía el ojo.

Don Filiberto, con el sol aún muy alto en el cielo, preparó una descubierta para intentar caer al enemigo por la espalda, desde el palmar de la Güérfana. En don Filiberto, para nada pesaron los argumentos con que don Juan Evangelista trató de disuadirlo.

—No, miá, chico, este tarantantín hay que acabalo. ¡Guá, que no vamo a ejá el coroto macaniao!

—¡Como mandes!

Cuando don Filiberto bajó a la cuadra, se encontró a *Lancero* con las crines trenzadas y con un ramito de rosas sabaneras en la chocontana.

—¡Guá, la catira! ¡Qué ángel!

Si Lamberto Salas no tuviera plomo en el cuerpo, la catira Pipía Sánchez hubiera podido añadir aún más primores a su labor.

Misia Marisela y misia Flor de Oro —las dos empingorotadas, las dos secas, las dos sin conocer varón— rezaban rosario tras rosario, sin darse un punto de sosiego. Misia Marisela y misia Flor de Oro —las dos virtuosas, las dos sesentonas, las dos solteras— estaban indignadas con su primo Filiberto, que las había metido en aquel berenjenal. Misia Marisela y misia Flor de Oro —las dos timoratas, las dos ecuánimes, las dos piadosas— confiaban en Aquiles Valle, aquel güevón a la vela, como en el Santo Advenimiento.

—¡Ay, Marisela, qué doló!

—¡Ay, Flo, qué esasosiego!

El peón que hacía guardia en el ventano del cuarto donde las dos misias agonizaban, se arrancó por lo bajo con una canta llanera y vieja, sentimental y tradicional:

> *Mataron a Juan Herrera*
> *en el combate e el Yagual,*
> *arrequintando su lanza*
> *contra el ejército rial.*

Las dos primas de don Filiberto se miraron.

—¿Tú oyes, Marisela? ¡Ave María Purísima!

—Sí, Flo, ¿no voy a oí? ¡Alabao sea el Santísimo Corazón de Jesú!

Fuera, entre el gamelote y la cola de caballo, entre el guarataro y la yerba del Pará, la sangre pintaba amapolas que el sol se encargaba de secar.

Don Juan Evagelista se subió al tejado, a ver salir a don Filiberto. Antes, don Juan Evangelista había corrido el fuego hacia el tranquero de la trocha de la laguna, para distraer a la gente de don Froilán. Don Froilán, que era morrocoy viejo, no pisó el peine.

—¡Toiticos achantaos, muchachos, que ya se mostrará la res!

Don Filiberto se echó al pasto con cinco hombres de a caballo: el mocho Clorindo López, jinete en *San Benedicto;* Bartolomé Saucedo, montando a *Indio libre;* Catalino Borrego, que le voló la espuela a *Sonajita;* Catalino Revenga, caballero en el moro *Pallarón*, y Oscar Martínez a lomos de *Perro de agua,* un potro nerviosillo y rucio mosqueado, zumbao por las patas. La tropa de don Filiberto tenía una vieja prestancia desesperada.

—Ajá, a galope, muchachos, y portugués el que se quée atrá!

Los hombres picaron a las bestias, y las bestias, al sentir el jierro, volaron como pájaros.

Entre la peonada de don Froilán hubo unos momentos de estupor. Don Froilán, con buen instinto, reunió a su gente. Si Aquiles Valle se hubiera presentado con cinco o seis hombres, don Froilán hubiera tenido que replegarse. Pero Aquiles Valle, a pesar de las órdenes que llevaba el moreno Chepito Acuña, prefirió quedarse en el hato Primavera, cazando paujíes. Y don Froilán, que conocía bien a Aquiles Valle, lo sospechó.

Don Filiberto y sus hombres llegaron sin novedad hasta el palmar de la Güérfana. La cosa estaba bien pensada, pero salió mal; las guerras, es lo que tienen. Don Filiberto intentó caerle por la espalda a don Froilán, pero don Froilán se percató y las cañas se tornaron lanzas.

Don Filiberto y sus hombres tropezaron en la canillera que les echó don Froilán.

—¡Ajá, los valientes del Pedernal, que los guates, de ésta, no juyen vivos!

Don Froilán le cayó a don Filiberto por los tres lados. Don Filiberto y su tropa se defendieron como leones, pero la suerte ya estaba echada. Bartolomé Saucedo, aquel tercio jaranero y guapo que tenía vida para dar y regalar, fue derribado de un tiro en la garganta, de un tiro que le cortó la voz para siempre. Su potro *Indio libre,* al sentirse sin peso, dejó escapar un relincho largo y extraño, un relincho desamparado y nada alegre.

—¡Que ya hay uno, muchachos! ¡Guá, y al bulto, que es un cerecere! ¡E las tucacas los vamo a colgá!

La peonada de don Froilán se creció.

—¡Ah! ¡Ah! ¡Apretá!

Clorindo López, con el mitigüison de la catira en la mano y el potranco *San Benedicto* al galope, cargó sobre el grupo en el que vio a don Froilán.

—¡Guá, chocoreto e el diablo, pando airiao!

A Clorindo López lo tumbaron de un lanzazo en la oreja del lado del ojo bueno. Clorindo López, en la yerba, notó el mundo tenebroso. A Clorindo López le sabía la boca a sangre. Clorindo López se hizo el muerto. Clorindo López estaba ciego. A Clorindo López le dolía el corazón.

Los boleros de don Froilán cayeron sobre don Filiberto en tropel, como el peje de la caribera. A pares, y aún a pares dobles, se hubieran echado atrás. Don Filiberto peleó por derecho y, ¡las cosas que pasan!, quedó encachao en su propia bravura. De la sabana huyó el viento para que el amo de Potreritos, jinete en el bayo cabos blancos de las grandes solemnidades, muriese con cinco balas de plomo clavadas un palmo más arriba del cinturón.

Por el suelo se esparramaron, como las perlas del collar de una joven suicida, las rositas sabaneras que llevaba el potro *Lancero* en la chocontana...

36

Sobre el llano retumbó un bramido sobrecogedor. El ganado —desde la fundadora paría hasta la novilla virgen, desde el orgulloso padrote al maute mamón— sintió una chispa ardiéndole en los cachos, y el bestiaje —el cimarrón airoso, la potranquilla grácil, la yegua de vientre, el capitán del hatajo— oyó el frío en los cascos, igual que si caminara sobre yelo. Perdió brillo el pintado plumaje del gallo de pelea —¡ah, gallito canagüey, gallito talisayo, gallito zambo, gallito marañón!—, palideció el púrpura de la corocora, se empañó el oro de la guacharaca, desafinó su melodía el turpial y enmudeció, con luto en el alma, la peraulata armoniosa y gentil.

La catira Pipía Sánchez llevaba dentro todas las desatadas fuerzas de una loba. La catira Pipía Sánchez, a caballo del potro *Chumito*, semejaba un doncel heroico dispuesto al más gallardo y al más inútil de los sacrificios. Catalino Borrego y Oscar Martínez habían llegado ya con la noticia. El moro *Pallarón*, sin Catalino Revenga encima, se acercaba, la boca en sangre, los ojos espantados, al paloapique del hato Potreritos. Catalino Revenga, como un leal, había muerto al estribo del amo.

Una rara calma, un silencio de muerte se posó, como una guacaba enferma, sobre la sabana.

La catira Pipía Sánchez mandó abrir todos los tranqueros. La catira Pipía Sánchez salió sola y airosa. La catira Pipía Sánchez llevaba en el alma ese sosiego sin linde, esa paz infinita, ese inmenso y poético estupor que sólo encuentran, tímido como la última florecilla que miran, los paladines de romance, los santos mártires y los grandes criminales. La catira Pipía Sánchez había dicho a la peonada:

—Que naide se mueva e el hato. Lo que pase entre mi papá y yo, es cosa nuestra. Si mi papá quié, me cruza la cara con el látigo... Si mi papá quié, me lleva arrastrando po las mechas po tóa la sabana...

Y la peonada y, con la peonada, don Job Chacín y don Juan Evagelista Pacheco, enmudeció.

La catira Pipía Sánchez no volteó la cara. La catira Pipía

Sánchez se fue hasta donde estaba don Froilán. La catira Pipía Sánchez notaba estallarle el pecho bajo el corpiño bordado de oro con el que se había casado, aquel corpiño que le regalara mamá Chabelonga a don Servando, de recuerdo, poco antes de nacer ella.

—¡Guá, magalla e niña! ¡Llégate a acá, pues!

La catira Pipía Sánchez acercó un poco más su caballo... La catira Pipía Sánchez sabía que don Froilán le iba a cruzar la cara con el látigo... La catira Pipía Sánchez cerró los ojos... A la catira Pipía Sánchez, don Froilán le cruzó la cara con el látigo...

—¡Ah, pulla e volantona, señorita e mierda! ¡Llégate a acá, pues!

La tropa de don Froilán se mantuvo en un respetuoso silencio. Algunos hombres, al ver llegar a la niña, se habían descubierto.

La catira Pipía Sánchez volvió a acercar su caballo... La catira Pipía Sánchez sabía que don Froilán la iba a descabalgar asiéndola de los cabellos... La catira Pipía Sánchez cerró los ojos... A la catira Pipía Sánchez, don Froilán la descabalgó asiéndola por los cabellos...

—¿Era esto lo que usté quería?

Un tigre agonizando, un volcán que va a entrar en erupción, el viento derribando torres, no tenían la voz más velada, más siniestra, más hermosa, que la catira Pipía Sánchez, en aquellos momentos.

—¡Zamuro!

Don Froilán se cortó.

—¡Niña!

La catira Pipía Sánchez tomó al potro de don Froilán de la brida y le bajó el hocico. La catira Pipía Sánchez tenía un halo de negror envolviéndole la honda mirada.

—¡Zamuro!

Don Froilán levantó la cabeza a su caballo.

—¡Niña!

La catira Pipía Sánchez no quiso soltar la brida.

—¡Zamuro...! ¡Asesino...!

Don Froilán echó el potranco sobre la catira Pipía Sánchez... Por el cielo voló el carrao, como un fantasma... La catira Pipía Sánchez, desde el suelo, descargó su revólver sobre don Froilán. La catira Pipía Sánchez le metió las seis balas en el cuerpo; no marró ni una... Por el cielo voló la vocinglera chenchena... Don Froilán dobló por la cintura. No se movió nadie...

La catira Pipía Sánchez, de nuevo sobre *Chumito,* alzó la cara para hablar a la peonada.

—Váyanse al Pedernal, a esperá órdenes. Entierren a sus muertos y boten las armas a la laguna. ¡Tóas las armas! No quieo mirá cuál jué la que me ejó viuda... Ustés sabrán obedecé al ama e el Pedernal...

La catira Pipía Sánchez se volvió por el pisao de Potreritos. La catira Pipía Sánchez, cosa rara, no iba llorando. La catira Pipía Sánchez sabía estar en su papel.

En el horizonte se pintaron, elegantes y rojas, las nubes de la tarde.

CAPÍTULO II

MOQUINGA

Para misia Marisela y misia Flor de Oro, Moquinga había nacido en el llano.

—Peo, vamo a ve, ¿en el Guárico o en el Estao Apure?

—¡Ah, no sé! ¡O en otro lao, a lo mejó! ¡Peo en el llano, esde luego!

Para misia Marisela y misia Flor de Oro, Moquinga era un llanero cuajadito de regolgayas, que olía a azufre y que tenía dos cuernos de chivo, robustos y bien dibujados, y un rabo que terminaba en un pincho como el de los anzuelos.

—Peo, vamo a ve, ¿Moquinga vive entoavía entre nosotro, en forma humana?

—¡Quién quita!

Para misia Marisela y misia Flor de Oro, Moquinga era un dechado de perfección en las complicadas artes del disimulo, algo que lo mismo se presentaba vestido de millonario maracucho que desnudo de araguatico chucuto.

—Peo, vamo a ve, ¿Moquinga no será el caporal Aquiles Valle?

—¡Ay, Jesú! ¡Ave María Purísima!

Potreritos tuvo once bajas: el patrón y tres peones muertos —Bartolomé Saucedo, Catalino Revenga y Gonzalo Walter—, y siete hombres heridos que salvaron todos. Los peor parados fueron el catire Lamberto Salas, que quedó rengo, y el mocho Clorindo, que ya no vio más en la vida.

—Misia Pipía, que yo me voy a dir pu el llano. La arepa ya me la bregaré rascando el cuatro po los botiquines y cantando joropos en los arrocitos. Aquí en el hato, ya no tengo na que jacé...

La catira Pipía Sánchez miró para los dos juracos —amarillo de pus, rosa de carne viva, malva de dolor— que tenía Clorindo López en la cara. Una mosca azulada y metálica, misteriosa y brillante como Moquinga, con la cabecita roja de rubí y las alas tornasoladas, se le paseaba por el lagrimal.

—Usté se quea, Clorindo, el patrón lo manda.

Cuando la catira Pipía Sánchez, en Potreritos, daba una orden, invocaba siempre al patrón.

Clorindo López, sentado bajo el alar del hato, se pasaba las horas en silencio, mascando güeva, rascándose el cuero, sin pensar en nada. A veces, se acercaba a tientas hasta la tumba del patrón y le rezaba un padrenuestro emocionado, piadoso e ingenuo, en el que no todas las palabras caían en su sitio.

El patrón estaba enterrado al pie de un ceibo viejo desde el que cantaba, violento, olvidado y alegre, el turpial. La catira Pipía Sánchez, sobre la tumba de su marido, había hecho grabar la siguiente leyenda: "Aquí yacen los restos del Señor Filiberto Marqués, muerto a caballo. Sólo Dios sabe quién lo mató." Debajo, mandó poner una copla del llano:

> *Más bien que hubiera nacido*
> *yerbita del camposanto*
> *y no haberte conocido*
> *para hacerme sufrir tanto.*

La catira Pipía Sánchez, todos los días, al amanecer, se llegaba hasta el ceibo y miraba para la tierra. La catira Pipía Sánchez siempre iba sola, no quería que nadie la acompañase.

El caporal Aquiles Valle se acercó a Potreritos, a darle el pésame a la catira.

—Mié, misia, que yo que sentí mucho lo e la muerte e el dijunto patrón.

La catira Pipía Sánchez no lo mandó sentar. Tampoco quiso mirarle a la cara.

—¡Qué le vamos a jacé, Aquiles! ¡Dios lo quiso!

La catira Pipía Sánchez dio un sesgo a la voz.

—Usté, Aquiles, ya no me va a andá boleriando los orejanos de Potreritos.

Al caporal Aquiles Valle empezaron a zumbarle los oídos.

—¿Verdá que no?

—No, misia...

El caporal Aquiles Valle, más calambeco que nunca, tenía el mirar nublado. En las orejas le retumbaba un chillo de mal agüero, siniestro como el lúgubre e impío leco del yacabó: un chillo saltarín y miedoso que repetía, igual que un loro, "¡Moquinga!, ¡Moquinga!", sin que se le viesen las ganas de terminar.

El Pedernal tuvo seis bajas; siete, si contamos a ño Perico: el patrón y dos peones muertos —Celestino Mantilla y el mestizo Hugo Ramírez—, y tres hombres heridos, de los que no panqueó ninguno. La catira Pipía Sánchez, de ama del Pedernal, le dijo dos o tres cosas a la peonada.

—Güeno, que tóos ustés saben que el hato es mío y que aquí no manda naide más que yo... Güeno, que yo me voy a está quince días en Potreritos, sin bajá pu el Pedernal, pues... Guá, que aquí les dejo a Catalino Borrego, e caporal, y que tóos le tién que obedecé... Güeno, que el que no quiea, que le pía los riales y que se vaya, con sus corotos, a rodá tierras...

La catira Pipía Sánchez, antes de terminar, ordenó:

—Güeno, que el Pedernal no tié jierro, pues, que se lo llevó Moquinga pa sus fuegos. Al mautaje y a los orejanos que se vengan a empatiá pu estos pagos, me los marcan con el jierro nuevo, pues; Catalino Borrego se lo trae en el porsiacaso. Güeno, pues...

Cuando la catira Pipía Sánchez, en el Pedernal, daba una orden, no invocaba a nadie.

El hierro nuevo que llevaba Catalino en la alforja, el mismo hierro que había de marcar el ganado de los dos hatos, era, poco más o menos, así:

El hierro de don Filiberto, mandó enterrarlo con él. El de don Froilán, lo fundió. El hierro de don Froilán, tenía la S de Sánchez al revés.

Don Filiberto, antes de que el diablo le inspirase su malhadada salida, había dicho a don Job Chacín y a don Juan Evangelista Pacheco unas palabras que fueron a salir sombrías, aunque las quiso disfrazar.

—Si no güelvo...

A pesar de que don Filiberto lo hubiera esperado, don Job y don Juan Evangelista no le interrumpieron. Don Job y don Juan Evangelista, los dos mirando para el suelo, le dejaron continuar.

—Si no güelvo... Güeno, ¡Moquinga no tié tanta juerza! Peo, si no güelvo, pues, que nombro heredera a la catira... En el cajón de mi escritorio, pues, dejo un papel en que lo pongo... Ustés lo han de firmá, e testigos. En el papel se ice, bien claro: "Nombro heredera de mi hato y de todo el ganado que lleva mi hierro, y de los hatajos de bestias, y de los arreos de burros, y de las manadas de cochinos, y de todas las aves que tiene mi corral, y de todos los aperos de labranza, y de la casa con todos sus enseres y dependencias, y de todo lo que es mío, a mi legítima esposa doña Primitiva." Güeno, yo les pío que ustés se encarguen de que esto se haga así.

Don Job y don Juan Evangelista siguieron mirando para el suelo. Los dos parecían como haber enmudecido.

Después fue cuando don Filiberto bajó a la cuadra y se encontró a *Lancero* con la crin trenzada y con un ramo de rositas sabaneras en la silla de montar.

—¡Guá, la catira! ¡Qué ángel!

44

Casi toda la peonada del Pedernal se regó por el llano como fruta de maraca. El que más y el que menos, prefirió la aventura a que la catira hubiera podido ver en sus ojos o el remordimiento o la traición. Catalino Borrego no se daba abasto despidiendo gente. Catalino Borrego a todos decía lo mismo.

—Güeno, manque el ama ya lo perdonó, ¡si usté lo quié!

Catalino Borrego, solía añadir:

—Un consejo, cuñao, lárguese e el llano... Recale pu el petróleo... Allá hay muy güena rialera, muchos dólares...

La catira Pipía Sánchez mandó al moreno Chepito Acuña a ver al caporal del hato Primavera.

—Mié, que usté le ice, e parte mía, que si le da trabajo a esos zamuros del Pedernal, en Potreritos no se lo hemo e olvidá, ¿sabe?

—Sí, misia Pipía.

La negra Cándida José era la única persona contenta del Pedernal. La negra Cándida José se había venido de la isla Margarita, detrás de su ama, cuando misia Chabelonga se casó.

La negra Cándida José entendía el llano como un destierro, pero no sabía el camino de vuelta. La negra Cándida José, algunas mañanas, se iba a Potreritos, montada en un burro guacharaco de su propiedad, a ver a la catira.

¡Ay, niña, que ya nos vié faltando pu allá abajo! ¡Ay, niña, que tóa la pioná es una sapera e boleros! ¡Ay, niña, que Moquinga anda suelto pu el llano, e pión escotero, niña, imperturbando el coroto! ¡Ay, niña, bordona, que ya no he e morí e la pena!

La negra Cándida José se hubiera dejado hacer pisillo por la catira Pipía Sánchez.

—¡Una mandofia hinchá e pisillo e negra! ¡Qué birragua e frito!

La negra Cándida José se le acercó a Catalino Borrego y le habló por lo bajo.

—¡Guá, caporal, que se guardie, pues, que el vereco e Nicanó Poveda le anda alzando a la gente pa metele una grizapa!

—¡Ah, palo e fusuco, que va a tené zambe, si lo píe!

La negra Cándida José era gobiernista por temperamento.

—¡Mié, caporal, que el vereco es tercio fregao y que en cuanti que se rasca, no las cavila!

—¡Éjelo, misia, que llanero soy y llevo ya mucho zaperoco en el cuerpo! ¡En la ñángara le voy a da pa que aprenda a no andase entrepiteando!

La negra Cándida José agradeció mucho que Catalino Borrego la llamase misia.

—¡Qué tronco e hombre! ¡Qué farrusquero más jodío!

Catalino Borrego se fue al corral a buscar a Nicanor Poveda.

—Mié, vereco e mierda, haga su bojote y se va, ¿sabe?

El bizco Nicanor miró para el caporal.

—Usté aquí es un forastero, vale. Aquí en el hato, cuando un forastero sobra lo botamo a planazos, ¿sabe?

El bizco Nicanor requirió el machete pero el caporal, que lo vio venir, lo desarmó.

—Mié lo que le igo, vereco. Váyase a buscá el frito a otros comederos. Venezuela es muy grande, vale; cabemos tóos. Aquí en el hato ya hemos tenío bastante guerra, cuñao, ¿no le paece?

Catalino Borrego botó el machete de Nicanor por encima del tranquero.

—El ama quié paz, vale... Al que no le guste el son, que le eche la colcha al arpa... ¡Ya ha habío bastante sangre pu estas sabanas, compae!

Al vereco se le volteó un ojito igual que una campana. Catalino Borrego le atajó.

—No me iga más na, vale; va a se pió. Váyase, pues, derechito pu el pisao...

Don Juan Evangelista Pacheco fue a dejar otra vez a don Job Chacín en La Yegüera. Por el camino se encontró a tres peones despedidos del Pedernal. Don Juan Evangelista frenó su ford.

—¿Po qué no se han quedao?

—¡Ya lo ve, don! Pa nosotro que pu estos llanos anda Moquinga libre, como el cachicamo. Nosotro que no queremo más guerra, doctó. Nosotro que no tenemo alma e cuatrero. Nosotro nos vamos a dir pal petróleo, don; allá hay muy güena rialera...

Don Job Chacín y don Juan Evangelista Pacheco caminaron una legua sin cruzar más que algunas palabras sueltas y sin sustancia. De la trocha escapó la tímida lapa, esa aburrida y sabrosa bestezuela, mitad puerco y mitad conejo.

—¡Güen bocao!

—¡Ya, ya!

Don Job Chacín y don Juan Evangelista Pacheco, aunque tenían muchas cosas que decirse, parecía como que no se lanzaban a empezar. A doscientos pasos del ford, se levantó una punta de vacas jorras y cornalonas capitaneadas, sin entusiasmo alguno, por un toro borcelano, resabiado y cacho gacho.

—Ese ganao lleva el jierro e el Pedernal.

—Sí, don, y que mesmo paece tísico, e calambeco como ta.

Don Job Chacín y don Juan Evangelista Pacheco, cada uno por su lado, estaba esperando a que el otro le cayese a la conversación.

—¡Qué tronco e vaina, cuñao, to esto e la tángana!

Don Juan E. Pacheco respondió sin levantar la vista de las hondas, de las escascaradas y grises saltanejas del camino.

—¡Las cosas!

Don Job Chacín se lamentó:

—To esto viene e muy atrás, cuñao; la soga hay que tomala e muy lejotes...

Don Juan Evangelista Pacheco le miró medio de reojo. El sol, desde el alto cielo, achicharraba el llano silencioso y doliente.

—¿Esde la muerte e don Servando?

La yerba del malojillo, que es buena para ahogar los dolores, se doblaba por el turbio peso del hastío.

—Pues, sí, más o menos... El que mató a don Servando prendió la chispa, vale. La jumaera tardó en estallá, güeno, pu eso rompió tan duro. Don Froilán no quería bien a la catira, ¿sabe?

Don Juan Evangelista Pacheco dejó caer la voz. La yerba de la cocuiza, que corta la sangre, latía con un temblorcete muy particular.

—¿A su hija?

Don Job Chacín contestó violento. Don Job Chacín unas veces tuteaba a don Juan Evangelista y otras, lo trataba de usted. La yerba del calcanapire, que espanta la fiebre, se reía por lo bajo, como si estuviera en el secreto.

—Mié, vale, ¡no me venga a mí con esa lavativa! ¡Usté sabe, y don Froilán también, que la catira no era hija suya!

Don Juan Evangelista se calló. La yerba de la escorzonera, que va bien en las secreciones malignas, se ruborizó.

—Lo que pasa, güeno, es que don Froilán había andao con las venéreas, pu aquellas fechas, y tenía esatendía a misia Chabelonga, vale, que era jembra muy amorosa. Las cosas hay que sabelas bien hasta el final, cuñao.

—Claro...

Don Juan E. Pacheco prefirió dar un quiebro a la conversación. El albinegro paují levantó el vuelo.

—Mié, amigo, que esta parla que llevamo es un lequeleque que jiede, ¿sabe? Pa mí que to este coroto no son más que lecos de palitraquero.

—¡Pué sé!

—Y claro, don. La catira es el ama e los dos hatos, ¿sabe?, y to lo emás son virotás, no lo piense.

Desde la orilla del pisao, un hombre hizo señas de que se detuviesen.

—¡Éjele a ese, que tié cara e preso!

—¡Ah, qué tronco e hijo e pulla! ¡Piazo e sute!

Desde la orilla del pisao, el vereco Nicanor Poveda se quedó con las ganas de subirse al ford.

Las palabras del vereco Poveda, ahogadas por el ruido del ford y envueltas en una nube de polvo, se perdieron, sin pena ni gloria, por la sabana. Don Job Chacín y don Juan Evangelista Pacheco sabían de sobra que, aunque volviesen la cabeza, nada habrían de ver.

—Y como le venía iciendo, don. La catira Pipía Sánchez va camino e llegá a reina e tóos estos horizontes, ¿sabe?, que quien lo hereda no lo hurta.

—¡Pué se!

—¡Y tanto que pué se, don! La catira es mujé templá, don, usté lo ha visto. Y la catira tié ya muchas leguas de tierra, ¿sabe?

—Ya, ya...

Don Juan Evangelista Pacheco siguió hablando. El gualdinegro turpial silbaba, desde una palma mapora, unos compases de la Marsellesa.

—Mié, don, ¿usté ha oío e Miguel López, aquel español de Portuguesa que a poco se jace el amo e el Guárico, en el siglo pasao, y que marcaba a los esclavos en la cara, como al ganao en el lomo?

—Sí, que oí.

—Pues yo le igo, don, que a onde no llegó el jierro miguelero va a llegá el de la catira, ¿sabe?

—¡Quién quita, cuñao!

El caporal Aquiles Valle, aunque no era tercio belicoso ni llanero fregado, prefirió correr la suerte por la sabana. Al caporal Aquiles Valle le había dado en la oreja que la catira Pipía Sánchez, a la postre, le acabaría haciendo bailar el galerón, colgado por el pescuezo.

—Yo me sé, peo que muy bien, que esta mujé no perdona. Peo el llano es muy dilatao, vale, y esde el caño Caballo al Orinoco hay un pilenque e leguas.

El primer prosélito que hizo el caporal fue Trinidad Pamplona, un guate de Bucaramanga que había andado por la Guayana, nadie sabe de qué, y que ahora se venía conformando con ser peón liniero en el hato de misia Marisela y misia Flor de Oro.

—Y que sí, caporal, pues, que la vía hay que movela toitica, como el jarabe, pa que no se enrancie, pues.

Aquiles Valle se las prometía muy felices, no lo podía evitar.

—Y cuando tengamo una rialera e juertes, ¿sabe?, nos pasamo muy lejos, a Trujillo, o a Maracaibo, y ponemo una fuente e soda o cualquié palitraque, cuñao. Estos revolcaeros se tan golviendo amargos, ¿sabe?, y yo prefieo acabá en El Dorao, vale, que ahorcao po la gente e la catira.

—Y yo, compae, pues.

Aquiles Valle, antes de echarse al llano, escribió con buena letra dos oraciones que sabía y las cosió al forro del saco.

—Mié que son milagrosas, ¿sabe?, y que llevándolas con fe na nos pué pasá, que eso ta bien probao.

Las oraciones se las había enseñado a Aquiles Valle, un curioso medio dañero que vivía en Guasipati, rondando las minas de oro de El Callao, y que se llamaba Norberto Salivado, nombre que en portugués, a lo mejor, no significa lo mismo que en español.

Norberto Salivado era un bicharango caído de la luna, según decían, perito en el arte de echar una maña a tiempo y que jugaba al ajiley por las noches, de ser cierto el rumor, con el mismísimo Moquinga, de quien era muy amigo y quien le ayudaba bastante, a cambio de que Norberto le mandase almas a la caldera eterna. Norberto Salivado había aprendido su ciencia en el *Tesoro del hechicero o libro de San Cipriano*, herramienta de gran utilidad para su oficio, que fue a encontrar en Caracas, recién desembarcado aún, en el baratillo que instalaba el negro Presentación, todos los días, después de las diez p. m., en la esquina de Bolsa. Aquella noche, Norberto Salivado iba con su amigo Evaristo, antes Camilo, aquel gallego que se sabía un discurso entero de memoria y que tan bien se había llevado, tiempo atrás, con don Filiberto. Con la pareja también iba, de aquella ocasión, otro gallego, zapatero en El Conde, que se llamaba Victorino Mateo Humbreiro, y al que Evaristo quería mucho porque una vez hubo de regalarle unos zapatos grises, de ante y muy lujosos y de muy buen resultado. ¡Nunca, en su vida, anduvo Evaristo mejor calzado! Por si alguien quiere comprarse unos buenos zapatos, se puede decir que Victorino tiene la tienda en la Este 8, poco más abajo del Centro Gallego y a la otra mano. El dueño es un hombre delgado, de media edad, y en los ojos en seguida se le ve que es priscilianista.

Norberto Salivado parecía como que siempre andaba mudando la piel. Norberto Salivado era un tercio moclón y casi albino que tenía la barriga en forma de mango de burro y los dedos grandes, blandos y gruesos como cambures pasados. Norberto Salivado, en la guerra civil española, a la que fue voluntario, no se sabe bien en qué bando, quedó chiclán de una coz que le dieron en mitad de sus corotos. Desde entonces, a Norberto Salivado se le aflautó la voz y le aparecieron unas portentosas facultades mediúmnicas y una muy buena disposición para tocar cualquier instrumento de cuerda.

El caporal Aquiles Valle tenía mucha confianza en las artes de Norberto Salivado, que fue el único que pudo hacerle echar la solitaria. Las oraciones que le había dicho Norberto Salivado hubo de escribirlas en letra redondilla, porque era de precepto, y tardó varios días en dar fin a su labor.

—El caso es que las cosas quéen como eben queá, ¿sabe?, lo emás no importa.

—Y claritico, pues...

La primera oración que copió Aquiles Valle, decía así: "San Ildefonso bendito, confesor de mi Señor Jesucristo, tú que bendeciste la misa, el cáliz y el altar de mi Señor Jesucristo, bendíceme mi cuerpo y mi alma, que ya me voy a..." En los puntos suspensivos, Aquiles Valle puso: "... dir por el llano abajo, a buscarme la arepa."

—Esta es la preparatoria, ¿sabe?, la que se usa pa salí con el güen pie.

La segunda oración que escribió el caporal, era así: "En la Cruz del Huerto está San Juan con Dóminus Deus. Tus enemigos vienen, déjales venir, que los traen vendados, y los pies encarcelados, y las manos traen atadas. Con los senos de Abraham estoy tapado, con la leche de María Santísima estoy rociado. Paz, Cristo. Cristo, paz. En el nombre del Padre, del Hijo y del Espíritu Santo. Amén."

—Esta otra es pa espantá el mal, ¿sabe?, y hay que cosela en el lao izquierdo, encima e el corazón, pa que. el daño no entre.

—Y claritico, pues, ¡pa que el daño no entre!

Por el revés de las oraciones, el caporal apuntó un verso que también le había enseñado el portugués Norberto.

Si esta oración se perdiere,
como suele acontecer,
suplico al que se la hallare
me la sepa devolver.
Si quiere saber mi nombre,
aquí lo voy a poner:
me llaman Aquiles Valle,
para servir a Dios y a usted.

El caporal y su socio Trinidad Pamplona sondearon el ánimo de algunos peones, pero no los encontraron muy dispuestos a desmostrencarse de aquellos comederos.

—¡Éjelos pues, cuñao, que tampoco íbamo a caminá tranquilos con to este arreo e vegueros!

—Ice usté bien, caporal, pues...

Catalino Borrego, en el Pedernal, se esforzaba por borrar las huellas del peleón.

—Mié, cuñao, a esas dos bestias medio rengas me las despena, ¿sabe?, yo no quiero recuerdos.

—Sí, caporal.

—Y los corotos que se vayan dejando los piones despedíos, ¿sabe?, me los quema toiticos y sin dejá ni uno, ¿sabe?

—Güeno, caporal, ta bien...

Catalino Borrego estaba incómodo en el Pedernal, aunque se consolaba pensando en que aquella situación, como todo en esta vida, alguna vez habría de tener su fin. La negra Cándida José era muy amable con él y procuraba darle bien de comer.

—Guá, caporal, que le he preparao un ajicero que igualito no lo come el rey e España, ¿sabe?, con chireles escogíos, caporal, y cebollitas tiernas, ¿sabe?, y grosellas de lo más sabrosonas, ya verá.

—Gracias, misia, al ama Pipía le he e contá yo cómo anda pu aquí el coroto, pa que ella sepa cuáles son los amigos, ¿sabe?

La negra Cándida José se sentía dichosa cuando Catalino Borrego —¡guá, qué tercio más farrusquerito!— hablaba con ella. Y la negra Cándida José se sentía más dichosa aún cuando el caporal —¡guá, qué tronco e llanero guapo!— la llamaba misia. La negra Cándida José se sentía la mujer más dichosa del mundo cada vez que un peón se despedía.

—Cuanti menos, mejó, ¿sabe? Tóa esta pioná, caporal, está esjarretá, ¿sabe?, con que la niña sea el ama e la hallaca. Pu aquí hay mucho maute, caporal, y mucho marañista, ¿sabe?, que ebía ta confiscao pu el gobierno, o condenao en la caldera e Moquinga.

—Güeno, misia, que con calma to se andará...

—Sí, caporal, peo al coroto hay que tomalo en caliente, ¿sabe?

—¡Y en caliente lo tomo, mujé, que aquí naide se ha enfriao!

—¡Guá, más vale!

A la negra Cándida José, para no cambiarse ni por el Papa de Roma, sólo le faltaba ver a la catira por el Pedernal.

La catira Pipía Sánchez, en Potreritos, trabajaba de la mañana a la noche. Algunos días, después del almuerzo, la iban a visitar misia Marisela y misia Flor de Oro, las primas de su marido, que solían estar muy cariñosas con ella. A la tertulia, a veces, se sumaba don Juan Evangelista Pacheco. Don Juan Evangelista Pacheco, desde la sangradera, se había dejado crecer la barba, que le brotaba revuelta y espesa como mata de mangos.

—¡Qué ceja e monte, doctó!

Don Juan Evangelista se reía.

—Sí, misia, que me la ejo pa que aníe el turpial.

—¡Ay, Jesú, qué virotás se le ocurren! ¡Ave María Purísima! ¿Tú has oío, Flo e Oro?

Misia Flor de Oro, desde su mecedor, asentía a todo lo que opinaba su hermana.

—¡Sí, hija, sí! ¿No voy a oí?

Don Juan Evangelista Pacheco, para concurrir a estas reuniones, se ponía siempre un liqui-lique impecable, recién planchado, con el cuello cerrado por dos gruesas yuntas de oro, restos de pasadas grandezas. Don Juan Evangelista Pacheco, a pesar de lo duro que bregaba, era un dandy del llano, un elegante caballero de los que ya entran pocos en olla.

—¿Y tan mal me cae la chiva, misia?

—¡Quite usté allá, hombre, que en cuanti y que me le choqué me creí que era el mismísimo Moquinga, que subía e los negros abismos! ¡Ave María Purísima!

A don Juan E. Pacheco le gustaba embromar a las misias. La catira Pipía Sánchez, aunque también solía divertirse, asistía al torneo sin intervenir.

—¿Y usté piensa, doña, que Moquinga es un llanero barbúo que se toma su cafecito cerrero a la tarde?

Misia Marisela se impacientaba en su asiento.

—¡Ah, tercio carantoñero, que no me meta aprensión! ¿Sabe?

Los días en que la tertulia se prolongaba algo más y la noche se venía encima, don Juan Evangelista acompañaba a las señoras hasta su hato, para que no fuesen solas con el cochero. Don Juan Evangelista, al estribo de la tartana de las misias y jinete en su marmoleño *Penacho*, se reía sabiéndose guardián de aquella mojama.

—¡Quién te ha visto y quién te ve, Juan Evangelista, cuando andabas en taxi por París con una francesita al lao!

Don Juan Evangelista, para ahuyentar los malos pensamientos, se refugiaba a empatiarse en sus filosofías.

54

—En fin... ¡Llanero soy, pues, y a estas trochas hay que
vení a quease!

Don Juan Evangelista Pacheco, desde el día aciago en
que los hombres de Potreritos y los del Pedernal se barajus-
taron como toros en celo, procuraba mantener a cierta dis-
tancia a Aquiles Valle, el caporal del hato Primavera.

—Pué se que marre, niña —le dijo una vez a la catira—,
peo pa mí que si ese zángano e pepito se cae pu acá con su
gente, a estas horas habría menos luto en el llano.

A la catira Pipía Sánchez no le gustaba repasar las páginas que se iban quedando atrás.

—No me hables de eso...

—Tiés razón, ispensa.

La catira sonrió con un gracioso ademán, entre coqueteo,
perdonador y gentil.

El caporal Aquiles Valle, cuando don Juan Evangelista
se llegaba hasta su hato, se esforzaba en colmarlo de aten-
ciones.

—¿Un palito e whisky, doctó? Es sabrosón, pues, ¡del
mejó que se pué encontrá en Caracas, doctó!... ¿Prefié un
cafecito, doctó?... ¡Negra, prepárate un cafecito e el güeno
y bien preparao, que es pal doctó!... ¡Verá usté qué cafecito, doctó! ¡Puritica esencia, doctó! ¡Ahorita mesmo me lo
va a ecí!... ¿Quié sentase, pues?... ¡Negra, tráete el mecedó, güeno, que es pal doctorcito!

Don Juan Evangelista Pacheco ni contestaba a los arrumacos del caporal. Don Juan Evangelista Pacheco lo des-
preciaba y seguía su camino, como si Aquiles Valle no exis-
tiese: como si no lo hubiera visto, ni oído, ni olido. Don
Juan Evangelista era hombre de ideas fijas y cuando una
cosa se le metía en la cabeza, era difícil sacársela, muy difícil.

El caporal Aquiles Valle se picó y, después de pensarlo
mucho, cambió la táctica. El caporal Aquiles Valle, aleccio-
nado por su escudero Trinidad Pamplona, sacó fuerzas de
flaqueza, se engalló y, a la primera ocasión que tuvo, le arrastró un cuero a don Juan Evangelista. Le costó bastante pero,
al final, se pudo decidir.

—Mié, pues, doctó, que yo me sé, y que muy bien, que usté anda sin queré hablame... Peo yo le quería ecí, doctó, que si usté tié el antojo, ¿sabe?, yo me quineo a bala con el más pintao, con quien usté mandé, ¿sabe?

El caporal Aquiles Valle dijo sus últimas palabras con un ligero vaivén en la voz. Don Juan Evangelista se quedó algo sorprendido. Don Juan Evangelista miró de arriba a abajo a Aquiles Valle.

—Pues, mié, caporal. Le voy a hablá, ¿sabe?, y le voy a ecí que pa mí pienso que usté no mata más que paujíes..

Don Juan Evangelista se sentó en un chinchorro para continuar. Don Juan Evangelista sacó un cigarro y lo encendió despacio y con solemnidad. Don Juan Evangelista no fumaba chesterfield más que delante de señoras; cuando estaba solo, o mal acompañado, solía fumar cigarros criollos, bandera roja o capitolios.

—Po los hatos de al lao, caporal, hubo ya mucha sangre... Yo me pienso que es mejó no seguí, ¿sabe? A este paso, pu el llano no van a queá más que mujeres...

Don Juan Evangelista Pacheco se detuvo unos instantes. Después, mientras largaba el humo, volvió a mirar al caporal.

—Peo pu el llano se canta una copla que le voy a ecí, ¿sabe? A lo mejó, la conoce ya; peo eso no importa. Siempre le ha e vení bien repasala, ¿sabe?

Don Juan Evangelista Pacheco, acompañándose con el pie, cantó su copla.

—A ve si me acuerdo:

> *A mí no me arrastra cuero*
> *el que no mate ganao;*
> *que si me lo arrastra seco,*
> *yo se lo arrastro mojao.*

Don Juan Evangelista Pacheco cantaba con una bonita y bien timbrada voz de barítono.

—¿La sabía, pues?

Don Juan Evangelista se paró del chinchorro.

—Mié, caporal, le voy a ecí una palabrita: a mí no me venga con roncas, ¿sabe?, que me se corta el frito en el estómago; a mí no me venga con esta pila e vainas, caporal, que soy llanero viejo y, e muchacho, tocaba el furruco untándome pez en los deos, ¿sabe?

Don Job Chacín en La Yegüera, fue acosado a preguntas por todo el personal.

—Y la catira, don, ¿tan tranquila?

—¡Hombre..., tan tranquila! ¡Sería mucho ecí!

La catira Pipía Sánchez tenía en La Yegüera un trope! de enamorados. Uno de ellos, el bachiller Leandro Loreto Moncada, presentaba, amén de otras gracias menores, un alma de artista, un inmenso corazón de artista.

—La catira, don, ¡es el improsulta e la mujé criolla, la mujé cantá po..., nuestros poetas!

Leandro Loreto Moncada levantó la cabeza y paseó la vista, en triunfo, por toda la concurrencia. Leandro Loreto Moncada parecía un caballito albino y recién lavado.

—Me se jace, bachillé, que tampoco le pondría usté ascos a la catira... Bien mirao, es el mejó partío e pu acá y e muchas leguas alreeó...

A Leandro Loreto Moncada le brotaron, en los ojillos mansos, unos fulgores metálicos y crueles, unos reflejos que para sí los quisiera Moquinga, en las grandes solemnidades del infierno.

—La catira, cuñao, no enamora po lo que tié sino po lo que es, ¿sabe? Vestiíta siempre con el mesmo tigüín, la catira seguiría siendo la mesma.

—¡Guá, que se nos ha picao el novio!

—No, vale, que ni me he picao, ni soy su novio. Que lo peó es no ve hasta ónde se llega, ¿sabe?

—¡Guá, que no he querío ofendé, compae!

—¡Mejó pa tóos, vale!

Don Job Chacín procuraba quitar jierro al asunto.

—¿Y cuántos muertos hubo, don?

—Que yo sepa, los dos patrones. ¡Qué vaina e esgracia! Los dos estaban verracos, cuñao, y se cayeron como tigres... ¡Qué palo e vaina!

—¿Y entre la pioná?

—No; entre la pioná, que yo sepa, no.

La gente de La Yegüera no estaba muy conforme con la moderada y piadosa versión del clérigo.

—Pues pu aquí llegaron voces de que la tendezón había sío mayó, ¿sabe?

—¡Rumores, cuñao...! ¡A los rumores no hay que jaceles caso!

Don Job Chacín se defendía huyendo.

—¡Hay llaneros que se pierden, cuñao, pu hablá más que la guacharaca!

—¡Pues también es verdá, don!

El vereco Nicanor Poveda torció su ruta y se metió, rumbeando, por la trocha de Mocapra, que caía al norte y bastante largo. En Guadarrama, Estado Barinas, el lugar donde los ríos Chirgua y Cojedes se encuentran para engordar las aguas del Portuguesa, el vereco Nicanor Poveda conocía a un tercio medio alemán, que tenía un negocio de maderas y que le hubiera dado de comer. Pero los pies de Nicanor Poveda, que obraban por su cuenta y sin pensar, prefirieron seguir el camino de San Bartolo, que llevaba a los morichales de Mocapra y a los verdes oteros de El Machete. El vereco Nicanor Poveda, con la cobija terciada y el chinchorro al hombro, era la estampa misma del vagabundo, del hombre al que la gente, como a Moquinga, quiere ver cuanto más lejos, mejor.

—¡Guá, que es vía e perros, la e el pobre!

El caporal Aquiles Valle, la misma noche en que don Juan Evangelista le cantó la copla, se fue del hato Primavera, ya para siempre, con Trinidad Pamplona al lado y el peón Gilberto Flores, que se les sumó a última hora. Aquiles Valle, Trinidad Pamplona y Gilberto Flores, antes de irse, le robaron a las misias sus cinco mejores potros: el zebruno *Cacique*, el negro *Cambao* y los tres ruanos *Ululay, Cachiquel y Malezo*. Cuando misia Marisela y misia Flor de Oro se enteraron, a la mañana siguiente, creyeron morir.

—¡Ah, qué bandolero, hermana, qué malagradecío!

—¡Sí, Marisela, sí, qué horró! ¡Y quién nos lo había e ecí, con lo bien que se había portao siempre!

—¡Qué tiempos, Flo, qué tiempos! ¡Ave María Purísima! ¡To esto no es más que una maldición de Dios, hermana, po los muchos crímenes que la humanidá comete! ¡To esto no es más que un castigo e Dios! ¡To esto es obra e Moquinga, hermana, que, pa nuestra condenación, se está jaciendo el señó e to!

Aquiles Valle, Trinidad Pamplona y Gilberto Flores, con las bestias al pasitrote, fueron a amanecer a orillas del río Guariquito, en un palmar que parecía bueno para el descanso.

Cuando la noticia de la fuga llegó a Potreritos, don Juan Evangelista se moría de la risa.

—¡Ah, qué güevón del diablo! ¡Ah, trenza! ¡Este marico metío a cuatrero!

La catira Pipía Sánchez hubiera preferido que Aquiles Valle le pidiese los reales de frente.

—Aquiles Valle va a da mucha guerra, Juan Evangelista, ¿sabes?

—¿Tú piensas?

—Sí; los llaneros no sabéis peliá con esta gente...

—¡Puede!

Don Juan Evangelista Pacheco, por más que pensó en las palabras de la catira, no pudo entenderlas.

—Seguramente es fácil —cavilaba—, peo a mí no me se alcanza. ¡En fin!

Sobre el río Guariquito se estiraba una nubecilla larga e ingrávida, blanca y de color de rosa, que fingía la silueta de una mujer tendida y con el vestido hasta los pies.

Aquiles Valle, Trinidad Pamplona y Gilberto Flores ma-

rotearon a las bestias, colgaron los chinchorros y se tumbaron a echarse un camaroncito. Un toro cruzado y jorobeta,
desde la otra orilla, los miraba hacer.

Al día siguiente, don Juan Evangelista Pacheco llevó al
Pedernal la orden de la catira.

—El zipote e Aquiles no los vale, peo el ama tié apartaos
treinta cachetes de plata pa quien se lo traiga con la suerta
echá. Se lo igo pa que corra la voz...

Don Juan Evangelista Pacheco llamó a un lado a Catalino
Borrego.

—Peo con usté no va el coroto, cuñao, que usté no se me
esaparta e pu acá. El ama le manda ecí que usté se guardie,
pues, que usté no se mete en este pelizorrero, ¿sabe?

—Güeno, don, ta bien; que yo no le iba a trabajá al ama
po la mera plata, pues..., sino pu el sentimiento, ¿sabe?

Catalino Borrego quiso decir todo lo que tenía en la cabeza.

—Peo si este sangre e chinche se llega pu acá, don, yo
tampoco lo he e recebí con los brazos cruzaos...

—Tampoco, caporal, que usté ya me entiende.

La gente del Pedernal estaba brejelosa y muy escarmen-
tada. A la gente del Pedernal, los últimos tiempos le habían
pegado muy duro y los peones preferían no verse metidos en
otro bululú.

—Mié, doctó, que si nosotro nos hemo quedao, ¿sabe?,
será poque jugamos el naipe e el ama, pues... Que aquí entre
nosotro no hay mirones, ¿sabe?, que tóos somos tercios.

—¡Y claro, cuñao!

David Jacinto Orichuna era punto con fama y buen nombre de sensato. David Jacinto Orichuna, cincuentón, tarajallo y cunavichero, hablaba siempre con mucha propiedad; alguna gente decía que había tenido estudios.

—Y entonces, don, lo que el ama mande y ordene es lo
mesmitico que aquí hemo e cumplí, ¿sabe?

—Sí, cuñao, que eso es lo que le igo.

s Valle ni le escuchó. Por el cielo sonaba como u
elodía, como un gracioso y venenoso tañido de su
ta. Aquiles Valle, mirando el ancho, el dilata
r encima del vereco Nicanor, se sentía adormec
o florido del mínimo arrendajo, con el triste can
ncólica soisola. Aquiles Valle era muy sentimenta
, compae, que se ha quedao e un aire!
el palmar, muy alto, volaba Moquinga, vestido
n una venda en los ojos, pegando palos de cie
os.

ra Pipía Sánchez, a los quince días y a la mani
amarillo, se bajó hasta el Pedernal. Catalino B
oco tenía noticia de las andanzas de Aquiles V
n parecía como si se lo hubiese tragado la tierr
ra Cándida José, para festejar la llegada de la c
ó a repartir copitas de cachiquel entre la peona
que un palo e aguardiente nunca vié mal, mijit
enemo pu acá a la niña, cuñao, más linda que

ra Cándida José estaba radiante de alegría. La ne
la José levantó a las mujeres de los peones.
, rezánganas, que ta toitico pu jacé, pues! ¡Qu
o la niña! ¿O es que no se han enterao?
ra Cándida José mató a la gallina más tierna de
a cocinarle un sancocho a la catira.
pavita, melindrosa, que ya no has de poné má
sabes? ¡Que ha llegao el ama, miá, lo siento!
ra Cándida José preparó unas hallacas tiernas, co
ejor. La negra Cándida José pensaba decirle a la
no nunca las hubo e tomá, niña, e sabrosonas como
o!
ra Cándida José destapó el cristal del dulce de
a negra Cándida José soñaba con el instante de
ato.

David Jacinto Orichuna soltaba las palabras despacio y con solemnidad, casi como un obispo.

—Pues eso, doctó, que así toiticos contentos, pues. Aquí el caporal Catalino ya sabe que los que nos hemos quedao no queremo batalla, don, que queremo sacano el frito ecentemente, pues.

Don Juan Evangelista Pacheco prefirió que David Jacinto Orichuna siguiese hablando.

—Sí...

—Y eso, don, que queremo sacano el frito ecentemente y sin peliá...

David Jacinto Orichuna carraspeó un poquito.

—Peo si Aquiles Valle lo busca, don, Aquiles Valle llevará rejo. Que aquí no faltan piones inorantes, doctó, que piensan que Aquiles Valle es Moquinga, el Guardajumo, ¿sabe?, peo yo le traigo las postas con la cruz pintá, don, y mojaítas con la cera e el Santo Sepulcro, ¿sabe?, y el venao no me se ha e escapá...

La peonada siguió en silencio, como todo el tiempo había estado. A la peonada le corrió un frío por los huesos. Don Juan Evangelista procuró que no le temblase la voz.

—¡Guá, Catalino, pues...! ¿Po qué no nos da un palito e ron?

El moreno Chepito Acuña pidió cinco bolos a cuenta del precio del caporal Aquiles Valle y se trenzó una rasca fenomenal. La catira Pipía Sánchez se rió a carcajadas.

—Guá, que el moreno píe un juerte anticipao, misia, que ice que es pa celebralo...

—Éselo, pues.

El moreno Chepito Acuña odiaba a Aquiles Valle con toda su alma.

—¡Ah, este güevón! ¡Aguardiente pa to el hato he e comprá yo, con los treinta juertes!

El moreno Chepito Acuña, cuando aún andaba sarataco, se llegó a ver a don Juan Evangelista Pacheco.

—Mié, doctó, que yo me voy a dir pu el pisao e el pato e Aquiles, ¿sabe?, que yo no me ejo volá los treinta juertes e el ama, don.

61

—Bien dicho, moreno, que treinta juertes son mucha rialera.

Después, don Juan Evangelista Pacheco ordenó que echaran a dormir al moreno Chepito Acuña y que le guardaran los calzones, para que no se escapase.

—Cuíenlo, pues, este moreno es puritico oro cochano...

Los peones no entendieron mucho todo lo que pasaba. Pero acostaron a Chepito Acuña y lo taparon con la cobija, para que no se enfriase. Chepito Acuña, desde el séptimo cielo, soñó que era blanco, tan blanco como don Juan Evangelista Pacheco, y que tenía un bigote airoso, insolente y descarado con las guías para arriba.

—¡Ajá, qué bigotico pinturero, vale! —le decían al verlo—, ¿ónde te lo has mercao?

En Potreritos, el aviso de la catira tuvo mejor acogida que en el Pedernal. La gente de Potreritos, todos a una, pensaba, con don Juan Evangelista, que el culpable de la sampablera había sido el caporal Aquiles Valle.

—Si este monifato se arrima a tiempo, cuñao, aquí no pasa na. En el hato Primavera faltó un tercio que le echara una ristra, vale.

—¡Quién quita!

—¡Y claro, pues! Peo este hombre, peleando po la sabana, no va a llegá a viejo, cuñao. El llano se ha puesto bravo, ¿sabe?, y aquí han pasao ya emasiás cosas...

—Sí, que han pasao.

Clorindo López, desde su ceguera, tenía mucho ascendiente sobre la peonada.

—¡Y tigrones mayores hemos visto, vale, guindaos de un pitoco e ceibo, bailando el joropito e Moquinga, con la lengua ajuera!

—Sí, que hemos visto.

Al catire Lamberto Salas le había quedado una pierna más corta que la otra. El catire Lamberto Salas era la segunda institución de Potreritos.

—¿Y usté piensa, cuñao, que Aquiles Valle se va a quedá pu estos pagos, merodeando los hatos?

—No; yo pienso, pues, que A[...] encontrá el camino que le lleve lej[...] jaro que vuele largo, cuñao, usté l[...]

El catire Lamberto Salas, hurg[...] chete, habló lento y como preocu[...]

—¡Y ojalá que lo vea, pues...[...]

El vereco Nicanor Poveda, ve[...] fue a dar con la cayapa del capor[...] fue el primero que lo vio arrimar.

—¡Ajá, cuñao, que po la yer[...] e pión!

Aquiles Valle lo dejó llegarse [...]

—¡Guá, y que se venga, pues[...]

Aquiles Valle se cubría los tu[...] bolera; el sombrero de peloeguar[...] el hato de las misias.

—¿Y a ónde va, pues?

El vereco Nicanor Poveda se [...] y a sus dos hombres.

—¡Guá, que el mundo anda [...] poral de Primavera!

—Sí, vale, que ya no lo soy,[...] queando apolismao, ¿sabe? Peo [...]

El vereco Nicanor Poveda no [...]

—¿Y qué ha pasao, pues? [...] también barrieron el retallón? ¡A[...] do suave, cuñao! ¡Y a mí que [...] tóa esta guachafita! ¿Sabe? ¡Pa[...] do vacas corrofias, cuñao! ¡Que [...]

A Aquiles Valle no le pareció [...] llevase la voz cantante.

—Güeno, mire, vale, vamo [...] Aquí le igo que yo y estos dos c[...] hato porque no queremos ejanos [...]

El vereco Nicanor Poveda e[...] Nicanor Poveda se aflojó un po[...] ajustaba el gañote.

—¡Guá, que a muchos nos [...]

Aqu[...]
confusa [...]
vísima [...]
campo, [...]
con el s[...]
de la m[...]

—¡[...]
Sobr[...]
negro y [...]
a los pá[...]

La ca[...]
de su fo[...]
rrego tar[...]
lle, a qu[...]

La ne[...]
tira, se f[...]

—Gu[...]
¡Que ya [...]
tigana!

La ne[...]
gra Cánd[...]

—¡A[...]
ya ha lle[...]

La ne[...]
corral, pa[...]

—¡A[...]
güevos!, [...]

La ne[...]
maíz del [...]
catira:

—¡Co[...]
van salie[...]

La ne[...]
guayaba. [...]
poner el [...]

—¡Ah, que le gusta a la niña! ¡Guá, que es suavecito como el canto e la peraulata!

La negra Cándida José desdobló los más viejos y solemnes manteles de lino. La negra Cándida José se imaginaba que había de comentar:

—¡Guá, que son los de la boda e misia Chabelonga, niña, toavía pu estrená!

La negra Cándida José sacó del arca las colchas más gruesas y más historiadas. La negra Cándida José tenía la conciencia tranquila.

—¡Onde naide hubo e dormí, niña, que no saben aún cómo güele la gente!

La negra Cándida José mandó sacarle brillo al ford, con petróleo y un cuero de res.

—¡Jálele duro, muchacho, que tié que relucí como si juera e plata! ¿Sabe?

La negra Cándida José estaba rendida. Cuando la catira Pipía Sánchez volvió, con Catalino Borrego al lado, de recorrer las cercas, la guacaba cantó desde el maizal. A la negra Cándida José se le hizo un nudo en el pecho. A la negra Cándida José le dio el tósigo.

—¡Ah, que ya ta acá el ñúo e chuco!

La negra Cándida José se voló a la cocina, a tomar un puñado de ceniza con el que hacer la cruz.

—¡Ah, guacaba, pájara pinta, que tus lecos no traerán na güeno, no!

Cuando la negra Cándida José volvió hasta el porche, la catira Pipía Sánchez estaba subiéndose al ford.

—Güeno, negra, que le agradezco y que me haya mandao limpiá el carrito, ¿sabe?, que ya le iba jaciendo falta. Otro día me demoraré más, que ahora no pueo, que entoavía tengo que jacé una pila e iligencias pu allá arriba...

La negra Cándida José no supo ni sonreír. A la negra Cándida José, el canto de la guacaba le ponía los pelos de punta, igual que si se presentase Moquinga, a llevarla para su reino.

—Güeno, pues, Cándida...

—Güeno, pues, niña, que lleve güen viaje...

A la negra Cándida José se le volvieron los ojos húmedos y brillantes.

Misia Marisela y misia Flor de Oro también pusieron precio a Aquiles Valle: un potro, a elegir entre los cinco robados, y cien bolívares contantes y sonantes, uno detrás de otro.

—¡Y cómo le paece, doctó, habenos queao sin caporal!

Don Juan Evangelista pensó que la cosa se arreglaba metiendo a otro en su lugar.

—Y que me paece bien, misia, que así podrán poné a otro cualquiera. El peó pión del hato les ha e salí menos zarandajo, lo ha e ve.

Misia Marisela y misia Flor de Oro, después de muchas idas y venidas y a la vuelta de otras tantas dudas e indecisiones, acordaron ofrecer la plaza a Cristobita Puruey, un peón que nunca se había distinguido por sus luces, aunque parecía bueno y leal.

—Guá, misia, pues, y que yo no valgo pa está en la guama, ¿sabe?, que pa caporal cualquiea les habrá e serví mejó, ¿sabe?, contimás que yo soy viejón y patuleco, misia.

—No importa, Cristobita, pues, que si usté se ecide ya pué sentise caporal desde mesmo ahorita...

—Güeno..., y que ya veremos cómo me ha e salí, misia...

—¡Bien le saldrá!

Cuando Cristobita Puruey contó la novedad, la peonada tardó en creerle; Cristobita Puruey no era nombre que hubiera sonado, por aquellos días, como sucesor de Aquiles.

—¡Ah, qué piazo e pabellonero, y cómo ha empelotao a las misias!

—¡Guá, y que el patojo nos ha salío fino!

—Ajá, ¡qué tronco e mamaera e gallo!

Cristobita Puruey, para mejor vestir el cargo, se tocó con un sombrero descomunal, regalo de don Juan Evangelista. Después, bajó al patio, esforzándose por cojear lo menos posible. La peonada, ¡qué remedio!, le felicitó.

—¡Ah, zambo viejo, que la yegua le ha parío un cerdero!

—¡Ajá, caporal, pues, que no nos deje e mirá a los que nos hemos queao en cabresteros!, ¿sabe?

—¡Ah, cuñao, que ya tenemo jefe pa la vaquería! ¡Noragüena, pues!

Cristobita Puruey, de caporal, no tenía más que una preocupación: saber que Aquiles Valle había llegado a la China o aún más lejos, si pudiera ser.

—¿Al otro mundo?

—¡Guá, al infierno, con Moquinga atiestándole lanzazos, pues, hasta ejalo esguañangaíto, cuñao!

Al bachiller Leandro Loreto Moncada, el potro *Chiribitero* le rompió un caramillo de huesos al botarlo de la bridona abajo.

—Guá, cuñao, que usté es hombre e cuentas y e lecturas, ¿pa qué se mete a pión bestiero, pues?

El bachiller Leandro Loreto Moncada, con el pie entablillado y el cuerpo lleno de magulladuras, procuraba llevar sus golpes con cierta resignación.

—¡Ah, qué se pensó el catire Páez, nuestro bachillé! ¿Po qué no se tuvo sosegao?

El bachiller Leandro Loreto Moncada no quería ni oír hablar de la aventura.

—Mié, vale, éjele ya tranquila a la lengua, ¿sabe?, que resulta pavoso andá siempre a güeltas con lo mesmo, ¿sabe?

El bachiller Leandro Loreto Moncada a nadie se lo había dicho, pero hubiera querido agarrar al caporal Aquiles Valle, para llevárselo, enganchado de una oreja, a la catira.

—Güeno, misia, que aquí le traigo a este zófrego, pues, pa que le pía perdón de rodillas, ¿sabe?

La catira Pipía Sánchez, sonriendo con su mejor sonrisa, le hubiera contestado:

—Muchas gracias, bachillé, usté es muy gentil, ¿sabe? ¡Aún quean caballeros pu el mundo!

Y el bachiller Leandro Loreto Moncada, sonriendo también, haría por quitarle importancia a la cosa.

—No, misia, esto no tié ningún való, ¿sabe? ¡Cosas más importantes quisiera yo jacé pa ofrecéselas!

A la catira le tembló la voz. La catira se puso ligeramente colorada.

—¡Leandro!

—¡Catira mía!

A lo mejor, la catira Pipía Sánchez, en aquel momento, se le caía en los brazos al bachiller Leandro Loreto Moncada, llorando de amor y de emoción.

—¿Me querrás siempre, Leandro?

—¡Catira! ¡Catira mía!

Al bachiller Leandro Loreto Moncada le dolía todo el cuerpo. Verdaderamente, el potro *Chiribitero* no había podido tratarlo con mayor desconsideración y con peores modales.

—¡Ah, qué diablo e potranco, si mesmo paece como que lleva a Moquinga soplándole malas ideas en el corazón!

Don Juan Evangelista Pacheco pensó que el ciego Clorindo tenía razón más que sobrada.

—No le haga la guerra e cara, don; sin sabé pu onde se anda, no se bote a buscalo. Aquiles no es hombre que pelee pu erecho, ¿sabe? El ama tié su jundamento pa está temerosa.

—Sí, Clorindo, eso ta bien pensao, pues, peo el llano tampoco lo vamo a ejá abandonao a este treque e vejigón, ¿sabe?

—No, don, que sería pior... Peo pa mí que Aquiles no va a aguantá mucho enmatao, cazando esde el velaero, ya verá. Lo que hay que ta es listos pa cuando muestre la terba, ¿sabe?, y no marrá el lanzazo. Si se le eja madurá, don, Aquiles se pierde solo, ¡guá!, como un potranco pajarero.

—¡Y ojalá, cuñao, que a tóos se nos iba a quitá un peso!

Don Juan Evangelista Pacheco estaba furioso con las malandanzas del antiguo caporal de Primavera. A don Juan Evangelista, lo que más le dolía era tener que contenerse.

—Y el caso, catira, es que no sé pu ónde empezá... ¡Miá que es vaina la que ha esencaenao esta surupa e hombre!

La catira Pipía Sánchez también pensaba que lo mejor era dejar que Aquiles se confiase.

—Miá, tú, Juan Evangelista, que Aquiles es tercio traidó, ¿sabes?, marañista que va a queá guindao en sus marañas.

La catira Pipía Sánchez, pálida y algo más delgada, estaba airosa y linda como una corza.

—Peo aguardia a que se enseñe, Juan Evangelista, que pu el llano no cabalga un solo hombre capaz de jugame un sucio sin que me lo pague...

A la catira Pipía Sánchez, al tiempo que la voz, le temblaban las teticas bajo la blusa.

—Y menos que ninguno, Juan Evangelista, este orejano tongoneao, ¡te lo juro!

A la catira Pipía Sánchez, de puritico linda, le brotó una estrella de fuego en mitad de la frente.

—Y ni vendese a Moquinga le ha e valé, Juan Evangelista, que Moquinga lo tié ya muy seguro y no daría una puya po su alma e cochino...

CAPÍTULO III

¡ARPA Y NOS FUIMOS!

A H, Rubén Domingo! ¿Qué hubo?
—¡Ajá, doctó, y cómo me gusta velo tan güeno, pues!
A don Juan Evangelista Pacheco le dio mucha alegría encontrarse con el mestizo Rubén Domingo.

—¡Ah, piazo e cuatrero, vagabundo, que tas el mesmo que jace veinte años!

—¡Y usté, doctó, que el tiempo no es pa nosotro, pues!

Don Juan Evangelista y el mestizo Rubén Domingo eran amigos desde muchachos, desde los días, ya lejanos, de las vacas gordas en casa de don Luis Ángel Pacheco, el papá de don Juan Evangelista, patrón entonces de los hatos Cabuya Linda y La Esperanza, dos de los más ricos de todo el llano: aquella mina de oro que el viejo se empezó a beber en San Fernando de Apure y el hijo terminó de botar en París de la Francia.

—¡Guá, qué han sío e tus güesos, bandolero!

—¡Y que sería muy largo e contá, doctó! Vamos a arrimanos aquí a un botiquincito, pues, que el sol lastima, ¿sabe?

—¡Ah, zorro viejo, que no has perdío las mañas!

—Ni usté, doctó, que se le ve en la cara que no mata la sed con agua e coco... Que esas barbas que se ejó y que hay que regalas, doctó...

Guayabal es pueblito que está a tres leguas de San Fernando, al otro lado del río, aún en el Guárico. Cuando las

71

lluvias rompen, allá por el mes de mayo, y empieza a soplar el barinés, Guayabal, y con Guayabal muchas leguas hacia arriba y hacia abajo, se convierte en una laguna, inmensa y despiadada, de la que huye el ganado y el bestiaje y de la que se enseñorea el caimán.

El amo del botiquín donde se metieron los dos amigos, era un corso lipudo y bigotón que se llamaba Italo Pífano y que tenía unas aparatosas maneras de virrey de Libia. Un primo hermano de Italo era sastre en Caracas y sobre su puerta —de Gobernador a Muerto, según se va, a la derecha— lucía un artístico rótulo en el que se leía: "Giovanni Pífano, sastre anatómico".

Don Juan Evangelista le animó a moverse.

—Güeno, miá, chico, danos un palito e ron.

Italo Pífano sonrió con una profunda reverencia.

—¡Presto!

El mestizo Rubén Domingo no era tercio que se perdiera en el llano; ni fuera de él. Cuando las lluvias se abren sobre la tierra y por el cielo retumba la maraca áspera del invierno tropical, el mestizo Rubén Domingo, que lleva un calendario en las orejas, coge el banco y se raspa lejos, muy lejos, a Tucupido, o a La Veguita, o a Barrancas, allá donde no llegan las aguas.

—Güeno, mié, cuñao, que esto e las aguas es ya mucha vaina, pues, que uno es más bien de aguardiente, ¿sabe?, y e a caballo. Que tampoco es pa un cristiano pasase medio año cabalgando el moriche como el oso palmero, ¿sabe?

—Bien hablao, vale, que ice usté tóa la verdá...

Al mestizo Rubén Domingo no hubiera sido fácil cazarlo desprevenido, o quedándose, como un alumbrao, entre Masparro y La Yuca.

Italo Pífano llegó con las copitas de ron. Los dos amigos, brindaron.

—¡Salú!

—¡Salú!

Cuando las lluvias caen, inclementes y porfiadas, y los ríos se agolpan traidores como tigres, el mestizo Rubén Domingo, que tiene una brújula en los pies, le hace un corte

72

de mangas a la inundación —¡ah, río Apure, qué crecío
vas; ni yo me boto, ni tú me ahogarás; ya me viste pu
elante, pues míame pu atrás!— y la deja a solas con quien
quiera quedarse.

—Y en to este tiempo, vale, que ya va pa largo, ¿pu
ónde has andao?

—Pues ya lo ve, doctó, pa arriba y pa abajo...

Al mestizo Rubén Domingo no le gusta el llano del invierno, el desolado mundo del ganado con el agua al vientre,
el mar que desarraiga el yerbazal, que aísla al jobo y al yagrumo, al merecure y al ceibo, a la juásdua y a la palma
moriche.

Don Juan Evangelista no se hartaba de mirar al mestizo
Rubén Domingo.

—¡Ah, piazo e bigarro, que ya te echaba e menos!

Don Juan Evangelista se volvió al italiano de los bigotes.

—Güeno, miá, chico, Garibaldi, que nos des otro palito
e ron, ¿sabes?, que no estamo ofrecíos.

Casi al mismo tiempo, el mestizo Rubén Domingo contestó a don Juan Evangelista. El mestizo Rubén Domingo
habló con una seriedad amarga, con una recoleta serenidad
casi vegetal.

—Y yo que me lo figuraba, doctó, eso e que me echaba
e menos, ¿sabe?, y pu eso me vine arrimando pa estos pagos...

El mestizo Rubén Domingo bajó la voz.

—Que ya supe lo e la catira e el Pedernal y lo e el patrón Filiberto, doctó. Que me enteré muy lejos, en El Ampa-
ro, más allá e Guasdualito, en el Arauca, frente a Colombia,
¿sabe?, y me pensé que andaba usté metío pu el medio...

Don Juan Evangelista le puso una mano en el hombro
al mestizo Rubén Domingo.

—Gracias, Rubén Domingo, vale... Ya hablaremos de to
esto, ¿sabes?... Tómate este palito e ron... Tampoco va a
se el último, cuñao...

—Tampoco, doctó.

Durante el invierno, allá por junio, por julio y por agosto,
el chicuaco y el pato real —yaguazo, le dicen los llaneros—
cruzan el húmedo aire de la sabana, graznando amargamen-

te, mientras el oso del morichal, el araguato aullador, la verde iguana, se miran en las aguas, tristes y casi sin esperanza, desde el alto balcón de los árboles. Por estas fechas, ya no suele verse por allá abajo al mestizo Rubén Domingo, brujeador de oficio, hombre sin afición al bongo y a la curiara, tercio del que no se sabe que haya pescado jamás el bagre o la sardinata, el cuchilla o la vieja, el coporo o la cachama negra.

—Miá, vale, que yo no sé cómo empezá, ¿sabes?, peo que me vié bien habete chocao, ¿sabes?, eso pienso, que en to este cascorvo mejó es dir apareaos, compae, y en compañía, pa no da un barquinazo, ¿sabes?

El mestizo Rubén Domingo, con la copeja en la mano, seguía pensativo y con cara de leal.

—Güeno, doctó, mié, pues, que le voy a ecí que con que usté entienda el coroto yo ya me sé la obligación, ¿sabe?

—Sí, Rubén Domingo, que el cholúo e bolero e Aquiles Valle, el caporal de Primavera...

El mestizo Rubén Domingo le interrumpió.

—Que ya me sé, doctó, que se pensó un hombrón...

—Guá, Rubén Domingo, que así nos ajorramos mucho andá a güeltas, ¿sabes? Peo que yo te igo que Aquiles tié que ta amugao, pues, y que no es cristiano e fe, vale, sino tercio amigo e el ñaragatal y e jugá un culebreao a su pae, pues, si lo encuentra.

—Y que ya me lo sé, doctó...

El mestizo Rubén Domingo, todos los años, se va del llano cuando el llano avisa, cuando el relámpago comienza a encenderlo, y el calor sube, y el vaho envuelve a la tierra, y los caños y los ríos se agolpan; cuando el tigre se marcha con el pelo hirsuto, y el toro se vuelve rijoso y pendenciero, y la culebra cambia la concha, y el venado se aleja en rebaños atónitos y estremecidos. Que el llano mata limpio y por derecho, y a nadie arrolla a traición.

—Peo que a Aquiles Valle, doctó, yo me lo tengo olío entre El Samán y Santa Catalina, ¿sabe?, que allí hubo muertes pu estos días, doctó, y hay quien ice que po la sabana cruzó una tropilla, doctó, peo faltó quien le cayese a bala, pues, a meteles una soba e ejemplo...

—Güeno...

Don Juan Evangelista pensó que, de momento, era mejor seguir pegándole duro al licor.

—Miá, chico, musiú, que nos tiés secos y abandonaos. Tráete más ron, ¿sabes?

Italo Pífano volvió a inclinarse y a sonreír.

—¡Presto!

Don Juan Evangelista y el mestizo Rubén Domingo se pasaron la tarde atizándose palos de aguardiente. Cuando se fueron a dormir, hechos tiestos ya, casi no alcanzaron el chinchorro.

Esto fue un lunes. El lunes anterior, la partida de Aquiles Valle, reforzada con el virengo Nicanor Poveda, se llegó a un ranchito que estaba pegado a la laguna de La Boba, a la sombra del morichal y subido en una mesetilla donde apenas cabía el conuco del maíz y de la caña de azúcar, del fríjol y de la caraota.

El guate Trinidad Pamplona, sin avisar, le metió un tiento al trasero de la india.

—¡Guá, qué mango e burro!

En el ranchito —paredes de barro y paja, techo de palma, piso de honesta tierra —vivía el indio Consolación con su familia. Al guate Trinidad Pamplona le entró la risa.

—¡Ah, qué mango e burro!

El guate Trinidad Pamplona miró para los tres hijos del indio Consolación, tres inditos huraños y silenciosos, siempre con ganas de espantarse.

—¡Ah, y cómo jace pa que se le pare la paloma, pues, con este ráspago al lao!

La india María, tímida y misteriosa, se encogió al notar que le tentaban las carnes por segunda vez. Después, la india María se echó a llorar bajito, como si no tuviera voz.

El indio Consolación, mudo también, se paró con el machete en la mano.

—¡Guá, indio! ¡A ónde va, pues, tan faramallero!

El indio Consolación le hundió la frente al guate Trinidad Pamplona, que tenía la sangre líquida y negra y los sesos cruzados de venitas, como los de una res. El guate Trinidad Pamplona se fue para el infierno sin enterarse.

En el ranchito se armó un seis por ocho de todos los diablos. Aquiles Valle, Gilberto Flores y el vereco Nicanor Poveda, le cayeron a una y en cayapa al indio Consolación, que no pudo defenderse. Con el indio atado y tundido a lufres y a patadas y con los sutes llorando a grito herido, el vereco Nicanor y el peón Gilberto, después de apartar con el pie al cadáver del guate Trinidad, se abalanzaron sobre la india María, desnudándola a tarascadas, derribándola a empellones, babándola, mordiéndola, ahogándola, cabalgándola como a una mansa potranca esquiva y desesperada.

El caporal Aquiles Valle no tocó a la india María un pelo de la ropa. El caporal Aquiles Valle tenía otras aficiones. El caporal Aquiles Valle prefirió matar a palos al indio Consolación. El indio Consolación murió con los ojos abiertos y la boca cerrada. El indio Consolación murió sin ver y sin hablar. También murió sin explicarse nada, el indio Consolación.

La catira Pipía Sánchez se acercó a La Yegüera a reclutar peones para el Pedernal. La catira Pipía Sánchez fue en el ford, con Catalino Borrego y la negra Cándida José, al lado, y un revólver sobre la falda.

—¡Ah, que al ama e Potreritos, mié, no la balean como al paují!

Cuando don Job se enteró de la llegada de la catira, se peinó un poco y se voló a saludarla. Don Job la encontró tan refina que la trató de usted.

—¡Guá, niña! ¿Y qué la trae a usté pu estos quilombos?

—¿Qué hubo, don Job? Pues ya lo ve, buscando quien quiea bregase la arepa con honradez, ¿sabe?, que alguien aún queará...

—¡Pues y que no lo sé, niña, que el llano ta perdiendo la virtú! Peo alguno habrá, pienso. ¿Habló con el mestizo

Pedro Apóstol Taborda, el camaguanero, el hermano e el caporal de Arismendi, que paece tercio e confianza?

—No, don, que no vi a naide, que acabo e llegá, pues.

La catira Pipía Sánchez se alojó en casa de misia Ángeles Luz Moncada, señora de gran porte y de abolengo rancio que lucía un ojo de cristal, de muy buena calidad, comprado en Puerto Rico. Misia Ángeles Luz Moncada tenía un sobrino muy instruido que era el orgullo de la familia. Misia Ángeles Luz Moncada estaba convencida de que el joven, como tuviese una cuñita, llegaba a ministro o, por lo menos, a senador.

—¡Ah, que tié cuero e sabio, niña, que tié los mesmiticos modos que se precisan pa está en la guama! ¿Sabe?

A misia Ángeles Luz Moncada le hubiera gustado que la catira Pipía Sánchez conociese a su sobrino.

—¡Usté lo había e ve, niña, con sus modales tan educaos y tan vitocos! ¡Y lo culto que es, Pipía Sánchez, que pué cantale tóas las capitales de Europa, eso, sin dejase ni una! ¡Guá, que to el, mundo lo ice! ¿Sabe? ¡Y el que se lo calla es pu envidia, pues, que la envidia es el mal del llano! ¿Sabe? ¡La puritica envidia!

—¿Y po qué no me lo presenta, pues?

Misia Ángeles Luz Moncada, con un gesto elegante y despreocupado, le quitó importancia al asunto.

—Guá, que el pobrecito anda medio malón estos días, ¿sabe?, que domando un potro, pues, le jaló duro e el freno y el potro le escupió contra el botalón, ¿sabe?, que a poco lo mata. ¡Guá, que es fregao el mozo, mijita!

La catira Pipía Sánchez sabía de sobra que a los potros cerreros se les cabalga sin freno y sin espuela. Pero la catira Pipía Sánchez no dijo nada, ¿para qué?

—¡Vaya po Dios!

—Sí que jué esgracia, niña, ¡ah, si lo viera usté tan frasquitero como iba, pues, que mesmo paecía un centauro!

—Ya, ya...

Al día siguiente, la catira Pipía Sánchez le habló a don Job, que fue a tomarse un cafecito con ella, a media mañana.

—Guá, don, que anoche misia Ángeles Luz me contó e el sobrino, pues, que ya me va entrando curiosidá, ¿sabe?

Don Job Chacín se le quedó mirando.

—¿El firifirito e el bachillé?

—No sé si será...

Don Job Chacín se puso rojo de la risa. A poco se ahoga con el café.

—¡Ah, esa ñarrita e hombre, niña, que le dio la vena po sentise llanero! ¿Sabe?

A la catira Pipía Sánchez no se le contagió la risa de don Job.

—Al llanero más pintao lo erriba un potro, don, que tóos lo hemos visto.

Don Job Chacín se explicó.

—Un potro, sí, niña, peo no ese jabúo e *Chiribitero*, pues, que no pué ni con su alma y que se echó a la galucha pu el mesmo milagro, ¿sabe?

Don Job Chacín, hasta donde pudo, dio marcha atrás.

—¡Ah, el diablo, y qué idea le habrá empujao al bachillé a metese a bestiero!

A la catira Pipía Sánchez le dio un golpecito el pulso, un golpecito suave y nada fácil de entender.

—¡Y quién lo sabe, don! Estas cosas casi siempre se jacen pu algo, pues...

El bachiller Leandro Loreto Moncada, aquel hombre que parecía un caballito albino y repeinado y que llevaba dentro un alma de artista, un inmenso corazón de artista, sufría sabiendo a la catira Pipía Sánchez en La Yegüera, mientras él no podía ni moverse.

—¡Ah, que es desgracia, pues, y que a ella le vayan a contá las cosas como quiean! ¡Ah, qué tronco e esgracia!

Pero el bachiller Leandro Loreto Moncada, con el cuerpo lleno de mataduras y el pie entablillado, no podía ni sentarse en la cama.

—¡Ah, si le hubiea enganchao a Aquiles Valle! ¡Aquí le traigo a este zófrego, pues, pa que le pía perdón de rodillas! ¿Sabe?

—Muchas gracias, bachillé, usté es muy gentil...

El bachiller Leandro Loreto Moncada, echado sobre todas las almohadas de su casa, sonrió tristemente.

—En fin...

La catira Pipía Sánchez hubiera preferido que el firifirito del bachiller, aquella ñarrita de hombre, viniera a haber resultado, a la postre, un gallardo capitán de llaneros, un arrogante y heroico Amadís de Gaula.

Pero la catira Pipía Sánchez tuvo que conformarse con la ilusión.

—En fin...

Hacia Puerto de Nutrias, sobre el Apure, el río de las cariberas, empieza a aparecer el chimó. El mestizo Rubén Domingo tenía una cajeta de palo de oro, con la pajuela de plata.

—¡Ah, que es linda la cuca, cuñao!

Al mestizo Rubén Domingo le gustaba que le alabasen la chimoera.

—Sí que lo es, güeno... ¿Quié echase una mascaíta, compae? Es chimó manso, ¿sabe?, chimó pa señoras.

El mestizo Pedro Apóstol Taborda tomó su comidita con dos dedos y con mucha ceremonia.

Don Juan Evangelista Pacheco, cuando supo que la catira estaba en La Yegüera, se pasó desde Guayabal para verla.

—No te jacía pu aquí, Juan Evangelista, que te pensaba al norte, po Mocapra y pu el petróleo e el Punzón.

—Pues, no, ya ves...

Rubén Domingo y Pedro Apóstol Taborda eran viejos amigos, aunque, a lo mejor, pasasen años sin verse y sin saber el uno del otro.

—Y véngase con nosotro, ¿sabe? La catira es el porvení, cuñao. Yo y el doctó Pacheco tenemo que repartí algún planazo, ¿sabe?, acá pu estos caños de pu ahí, peo en cuanti que terminemo, ¿sabe?, nos arrimamo a la catira. Esos hatos de pu ahí arriba van a da mucha plata, cuñao, véngase con nosotro.

—Sí, pué que esté bien pensao...

El mestizo Pedro Apóstol Taborda fue el hombre que primero abrió la lista, en la leva de la catira. El segundo fue su hijo Cleofa, un mozo que no llegaba a los veinte años.

—Mié, misia, apúnteme, pues, a mí y al hijo Cleofa. Don Job sabe que no somo dos vagabundos... Misia Ángeles Luz, también lo sabe...

—Güeno, Pedro Apóstol, que ya tan apuntaos, pues. A ve si hay suerte, ¿sabe?

—Sí, misia, que sí la habrá...

La india María enterró al indio Consolación. La india María le tapó los ojos al indio Consolación con un pañuelo, para que no se le llenasen de tierra.

El pico-e-plata silbó, desde la palma, una melodiosa cancioncilla, tenue, sentimental y funeraria.

La india María arrastró de un pie al cadáver del guate Trinidad Pamplona. La india María lo dejó en medio del campo, en un calvero del yerbazal, con la cara levantada para que los zamuros le vaciasen los ojos. Y le mondasen las carnes hasta dejarlo en la pura güesamenta.

El gavilán colorao cruzó los aires más altos, chillando, para avisar la ronda de la muerte al venado manso: la tímida bestia de carama de arpa y de los miedos bailándole pasmos en el mirar.

La india María —un hijo a la espalda y otro a cada mano— se alejó de La Boba dejando atrás, y ya perdido, el tiempo en el que fue feliz, con el indio Consolación al lado, con el indio Consolación encima. La india María, antes de irse, pegó candela al ranchito, se sentó a verlo arder y no se fue hasta que se llevó el viento el último humo de la fogarera.

Después, empezó a andar. El plateado alcaraván, que la vio venir, alzó el vuelo alborotando el llano con su temor. Por el Guárico, por el Apure, por Barinas, los peones lo saben: alcaraván que se espanta, gente que pasa o zorro que lo levanta.

Misia Ángeles Luz Moncada también tenía una sobrina. La sobrina de misia Ángeles Luz Moncada no era hermana del bachiller, era prima. La sobrina de misia Ángeles Luz Moncada se llamaba Cecilia y era una motolita que tocaba valses al piano y que recitaba poesías de Amado Nervo, poniendo cara de angelito sancochao. La sobrina de misia Ángeles Luz Moncada nunca había tenido novios. La sobrina de misia Ángeles Luz Moncada no fumaba cigarros, ni tomaba trago. A la sobrina de misia Ángeles Luz Moncada, cuando oía hablar de hombres sangrando, o de potros capados, o de reses caídas en la caribera, o de mautes marcados a hierro y fuego, le entraba la pachanga.

A la catira Pipía Sánchez, la sobrina de misia Ángeles Luz Moncada no le daba buena espina.

—¡Y a mí, don, que estas mujeriticas tan mujeriticas siempre me han parecío medio machorras!

Don Job Chacín, mientras se fumaba su tabaquito guácharo, ladeó la cabeza.

—¡Y pué que no se equivoque, niña! ¡Que a mí siempre me se han antojao manufactura e botica! ¿Sabe?

La sobrina de misia Ángeles Luz Moncada, cuando la catira se instaló en casa de su tía, fue a presentarle sus respetos.

—Güeno, misia, mié, que venía a poneme a su orden, ¿sabe?, po si se le ofrece algo.

—No, Cecilia, no necesito na; usté es muy amable...

La sobrina de misia Ángeles Luz Moncada sonrió.

—Muchas gracias...

La sobrina de misia Ángeles Luz Moncada fingía —y lo fingía muy bien— tener el vago presentimiento de que, ante la catira, siempre se estaba en pecado mortal.

—¿Pueo retirarme?

A la catira Pipía Sánchez le atacaba los nervios la sobrina de misia Ángeles Luz Moncada.

—Sí, Cecilia, pué usté retirase con viento fresco.

A la sobrina de misia Ángeles Luz Moncada se le escapó

el pensamiento. A veces, tocando el piano, uno también se equivoca y golpea en la tecla de al lado.

—¡Qué vulgá!

La catira Pipía Sánchez hizo como que no oía.

Evaristo, antes Camilo, aquel gallego del discurso, anduvo una temporada por el Orinoco, acompañando a su paisano el capitán Cerdeira, el hombre que más sabía de tortugas en todo el universo.

—Oiga, usted, Evaristo, ¿el capitán Cerdeira, sabrá más de tortugas que Humboldt?

—¡Hombre, dónde va a parar!

El capitán Cerdeira y Evaristo se llegaron en avión hasta Caicara, para no entretenerse demasiado remontando el río desde Ciudad Bolívar, que quedaba a cuatrocientos kilómetros a oriente. En Cabruta, frente a Caicara, el capitán Cerdeira y Evaristo armaron una flotilla de bongos y se metieron, Apure arriba, para estudiar ictiología y otras ciencias. La ictiología trata de la vida de los peces y en ella cabe lo mismo la sardina de Marigüitar, que el caribe de Suripá, que la ostra de Chichiriviche, ese molusco con el que se hace una sopa que convierte en padres a los abuelos. La ictiología, la verdad sea dicha, es una ciencia muy completa.

—Oiga, usted, Evaristo, ¿y también iba a estudiar eso?

—Pues, hombre, no, la verdad. Yo iba más bien de acompañante.

El Apure es la segunda boca que se encuentra, yendo desde Cabruta, a estribor; la primera la forman las aguas del Guariquito y el Apurito, que llegan navegando juntas; el Apurito es un ramal del Apure que, desde San Fernando, se echa a nadar por su cuenta, formando una isla, alargada como un cambur, en la que queda encerrada Arichuna, el pueblo de donde era el caporal Aquiles Valle, ¡ay!, aquel güevón con morro de caballo calabozo.

El capitán Cerdeira y Evaristo, lo que querían era enterarse bien de las costumbres del caribe. El capitán Cerdeira, aunque lo disimulaba, sentía un gran desprecio por Evaristo. Mientras preparaban la expedición, todavía en Ciudad Bolívar, se había podido dar cuenta de que era un ignorante.

—¿Distingue usted, amigo Evaristo, el *serrasalmus nattereri* del *serrasalmus spilopleura*?

—¿Eh?

—¿Que si distingue usted el *serrasalmus nattereri* del *serrasalmus spilopleura*?

—¿Cómo dice?

—¡Que si distingue usted el caribe del pinche, coño! ¿Está usted sordo?

Evaristo se quedó un poco cortado.

—No, señor, no estoy sordo; lo que me pasa es que no los distingo, ¿sabe usted?

El capitán Cerdeira se negaba a clasificar a los caribes en cachameros, boca-e-locha, mondongueros y capaburros. Su paisano Evaristo sería un inculto, pero él —y ya lo había demostrado más de una vez— era un científico.

Los tres bongos del capitán Cerdeira se metieron, esquivando caramas aparatosas y levantando al honesto e insensato caimán, por el cauce dilatado y engañador, cambiante y silencioso del río Apure. Un batallón de loros alzó el vuelo —un vuelo verde, azul y colorado— armando un estruendoso guirigay. Desde la negra selva, un senado de monos los saludó.

El mestizo Pedro Apóstol Taborda se encontró con don Juan Evangelista, a la puerta de misia Ángeles Luz Moncada.

—¡Ajá, doctó, que me alegro e chocalo!, ¿sabe? Mi compae Rubén Domingo ya me contó e Aquiles, pues...

Don Juan Evangelista Pacheco se le quedó mirando.

—¿Y güeno?

El mestizo Pedro Apóstol Taborda no se anduvo por las ramas ni con demasiados rodeos.

—Pues que yo, doctó, y el hijo Cleofa, ¿sabe?, si usté no manda otra cosa, pues, y que nos vamo con usté y con mi compae Rubén Domingo, ¿sabe?

El mestizo Pedro Apóstol Taborda tomó aliento para soltar todo su discurso.

—Y lo que pasa, pues, es que al pato e Aquiles ya tengo

yo gana e velo, doctó, que jué el mesmitico que me ejó en la limpieza, ¿sabe?, y he tenío que callá to este tiempo, que ustés andaban muy engañaos...

Don Juan Evangelista Pacheco no había entendido bien.

—¿Quiénes, cuñao?

El mestizo Pedro Apóstol Taborda titubeó un poco.

—Güeno, sus amas, pues...

—¡Ah!

Don Juan E. Pacheco y el mestizo Pedro Apóstol Taborda siguieron la conversación en la ranchería del indio Adelo Rosas. El indio Adelo Rosas no era de por allí. El indio Adelo Rosas era de La Paragua, allá en el camino de los cerros guayaneses.

—Güeno, danos una cervecita, pues... Oye, miá, arrímale un pasapalo, que ya nos canta el estantino, ¿sabes?

Aquiles Valle, Gilberto Flores, el bizco Nicanor y sus cinco potros, acamparon a la vista del caño Terecay.

—¡Ah, que teníamo que habé botao los sutes a la laguna y habenos traío a la india!

—Que no ta mal pensao, compae, que la verraca tenía lindos los ojos, pues...

—¡Ah, y las carnes, cuñao, las carnes, que el guate Trinidad se sintió un señorón muy faramallero, pues, peo bien que le gustaba palpalas!

El peón Gilberto Flores y el vereco Nicanor Poveda, a falta de más concretos menesteres, se pasaron el tiempo cantando las alabanzas de la india María.

—¡Ah, y que habíamos de habé gozao, vale!

—¡Guá, que es verdaero! ¡Y que la ejamos juí, pues, en vez de amarrala bien amarraíta!

El caporal Aquiles Valle no intervenía en el coloquio. El caporal Aquiles Valle estaba silencioso y como encalamocao. El caporal Aquiles Valle tenía la mosca en la oreja.

—¿Y a usté, caporal, qué le sucede? ¡Alguien diría que carga churión, pues!

El caporal Aquiles Valle se quedó mirando para el vereco Nicanor.

84

—Guá, cuñao, que usté no se percata, ¿sabe?, peo pa mí que ese indio e el diablo nos va a delatá...

—¡Ya pué brincá poco, caporal!

—O más de la cuenta, vale, ¡quién sabe! Que yo le cavilo, cuñao, que andamos tóos vendíos por cuatro conchas de ajo, ¿sabe?

El vereco Nicanor Poveda no veía el peligro de cerca.

—O no, caporal... El llano paece muy silencioso aún... Lo que hay es que caminá avisaos pa que no nos embojoten...

—Sí, vale, ¡ya lo creo!, que manque usté no lo piense, yo le igo que estamos bailando en un tusero, ¿sabe?, que con la catira son pandas las navajas y si nos zumba a su gente encima, a nosotro no nos quea más que raspanos de tóa esta gallera, ¿sabe?, que si nos echamos con las petacas, nos acaban guindando pu el gañote, cuñao.

El vereco Nicanor se palpó la nuez.

—¡Guá, que es molestoso!

Gilberto Flores propuso correrse hasta Colombia.

—Peo que tié que se, güeno, antes de que nos tome la miedá, ¿sabe?, que tres hombres tampoco somo un batallón...

El caporal Aquiles Valle se quedó pensativo. Los dos peones, también.

La catira Pipía Sánchez tenía razón. Nadie (bueno, casi nadie) lo sabía, pero la catira Pipía Sánchez tenía razón: niña Cecilia era una cachapera como una casa, una cachapera vestidita de preciosura, para mejor hacer pisar el peine a los incautos.

A niña Cecilia le gustaba bañar a las criadas, fregoteándoles la espalda con jabón de olor.

—Estese quieta, india. ¡Ah, qué pitreza y que va a queá, tan lavaíta como el morrocoy!

A niña Cecilia le agradaba ayudar a vestir novias, sujetándoles el pliegue del corpiño con alfileres mimosos.

—¡Ah, el hombre, que se llevó el punto e encerrá a esta garcita linda!

A niña Cecilia le enamoraban las primeras comuniones y los velorios de angelito. Misia Ángeles Luz, su tía, estaba convencida de que niña Cecilia era un modelo de virtudes. Las señoras de edad no se dan cuenta de ciertas cosas; a las primas políticas de la catira, misia Marisela y misia Flor de Oro, las dueñas del hato Primavera, también las tuvo engañadas, durante mucho tiempo, el treque pavosito de Aquiles Valle. Estas gentes suelen ser muy comiqueras y conchudas, y se dan mucha habilidad en enredarle la pita al primero que se presente.

El capitán Cerdeira había navegado los siete mares. El capitán Cerdeira —pequeñito y duro, delgado y voluntarioso— era un buen celta marinero y trotamundos, que siempre quería ver lo que quedaba más allá del horizonte.

—Estamos en el reino de los caribes, amigo mío, el río Apure es todo él una inmensa caribera.

—Sí, señor.

—¡Y tanto! El que se caiga al agua por estas latitudes, no lo cuenta.

—Sí, señor.

El capitán Cerdeira, de pie en el bongo, que ya es difícil, aparentaba el noble porte de un vigía del tiempo de los descubrimientos. Evaristo quiso ser original.

—Capitán, ¿sabe usted lo que pienso?

El capitán Cerdeira miró a Evaristo con cierta extrañeza. El capitán Cerdeira no sospechaba que Evaristo pensase.

—No, ¿qué piensa usted?

Evaristo tomó aliento; después, sonrió.

—Pues pienso que tiene usted el noble porte de un vigía del tiempo de los descubrimientos.

El capitán Cerdeira ensayó una condescendiente mueca de aprobación.

—Gracias, Evaristo...

Por el río bajaba, misterioso y confuso como un buque fantasma, un caramero amargo, triste y fenomenal. En la más alta rama, un casar de curicaras pregonaba a los cuatro vientos su amor feliz y solitario. Un chuquito miedoso, harto ya de chuquear el islote, seguía con los apenados ojillos el tembloroso, el alocado vuelo del mamaflor. Embochinchada en el ramaje, una vaca lebruna se dejaba mecer, indigna y olvidadamente, por el manso y venenoso vaivén.

Los bongos del capitán Cerdeira se orillaron. Evaristo desenconchó el mitigüison y apretó el gatillo. Evaristo no era un as de la bala, pero la res tuvo demalía y, ¡chumbulún!, se margulló en la corriente con áspero y cálido plomo en el codillo. El animal dejó escapar un bronco mugido que ahogó el sonoro y multiplicado glu-glú del agua. El animal intentó nadar y enseñó sus ojos inocentes e inmensos, nublados por el terror. La caribera cargó contra la res, que chapoteaba apoyándose en su desesperación. El animal volvió a mugir, atenazado ya a sus mil dolores. El animal mostró el morro un instante y por el aire volaron, crueles y victoriosos, los dos caribes que le habían dejado sangrienta la respiración. La caribera prendió al animal a las duras y rigurosas amarras del agua, y el animal, tiñendo el agua de sangre y de amargor, se hundió en la oscura muerte del río llanero, ya para siempre jamás.

La vaca no volvió a asomar; la caribera se encargó de que la vaca no volviese a asomar. Desde la orilla, entre los bongos, bajo la carama, remontando el río, nadando a favor de las aguas, cruzándose y entrecruzándose, cientos y cientos de caribes, veloces y ansiosísimos, se sumaban al imprevisto festín.

—¡Buena la hizo!

—Sí, señor, ¡buena la hice!

Con el ruido del mitigüison alzó el vuelo el casar de curicaras, que necesitaba sosiego para su luna de miel. El chuquito miedoso se encogió sobre la panza, chillando por lo bajo, como en ese socorro de última hora que no se quiere, a fuerza de estar ya sin ilusión, que escuche nadie.

—¡Ah, si la caramera atracase a estribó, en aquella mata e mangos! —podría haber pensado el chuquito miedoso, con sus últimas fuerzas.

Los cuatro indios de la tropilla del capitán, ni se movieron.

La catira Pipía Sánchez, cuando don Juan Evangelista saliese de La Yegüera, se volvería a Potreritos con la negra Cándida José. La catira Pipía Sánchez ya había encontrado en La Yegüera los hombres que necesitaba para cubrir las bajas del hato Pedernal. Su cónsul —y también su listero— había sido don Job Chacín, que puso sus cinco sentidos en la encomienda.

—Güeno, niña, si he pelao la eleción, ¡qué le vamo a jacé! Yo he procurao buscá e lo mejoritico que había pu esta ñinguita e suidá.

—Sí, don, que yo se lo agradezco mucho, ¿sabe?

La catira entregó a don Job unos bolívares para la pobrecía del lugar.

—¡Guá, niña, que esto es una rialera!, ¿sabe? Que Dios se lo pague, pues, y se lo aumente.

La catira se rió.

—No, don, que no me lo aumente, pues, que luego es to mucho más complicao...

Don Job no entendió lo que la catira le quiso decir, pero se rió también. Don Job estaba de la parte de la catira, como albacea testamentario de don Filiberto, y a todo le decía que sí, pasase lo que pasase y se pusiese el coroto como se pusiese.

—¡Guá, que sería güeno! ¡Y con lo linda que se golvió, pues, que ta como pa da un gatazo!

Misia Ángeles Luz Moncada, con la marcha de la catira, parecía un santo regañado.

—¡Ah, niña, que ya le había tomao afición, ¿sabe?, que es lástima que se nos vaya ahorita, pues, antes de que mi sobrino se reponga...!

—Sí, misia, a mí también me da doló no conocelo, ¿sabe? Usté lo va a saludá, en mi nombre... ¡Tiempo habrá!

Misia Ángeles Luz estaba suspiradora y flatosa.

—¡Ah, niña, y lo buenmocísimo que es! ¡Qué pareja, niña, que Dios me perdone, qué pareja!

La catira Pipía Sánchez prefirió tomar a broma las palabras de misia Ángeles Luz.

—¡Guá, misia, y éjese ahora! Yo soy aún muy joven pa pensá en novios...

Don Juan Evangelista y su tropa habían quedado en verse en la ranchería del indio Adelo, a la caída de la tarde. El mestizo Pedro Apóstol Taborda se presentó muy vitoquito, vestido con un flux de casimir, color marrón claro. El mestizo Pedro Apóstol Taborda también se presentó ajumao. Y con una flor en el ojal y un grueso reloj de plata en el bolsillo.

—¡Guá, compae, torito barroso, que tié usté una pea que no se la brinca un venao! ¿E ónde sale, pues, tan engringolaíto, que mesmo paece un novio?

El mestizo Pedro Apóstol Taborda no podía tenerse.

—¡Siéntese, pues, que parao ta como enfermoso! ¿E ónde vié usté, vale, tan distinguío?

El mestizo Pedro Apóstol Taborda, hasta donde la rasca le dejaba, explicó que había ido a pedir la mano de misia Ángeles Luz.

—¿Y qué le ijo, pues?

El mestizo Pedro Apóstol Taborda tenía los ojos tristes.

—Pues me ijo que no, cuñao, que me raspara lejos si no quería que me pusiesen en el pulguero...

El mestizo Pedro Apóstol Taborda puso la voz agria y opaca.

—¡Ah, qué tronco e orgullo el de la burguesía...!

Su compadre Rubén Domingo lo acostó en un chinchorro.

—Güeno, la determinación también poemos tomala sin este tamaño parapeto. ¡Ah, qué palo e vaina!

El mestizo Rubén Domingo estaba disgustado con la machaca y se dio buena prisa en apartar al compadre, antes de que llegase don Juan Evangelista.

—¡Guá, que es mabitoso el tercio, que no tié arreglo! ¡Ajá, que si nos machorrea el coroto, lo tundo a palo!

Los demás hombres procuraron distraerlo y quitarle las ideas de la cabeza.

—¡Ah, éjese, cuñao, que ca cual goza como pué! ¿Usté nunca se ha rascao?

El mestizo Rubén Domingo titubeó.

—Güeno..., sí; ¡peo no a destiempo!

Cuando don Juan Evangelista llegó, ya estaban allí todos sus leales. Don Juan Evangelista los recontó con el mirar.

—¿Qué hubo e el mestizo Taborda?

El mestizo Rubén Domingo le salió al quite.

—¡Ah, doctó, que mi compae Taborda estaba medio malón, ¿sabe?, y lo mandé a dormí, pa ve si se repone!

Don Juan Evangelista no insistió. Don Juan Evangelista se sirvió una copa de aguardiente. Don Juan Evangelista explicó su estrategia.

—Güeno... Aquí nos hemo juntao, señores, pa enseñale a ese hijo e pulla e Aquiles con cuántas hojas se embojota una hallaca...

Don Juan Evangelista se sentó en el mecedor que le habían dejado.

—Eso es... Al hato no poemos regresá, pues, sin habé degüelto al ama la tranquilidá, eso es, toitica la tranquilidá... Y la paz, también.

Don Juan Evangelista encendió un cigarro. Don Juan Evangelista usaba un chisquero recio y plateado, muy seguro.

—Güeno..., y hay que poné pu obra desyerbá e una vez tóa esta macana, ¿saben?

Los hombres de don Juan Evangelista dijeron que sí con la cabeza.

—La cuadrilla e Aquiles no pué andá muy lejos. A mí me se jace que han ganao pal llano apureño.

Don Juan Evangelista se atizó otro palo de aguardiente. Don Juan Evangelista señaló al mestizo Rubén Domingo.

—Yo y éste nos vamo a dir po la orilla e allá e el río

Apure. Aquiles tié que andá entre el Apure y el Arauca. No creo que se haya pasao mucho más largo...

Don Juan Evangelista señaló a Catalino Borrego.

—Y usté y el mestizo Pedro Apóstol, cuando se componga, y el hijo Cleofa, se van a meté po la orilla e acá e el Arauca, esde San Rafael, ¿sabe? Pu alguno e estos pueblitos queará entoavía la polvarera e ese criminal...

Don Juan Evangelista quiso que la descubierta se hiciese bien pensada y muy sobre seguro.

—Hasta San Fernando nos vamo juntos, pues... En San Fernando, éste y yo ganamos pa Biruaca y ustés se llegan a San Rafael. Estos pueblitos hay que chequealos bien chequeaos. Y sin ecí ni japa, ¿sabe?, sin abrí la boca más que pa pasá el frito...

Don Juan Evangelista se representó el escenario en la memoria.

—Ustés se cùrucutean San Rafael, ya se lo ije, y San Juan de Payara, ¿sabe?

Don Juan Evangelista entornó los ojos, como para recordar mejor.

—Luego se pasan al Yagual y se llegan hasta El Venao, pues...

Don Juan Evangelista dejó que se le ordenase el pensamiento.

—Allí se esapartan del río y se suben a Caucagua, en el Matillure...

Don Juan Evangelista remató el mapa.

—Esde Caucagua hay una senda que lleva a Mantecal. En Mantecal me esperan. En Mantecal vive un tercio fregao, e mucha confianza, que se llama Urbanito Fernández; solicítenlo si precisan algo. ¿Ta claro?

—Sí, don.

El doctor Pacheco se encaró con el indio Adelo Rosas.

—¡Guá, chico, tráete un palo doble pa ca uno, que ya nos tocará ta secos!, ¿sabes?

Don Juan Evangelista y su gente cargaron una bebentina regular. Don Job, cuando supo del cónclave, se les sumó con entusiasmo.

—¡Ah, qué quebrantá e sobaera va a cobrá ese sietemesino! ¡Viva la señorita Primitiva Sánchez, princesa e el Guárico!

—¡Viva!

Don Job se botaba trago al guargüero como si no hubiera bebido desde la Guerra de la Federación.

—¡Viva la catira!

—¡Viva!

Don Job desguazó la copa contra la pared y se puso a chumiar de la botella.

—¡Viva el ron santateresa, producto e los modernos alambiques venezolanos!

—¡Viva!

A don Job le dio la rasca hablachenta, nacionalista y venusíaca.

—¡Vivan tóas las catiras de la República!

Tres días más tarde, oscurito aún, don Juan Evangelista salió con los suyos de La Yegüera. Horas antes, el bachiller Leandro Loreto Moncada se acercó, medio a rastras, hasta la casa de don Job. El bachiller habló con el cura.

—Mié, don, que si usté se lo píe al doctó Pacheco, el doctó le irá que sí; que lo que yo quiero, ¿sabe?, es dirme con él pu el pisao e Aquiles, pues, pa traéselo a misia Pipía enganchao e una oreja, ¿sabe?, pa que le pía perdón de rodillas.

Don Juan Evangelista Pacheco miró para don Job Chacín.

—¿Y usté qué le ijo, pues?

—¡Guá! ¿Qué le había e ecí a esa inutilidá e zoquete?

Don Job se quedó unos instantes pensativo.

—¡Guá, cuñao! ¿Y qué le había e ecí? ¡Usté sabe tan bien como yo que ni morrocoy sube palo, ni cachicamo se afeita, cuñao! ¿Qué quería que le hubiera icho?

Don Job estaba contrariado con la visita del bachiller.

—¡Ah, qué puchungo eschavetao, vale, y cómo se tibió conmigo poque le ije la verdá!

La partida de don Juan Evangelista tomó el camino de La Cruz, para meterse a la mano diestra, por la trocha de

Guayabal, antes de llegar a San Nicolás. De Guayabal a San Fernando, el paso era ya más cómodo y no largo.

—¡Ajá, que esta senda es un puritico polgorín!

El indio Adelo Rosas, mientras don Juan Evangelista ensillaba, se le chocó muy respetuoso.

—Si usté me da licencia, doctó, y me lo permite, yo le cabalgo al estribo... E estorbo no le he e serví...

Don Juan Evangelista le dijo que bueno, que se viniese.

—¡Véngase, pues! ¡Ya sabe la obligación!

Don Juan Evangelista montaba el moro *Carasucia*, que se había traído del hato Potreritos. El indio Adelo Rosas presentó un caballo muy majo, *Yerbatero*, rucio canelo y de andadura lista.

—Y si toca a peliá, no me se bote a un lao...

Catalino Borrego, que se había venido a La Yegüera en el ford de la catira, tuvo que buscarse cabalgadura. Don Job, bajo palabra solemne de pagárselo si se lo desgraciaba, le prestó el zuraguo *Liberal*, que no era ningún potranco ya, pero que caminaba.

—Usté verá, cuñao, lo que se jace, que si me lo manca le cuesta el mono.

—No pase fatiga, don.

El mestizo Rubén Domingo tenía un potro rosillo, *Tamerito*, de muy linda estampa y de sangre caliente.

—¡Ah, qué potro cumplío, piazo e cuatrero! ¿Quién se queó sin él?

El mestizo Rubén Domingo arrugó la nariz.

—¡Ah, no alce la voz, doctó, que toitico se sabe!

Don Juan Evangelista se rió.

—¡Miá que eres vagabundo, cuñao, que no cambias!

—¿Y pa qué voy a cambiá, doctó, si no me iban a jacé güeno?

Los peor montados eran el mestizo Pedro Apóstol Taborda y el hijo Cleofa. Las bestias del mestizo Pedro Apóstol Taborda y el hijo Cleofa, tenían el nombre en verso: el uno se llamaba *Zagaletón* y el otro, *Patacón*.

—¡Ah, qué muerganaje, compae, qué doló! ¿No le da pena vese subío ahí encima?

En San Fernando de Apure, Evaristo se despidió de su benefactor y amigo el capitán Cerdeira.

—Mire usted, capitán, yo ya he tenido bastante río, yo me quedo por aquí, a ver lo que sale.

—Como guste...

El capitán Cerdeira estaba ya harto de Evaristo. Evaristo era buena persona, esa es la verdad, pero a veces se ponía un poco pesado.

—¿Conoce usted a alguien aquí?

—No, señor, no conozco a nadie. Pero algún gallego habrá, pienso yo...

El capitán Cerdeira, en San Fernando de Apure, sabía de un paisano que tenía un comercio muy próspero y muy acreditado.

—Pregunte usted por Retén, Modesto Retén, que es de La Esclavitud, al lado de su pueblo.

—Sí, señor.

Evaristo pronto dio con lo que buscaba. Sobre la puerta, pintada de verde y purpurina, del amigo del capitán, campeaba un hermoso letrero: "Uulpería de Modesto Retén Quinteiro. Deliccattesses. Abastos. *El amigo del pueblo*". Modesto Retén Quinteiro, para eso era de La Esclavitud, escribía "deliccattesses" como le daba la gana.

—¿Le molesta a usted?

—No, señor, a mí tanto me da.

Detrás del mostrador, Modesto Retén Quinteiro lucía su humanidad oronda y bien comida.

—¿Y usted dice que le es de Padrón?

—Sí, señor, yo le vengo a ser de Iria.

—¡Ah!

En las paredes de Modesto Retén Quinteiro, unas señoritas muy esmeradamente puestas sonreían al respetable mientras le ordenaban que bebiese coca-cola, bien fría, o que fumase lucky-strike, de aroma delicioso. En un grabado ya amarillento, el Apóstol Santiago cargaba sobre la morisma, en la batalla de Clavijo. En un recorte de *Blanco y Negro*, más amarillento aún, Pablo Iglesias discurseaba a la cristiandad, en la plaza de toros de La Coruña.

—¿Y cómo vino a dar usted hasta aquí?

Evaristo nunca se había hecho esa pregunta.

—Pues es verdad... ¡Eso me digo yo!

En los estantes de Modesto Retén Quinteiro se amontonaba la mercancía con un artístico desgaire.

—Está usted bien surtido...

—¡Psché!

Con unos fuertes en el bolsillo, Evaristo no permitió que Modesto Retén se diese el lujo de sospechar que quería pegarle la gorra.

—Mire usted, paisano, lo que yo necesito es que me recomiende usted una fonda buena y aseada, una fonda donde pongan bien. ¿Usted me entiende? El precio no importa.

Evaristo infló el pecho y levantó la cabeza para hablar. Evaristo ni siquiera miró para Modesto Retén, que estaba impresionado.

—¡Carallo do demo! ¡Qué tío! —cavilaba Modesto Retén, incluso con cierto orgullo—. ¡Lo que no consiga un gallego...!

Modesto Retén, a fuerza de llevar ya muchos años pensándolo, se imaginaba que ser gallego equivalía, por lo menos, a ser bachiller.

Evaristo quiso rematar la suerte.

—Este tiempo atrás anduve por el río haciendo unos estudios de ictiología...

Evaristo miró de reojo a Modesto Retén.

—...Eso es, de ictiología..., que es una ciencia nueva cuyo nombre deriva del griego "ictiolo", que quiere decir pez, y del hebreo "gía", que quiere decir estudio... ¿Usted me entiende?

Modesto Retén, que no entendía nada, le dijo que sí con el último resuello.

—...Y claro, lo que ahora quiero es descansar... El precio no me importa...

Modesto Retén, movido por los extraños resortes del pasmo y de la coba, invitó a Evaristo a cerveza.

—Si usted me lo permite... Para mí sería un honor..

95

Evaristo, para demostrar aplomo, se había puesto a silbar unos compases de "La Bejarana", aquellos que correspondían, en el libreto, a los versos que hablaban de ordeñar becerras, que ya es mérito, y de las llanuras de Béjar, que es un pueblo que está colgado entre montes.

—Bueno..., póngala usted..., una cervecilla siempre refresca...

Evaristo, en un gesto de máxima confianza, le encendió a Modesto Retén un fósforo en el pelo.

—¿Qué? ¿Usted se creía que los científicos no sabíamos gastar bromas? ¡Qué craso error, amigo mío!

Evaristo, para darse tono, empezó a hablar con la nariz.

—Los científicos somos unos hombres como los demás, ¡exactamente como los demás!

Modesto Retén sonrió como un conejo. A Modesto Retén Quinteiro le habían comido la moral.

En la calle, bajo el sol despiadado, los incruentos y viciosos niños del mediodía, jugaban a las pichas.

—¡Guá, que es con tribilín y vamo libres!

El capitán Cerdeira, ya sin lastre, tocó en Puerto Miranda, frente a San Fernando. Don Juan Evangelista y sus hombres venían por el camino de Guayabal. La mañanita estaba húmeda y calurosa y en el cielo se dibujaban, blandas y grises, las imprecisas nubecillas de la calina. Volteó su esquilón el tautaco, desde el palmar, y entre la terronera, irritada y mortal, zumbó su atroz maraca la cascabel.

—¡Sampablo, la bicha! ¡Aguaita, cuñao! ¡Guá, qué rolistranco e culebra!

Zagaletón hizo un extraño y el mestizo Pedro Apóstol Taborda rodó por el suelo.

—¡Ajá, compae, que empieza usté escandalizando! ¡Cuíese, pues...!

—¡Ah, qué varilla e potro!

El capitán Cerdeira era primo del genio mundial de la taquimecanografía, que profesaba sus artes en Riego de Agua, 50, 3.º, izqda., La Coruña, frente al teatro Rosalía de Castro.

Don Juan Evangelista Pacheco llevaba a su tropa junta y al medio trote. El mestizo Rubén Domingo se le aparejó.

—Güeno, doctó, que paece que vamo a empezá el joropito...

—Aún no, cuñao, que pa mí que Aquiles se va a enjuncioná juyendo, que toitico este coroto hemo e llevalo con las orejas parás, ¿sabe?

—Y sí, doctó...

El primo del capitán Cerdeira mandó imprimir unas octavillas, de color de rosa, en las que aparecía sonriente, con un libro en la mano y rodeado de alumnos de ambos sexos: "el Profesor Lumbrera, le llaman los madrileños; el Profesor Fenómeno, le llaman los vascos; el Profesor de las Prisas, le llaman los barceloneses...".

La partida cruzó Guayabal y estuvo, a la caída de la tarde, en Puerto Miranda. Don Juan Evangelista Pacheco, Catalino Borrego y el mestizo Rubén Domingo se metieron en un botiquín, a refrescar. El indio Adelito, el mestizo Pedro Apóstol y el hijo Cleofa prefirieron llegarse a un baile de arpa, maraca y buche que retumbaba por la parte del camino de Camaguán. Al mestizo Pedro Apóstol Taborda se le soltaron los entusiasmos.

—¡Ah, compae, y qué bien suena el llano po la parte e mi parroquia! ¡Guá, qué mujerero, compae!

Don Juan Evangelista Pacheco, Catalino Borrego y el mestizo Rubén Domingo se sentaron a fumarse unos cigarros. El dueño del botiquín, el mestizo Matiítas O'Connor, les presentó al capitán Cerdeira. Don Juan Evangelista Pacheco y el capitán Cerdeira se hicieron muy amigos.

—No tiene que preocuparse por eso, las bestias se las paso yo en una balsa; tendré mucho gusto en serle de alguna utilidad, en poder prestarle ese pequeño servicio...

—Gracias, capitán.

El mestizo Matiítas O'Connor coleccionaba mariposas, sellos y monedas de oro. El mestizo Matiítas O'Connor hubiera querido ser doctor. El mestizo Matiítas O'Connor estaba casado con una italiana pazguata a la que daba unas sobas de pronóstico.

—Y en San Fernando puede usted encontrar a Evaristo, ese que yo le digo que era como uña y carne de don Filiberto. Evaristo es hombre culto y servicial, es muy buen chico...

El mestizo Matiítas O'Connor era sastre, amén de botiquinero. El mestizo Matiítas O'Connor tenía una pata seca. El mestizo Matiítas O'Connor comía chimó.

—Y además, Evaristo se apunta a todo. Evaristo no las piensa. ¿Que usted se va a las bocas del Orinoco, a ver en su propia salsa a los come-loros? Pues allá se va con usted Evaristo, a darle conversación. ¿Que usted se quiere arrimar a los motilones, para que lo hagan escabeche? No se preocupe; los motilones escabecharán, por lo menos, a dos: el otro será Evaristo.

El capitán Cerdeira se quedó pensativo.

—¡Qué tío!

El capitán Cerdeira reaccionó.

—Pero es buen chico, ya le digo, ¡es una gran persona! Cuando Evaristo nota que molesta, se le pone la carita triste, embolsa el violín y se larga pidiendo mil perdones.

El mestizo Matiítas O'Connor admiraba a Napoleón Bonaparte, "el genial estratega corso". El mestizo Matiítas O'Connor era partidario de la confraternidad entre las razas, los países y los pensamientos. El mestizo Matiítas O'Connor, según decían, tenía mucho real guardado.

Al día siguiente, don Juan Evangelista, sus hombres y sus caballos cruzaron el río, de Puerto Miranda a San Fernando, del Guárico al Apure. Evaristo, que era hombre de raras adivinaciones, estaba a la espera.

—¿Qué hace usted por aquí, a estas horas?

Evaristo tenía cara de pocos amigos.

—Nada, ¡ya ve!, que lo andaba buscando...

Evaristo tomó de un brazo al capitán Cerdeira.

—Oiga usted, capitán, ese Retén amigo suyo es una mala bestia, una mula de varas.

El capitán Cerdeira se afectó. El capitán Cerdeira era punto muy leal.

—¡Pero, hombre! ¿Qué le pasó con él?

—Nada, ¡más vale ni hablar!

Evaristo estaba rabioso.

—Más vale ni hablar, capitán. ¡Ese Retén es una acémila, un burdégano impresentable! ¡No sé cómo no lo he matado a golpes!

—¡Pero, hombre, explíquese, diga usted en qué le faltó!

—Nada, nada, no quiero hablar, ¡más vale no hablar!

A Evaristo no hubo forma de sacarle del cuerpo qué era lo que le había sucedido con Modesto Retén.

—¡Allá usted!

El capitán Cerdeira se volvió a don Juan Evangelista.

—Oiga usted, Pacheco, éste es Evaristo, ése de quien le hablaba. Cuando se calme, ya verá usted qué gran muchacho es.

El capitán Cerdeira regresó a Puerto Miranda sin poder averiguar lo que había ocurrido entre sus dos paisanos.

—Bueno —pensaba para consolarse—, ¡no creo que llegue la sangre al río!

Don Juan Evangelista y Evaristo (Evaristo se llama Evaristo Sarela Pazos, ya iba siendo hora de decirlo) se pusieron a hablar de don Filiberto, de la catira, de don Froilán, de Aquiles Valle, de todo lo sucedido y de casi todo lo que iba a suceder, y pronto llegaron a un acuerdo. Don Juan Evangelista Pacheco tenía cierto tacto para cambiar las conversaciones y hacer olvidar los berrinches. Evaristo, de otra parte, no era hombre conchudo ni complicado y con él era fácil entenderse.

—Y usté, ¿po qué quié venise con nosotro?

Evaristo, ilusionado con la caza del caporal, ensayó su gesto de más confiada indiferencia.

—¿Qué cree que puedo hacer en San Fernando?

Evaristo, ¡cosa rara!, habló con las palabras de la sensatez.

—¿Para qué me voy a quedar? Mire, usted, don Juan Evangelista, ¡yo no quiero perderme por ese alma de cántaro de Retén! ¡Qué tío siniestro!

—Güeno, güeno...

Evaristo y el doctor Pacheco se fueron, pueblo abajo, en busca de una bestia que pudiera servirles. Evaristo y el doctor Pacheco, después de mucho hurgar y revolver, encontraron un caballejo cisno, casquirrioso y flocho que tenía un nombre —*Bienmesabe*— desproporcionado a su ruin estampa.

—¿Le gusta?

Don Juan Evangelista era más exigente que Evaristo.

—Hombre...

Don Juan E. Pacheco no quiso ponerle la proa a *Bienmesabe;* don Juan E. Pacheco, mucho menos hubiera querido humillar a Evaristo.

—Usté es el que decíe...

Evaristo decidió que sí y compró el caballo. Evaristo era lo bastante cuerdo para saber que, de su flaca bolsa, tampoco podía salir un campeón.

Evaristo y el doctor Pacheco, a caballo, dieron unas vueltas por los botiquines de San Fernando, para matar el tiempo. Evaristo y el doctor Pacheco, pronto se aburrieron de deambular y, a la hora de los pavos, pensaron que lo mejor era irse a buscar el chinchorro.

—¿Nos vamo a dormí?

—Sí, vámonos a dormir, mañana conviene tener el cuerpo fresco.

. . . .

Tras la noche, antes aún de que el día rasgase la miedosa escurana, don Juan Evangelista levantó a su gente.

—¡Arriba, cuñao! ¿Qué se jace, pues? ¿Es que se le pegó la cobija? ¡Arriba, compae, que es la hora e mostrase los gallitos bravos...! ¡Guá, que se va a prendé el joropito, vale! ¡Arpa y nos fuimos, cuñao!

Don Juan Evangelista y su compañía salieron de San Fernando con las primeras y más débiles luces. Evaristo, preocupado por mantener su equilibrio sobre *Bienmesabe,* cabalgaba en silencio, pensieroso y algo encogido.

—¡Arpa y nos fuimos, vale, que paece usté un llanero fregao!

Evaristo enderezó la paletilla.

—¡Arpa y nos fuimos!

CAPÍTULO IV

LA CARIBERA

E L maestro Pedro Elías Gutiérrez puso en solfa el aire machuco, la campirana y alta soledad de la tierra:

Yo nací en una ribera del Arauca vibrador...

Al mestizo Pedro Apóstol Taborda, en el camino del Arauca vibrador, le cayó la gazuza a contrapelo.

—¡Guá, cuñao, que poíamo jacé un alto, que cargo el hambre hereje!

Catalino Borrego llevaba la peor tropa. Catalino Borrego recordó las palabras de don Juan Evangelista, cuando se llegó al Pedernal a ofrecer, de parte de la catira, treinta fuertes de plata por el pelero de Aquiles Valle.

—Que con usté no va el coroto, vale, que usté no me se esaparta e pu acá...

Catalino Borrego veía aquella orden ya muy lejana.

—...Que el ama le manda ecí que usté se guardie, pues, que usté no se mete en este pelizorrero...

Catalino Borrego era tercio memorión. También era, Catalino Borrego, hombre de averías y punto amigo de cortar por lo sano.

—Guá, que tampoco me voy a jacé a un lao, compae, entre lintre que no estoconemos a ese domingosiete e Aquiles, ¿sabe?

El mestizo Pedro Apóstol Taborda volvió a la arremetida.

—¡Ajá, que no pueo más, cuñao, que cargo una tamaña hambrá!

Catalino Borrego iba muy absorto en sus meditaciones. El hijo Cleofa, encaramado en el ruano *Patacón*, tatareaba unos compases del joropo:

Soy hermano de la espuma, de las garzas, de las rosas y el sol...

El hijo Cleofa era muy optimista.

Evaristo se sumó al grupo del doctor Pacheco. El cisno *Bienmesabe*, al salir de San Fernando, pateó el aire.

—¡Guá, qué escobillao se le trae la bestia, compae, que este potranco es un loro po la pata!

Evaristo consiguió no salir por las orejas. Evaristo estaba muy orgulloso de su equilibrio. A Evaristo le hubiera gustado comentar sus habilidades.

—Me mantuve, ¿eh?

Pero Evaristo tuvo poca suerte.

—¡Guá, vale, que tampoco el potro es un cerrero como pa está ojo pelao!

Evaristo se puso triste, pero hizo un esfuerzo por disimular.

—Claro...

El indio Adelo Rosas se le aparejó.

—¿Usté conoce al caporal del hato Primavera?

—No; yo no.

El indio Adelo Rosas —la mano diestra en la cadera, la siniestra en la rienda —miraba el llano, que aparecía airoso y cambiante sobre las crines del rucio *Yerbatero*.

—Ah, que ya lo conocerá, pues... Aquiles Valle, cuñao, es un marico conchúo, un botao e el carajo... Ya lo conocerá, pues...

El indio Adelo Rosas entornó los ojos, como para recordar.

—Rugen que se botó a la sabana con un pión que no es de pu acá... ¡Ah, qué par de triunfos, cuñao!

El indio Adelo Rosas, saliendo de San Fernando de Apure, le había dicho a don Juan Evangelista Pacheco:

—Yo no quiero los juertes de misia Pipía, doctó, yo me conformo con arrimale una cueriza al caporal, ¿sabe?

El indio Adelo Rosas tenía sus especiales opiniones.

—Yo conozco este pescao, doctó, ¿sabe?... Espués tóos van a se pleitos pal reparto... Yo arrenuncio, doctó, ¿sabe?... Yo no quiero los juertes de misia Pipía...

Don Juan Evangelista le miró.

—Güeno, Adelito, ta bien...

Don Juan Evangelista torció la voz.

—Mié lo que le igo, Adelito, pues, que yo como que tampoco me iba a armá con los duros, ¿sabe?

—Que ya lo sé, doctó...

Don Juan Evangelista sonrió.

—Y tóos tan amigos, pues...

El indio Adelo Rosas sirvió de eco a sus palabras.

—Verdaíta e la grande, doctó, y tóos tan amigos, pues...

Entre El Samán de Apure y Santa Catalina —¡tau-tac!— canta el tautaco.

Aquiles Valle, jinete en el zebruno *Cacique*, guarda silencio.

En los morichales del caño Guaritico —¡güi-ri-rí!— tañe su aguda flauta el güirirí.

El peón Gilberto Flores, caballero del ruano *Ululay*, guarda silencio.

Sobre las negras aguas del Caicara —¡cris-to-fué!— anuncia misteriosos correos el cristofué.

Nicanor Poveda, vereco y malaúva, desde la bridona del negro *Cambao*, guarda silencio.

En la mata de mangos del caño Terecay —¡ya-ca-bó!— alborota su gran guiñol de guiña el yacabó.

Los ruanos *Malezo* y *Cachiquel*, mustios y descabalgados, también guardan silencio.

La tropa del caporal está amugada.

—¡Ajá, el guapo e Arichuna, el tercio fregao e Corozo Pando, el pájaro bravo e Mijagual!

Los hombres de la cuadrilla se arrimaron, cabildeando, a la tapa del palmar que nombran Guanocoquito.

—¡Ah, los bestieros del llano, los hombres que cargan puritica pólgora en el corazón!

A los tercios de la cayapa mísera les tomó la jojana, igual que al muerganaje en la tormenta.

—¡Guá, qué sinvergüenzura, los pastoreros juyendo e la follisca!

El ave de los aires, el pez del agua, la serpiente de la parda tierra, no perdonan la renuncia del hombre, la silueta del hombre ajobachado, agüevonado, apolismado y con feble agriura en el alma.

—¡Miá, que es doló!

El pájaro del cielo, el capaburros de la corriente, la bicha de la terronera, no quieren ver al hombre con la voluntad quebrada, como el sute.

—Güeno...

Vadeando el Arichuna, en el camino de San Rafael de Atamaica, al mestizo Taborda se le ocurrió la peregrina suerte de ahogar las niguas metiendo los pies en el río. Catalino Borrego, que era más sensato, lo detuvo.

—¡Ah, cuñao, y que no vaya a necianos otra vez!, ¿sabe? En estas aguas, como el caribe se le choque, vale, se eja usté las niguas y los mesmiticos deos, pues... ¡Ah, qué pión ideático!

El mestizo Taborda no quería quedarse sin el remojón.

—¡Ah, que es la salú, compae, que las niguas muerden, pues, que mesmo paece que voy pisando pu el ñaragatal!

Catalino Borrego lo sacó del río.

—Mié, cuñao, no me se ponga lento, pues, que a tóos nos va a meté en una rubiera. ¡Guárdese las niguas pa usté solo, ¿sabe?, que tampoco es usté el único niguatero e la República!

Catalino Borrego siguió cargando sobre el mestizo, sin darle tiempo para el resuello.

—Y onde las niguas han estao tantos años, compae, puén seguí una temporaíta más, ¿sabe? Acuerde aquello que canta ño Ferminito Vázquez, el maraquero e El Bogante:

> *¡Ay!, el que nació pa pobre*
> *y su sino es niguatero,*
> *manque le boten las niguas*
> *le quean los agujeros.*

Catalino Borrego redondeó el sermoncete.

—Y que hay que andá más formalito, vale, y menos tardinero, que vamo rumbo a onde chuco no carga a su hijo, ¿sabe?

El mestizo Pedro Apóstol Taborda se empapó la palabrera con el mirar bajo y humilde. Catalino Borrego se ablandó

—Y que tampoco me gusta pasame el tiempo poniéndole preparo a un compañero, ¿sabe?

El mestizo Pedro Apóstol Taborda, al paso de su ruano *Zagaletón*, atendió a razones.

—Y sí, cuñao, peo las niguas muerden, ¿sabe?, y pa mí que me van a evorá, güeno, como el zamuro a la res...

El hijo Cleofa, cincuenta o sesenta pasos adelante, seguía dándole vueltas al compás saltarín de "Alma llanera".

La catira Pipía Sánchez, sin don Juan Evangelista Pacheco y sin Catalino Borrego, se veía y se deseaba para poder atender al tiempo a los dos hatos. Potreritos y el Pedernal, sobre todo después de lo que había pasado, eran mucha carga, muy pesada carga para una mujer sola. Misia Marisela y misia Flor de Oro se creyeron en el deber de aconsejarle.

—Que una mujé sola pronto se embojota, niña... Que un hombre al lao jace mucha falta, pues...

La catira Pipía Sánchez las miró. La catira Pipía Sánchez puso la voz cómica, igual que el títere de las marionetas.

—¡Guá! ¿Y ustés, cómo lo saben...?

Misia Marisela dio un respingo en su mecedor. Con un breve instante de diferencia, misia Flor de Oro dio otro en el suyo. Las misias brincaron en los asientos con el gesto mecánico, veloz y tartamudo del cristobita del retablillo infantil.

—¡Ah, niña, qué modales, pa dos señoras de edá! ¡Cuando tabas chiquita, güeno, eras más respetuosa!

La catira Pipía Sánchez aguantaba mal que se metiera nadie en sus asuntos.

—Güeno, peo que ya no toy chiquita, ¿sabe?, que ya toy grande...

A la catira Pipía Sánchez, la opaca voz que se le criaba en la garganta le atenazó el respiro.

—...Y viuda...

La catira Pipía Sánchez procuró comerse el amargor.

—...Manque, si ustés lo ven bien mirao, yo les vengo a se una viuda muy particulá...

La catira Pipía Sánchez habló con los ojos cerrados y la voz brava.

—...Una viuda que no estuvo casá jamás...

Misia Marisela y misia Flor de Oro volvieron por los fueros de la familia.

—¡Guá! Y entonces, Filiberto, ¿no jué tu esposo, niña?

A la catira Pipía Sánchez le fregaba el alma que las misias no entendieran de qué iba el coroto.

—No me toquen a Filiberto, pues... To esto es mejó ejalo, ¿sabe?, to esto no es conversación pa dos señoritas solteras...

Misia Marisela y misia Flor de Oro empezaron a hacer aspavientos.

—¡Ah, qué falta e prencipios, niña, qué falta e educación!

La catira Pipía Sánchez estaba harta de las primas de su marido.

—¡Mejó pa mí!

Misia Marisela y misia Flor de Oro se levantaron, todas acaloradas.

—¡Ah, qué mala crianza!

La catira Pipía Sánchez también se levantó.

106

—¡Mejó pa mí!

Misia Marisela y misia Flor de Oro, tomaron sus bolsos y sus impertinentes.

—¡Ah, niña, que esto es botano e la casa!

—¡Váyanse en güena hora! ¡Yo no las mandé llamá! ¡Váyanse ahorita mesmo!

Misia Marisela y misia Flor de Oro rompieron a santiguarse.

—¡Ay, qué horró, qué horró! ¡Ave María Purísima! ¡Ay, que a la niña Pipía Sánchez le dio la loquera!

La catira Pipía Sánchez abrió la puerta y echó a las dos misias a empujones.

—¡Hala, pues...! ¡Que ustés se van pal carajo! ¿Saben? ¡Que ustés no güelven a pisá aquí!

La catira Pipía Sánchez, cuando las dos misias se fueron, abrió la ventana desde la que se veía el ceibo a cuya sombra estaba enterrado su marido.

—¡Guá, qué caló!

La catira Pipía Sánchez se soltó los tres botones de la blusa. La catira Pipía Sánchez no usaba *brassière*. La catira Pipía Sánchez iba desnuda. Lo único que la catira Pipía Sánchez, bajo el fustán, cargaba encima de la carne, eran unas pantaletas minúsculas y casquivanas, color de rosa.

—¡Guá, qué caló!

Entre las ramas del árbol centenario, los pájaros se amaban estruendosamente. La catira Pipía Sánchez tenía la boca seca. La catira Pipía Sánchez se descalzó.

—¡Guá...

La catira Pipía Sánchez tenía los ojos húmedos.

—...qué caló!

En Biruaca y en Guasimal nadie tenía noticia de Aquiles Valle. Y, si la tenían, no la querían dar y se la guardaban, como un tesoro, quizá para que no se perdiese. En Biruaca y en Guasimal, entre lagunazos poblados de garzas y de carraos, charcas hediondas y traidores cañaverales, don Juan

Evangelista Pacheco y su tropa de caballería se hartaron de revolver y de inquirir.

—¡Vámono más alante, pues!

Al paso del tremadal de ño Antoñito, el indio Adelo Rosas le respondió.

—Sí, don, que en algún lao tié que está, güeno, como no se lo haya tragao la tierra...

El mestizo Rubén Domingo le hizo el comento.

—Güeno..., que tampoco había e se el primeo que la tierra se tragase pu acá, compae. ¿Usté ha oío contá e ño Antoñito, el conuquero e Palo e Cachimba, que ganó pa estos costos, en tiempos del catire Páez, pu el rastro e la jembra que lo perdió?

—No, vale, que yo no lo oí e contá.

—Pues pregúnteselo usté al tremadal, cuñao, que él se lo podrá ecí...

Evaristo colocó a *Bienmesabe* cerrando la marcha, para que pisase donde pisaban los demás potros.

—No tema, compae, no saliéndose e la senda no hay cuidao.

—Bueno, así voy más cómodo.

Don Juan Evangelista, con Guasimal ya a la popa, estuvo en dudas entre seguir por el camino de Achaguas o echarse fuera de él, para rejender el campo hasta el cauce del Apure Seco. Evaristo debió averiguarle las intenciones, cuando se le acercó.

—Oiga, usted, Pacheco, ¿por qué no seguimos por donde vamos? No sé, no sé, pero tengo la corazonada de que en el primer pueblo al que lleguemos nos van a decir algo ya más concreto.

Evaristo quiso tomarse todas las precauciones.

—Bueno, claro, aquí el que manda es usted y líbreme Dios de discutirle, pero yo, en su lugar, no me saldría del camino. ¿Para qué? Mire usted, Pacheco, en estos casos no se sabe cómo acertar y lo mejor es no andar cambiando de opinión. En estos casos, donde menos se piensa, salta la liebre.

A don Juan Evangelista le gustó el refrán.

—¡Guá, que paece usté un abogao, vale!

Evaristo, ya más tranquilo, sonrió.

Aquiles Valle no podía dormir. Los cuatreros colgaron sus chinchorros en un palmar, se envolvieron en la cobija para defenderse del machete de los jejenes, y se tumbaron a esperar que Dios, o Moquinga con su jedentina a azufre, amaneciese. El ruido de las aguas, el misterioso crujir vegetal, el revuelto clamor de los animales —la culebra que pasa, el araguato que se impacienta, la lapa que hoza el monte, el cachicamo que finge irse, ¡tan calavera él!, de picos pardos— pusieron su contrapunto al hondo silencio del llano, y las remotas, las púdicas, las imposibles estrellas, allá a lo lejos, temblaban, pálidas y veladas como los cirios del funeral ruin.

Hacía calor, mucho calor, y Aquiles Valle, sesgado en su chinchorro, tenía los ojos abiertos y el ánimo venenoso. El ruano *Cachiquel* relinchó, poderoso y amargo, haciendo enmudecer, unos instantes, el ajetreado rumor de la pagana y múltiple bestezuela asustadiza y montaraz.

Aquiles Valle no podía dormir. Dícese que a los hombres que no tienen la conciencia tranquila les cuesta mucho trabajo llamar al sueño. El peón Gilberto Flores y el vereco Nicanor Poveda —aquella carne de horca— roncaban a pierna suelta. El oso palmero, desde la rama más alta del morichal, soñaba con comelonas de dulce miel. De la tierra se despedía un vaho cálido y enfermoso como un vientre podrido. Una vaca distante mugió, atemorizada y resignada, al borde del engañoso tremedal.

Aquiles Valle, volviéndose, revolviéndose y desasosegándose en el chinchorro, no podía dormir. Aquiles Valle —¡ah, virotón marico!— tenía la cabeza llena de malas ideas, de ideas que son pecado.

—¡Ajá, cuñao! ¿Qué se jace, pues?

—Pues que ya lo ve, caporal, que aquí le toy como que lleno e sosiego...

—¿Y pu ónde se anduvo, güeno, que no se ha ejao ve en tóa la noche?

—Pues pu aquí, caporal, tomandito caña pa arriba y pa abajo...

—¡Ah, que ya se le ve la rasca, compae! Túmbese aquí a la vera, que soy amigo, pues.

—Y sí, caporal, ¿po qué no?

Un peoncito catire. Tenía las carnes tibias. Tenía los ojos grandes. Tenía la boca dulce. Tenía la cintura estrecha. Tenía los brazos fuertes. Tenía el pecho latidor. Tenía las piernas largas. Tenía las carnes duras. Tenía el trasero virgen. ¡Ay!, amor, cómo tenía el trasero!

Hacía calor. Hacía mucho calor. Aquiles Valle no podía dormir. Aquiles Valle cargaba malas ideas en la sesera. Aquiles Valle soñaba despierto. Aquiles Valle se levantó. Aquiles Valle se chocó al chinchorro de Gilberto Flores.

—¡Ajá, cuñao! ¿Qué se jace, pues?

Gilberto Flores se despertó. La noche olía a concha de mango maduro.

—Pues que ya lo ve, caporal, que aquí le toy como que urmiendo...

Aquiles Valle le habló desde muy cerca. El aliento de Aquiles Valle hedía a carne cruda.

—¿Y pu ónde se anduvo, güeno, que no se ha ejao ve en tóa la noche?

Gilberto Flores no entendió. El cuero de Gilberto Flores estaba aromado con sudor.

—¿Eh?

Aquiles Valle le habló desde más cerca todavía.

—Que pu ónde se anduvo, güeno.

Gilberto Flores se sentó en el chinchorro. La fibra del moriche tiene un perfume olvidado, saludable y familiar.

—Pues pu aquí, caporal. ¿Pu ónde le iba a andá?

Aquiles Valle le tocó la frente.

—¡Ah, que paece como que tié prendesón!

Gilberto Flores estaba un poco extrañado.

—Y no, caporal, que yo no siento na...

Aquiles Valle le palpó los ojos.

—¡Ah, que tié el mirá enfiebrao, vale!

—No, caporal...

—Sí... Y la boca como reseca, pues...

—No, caporal...

—Sí, cuñao... Y la cintura ilatá...

A Gilberto Flores le tembló la voz. El temblor de la voz de Gilberto Flores sabía a esencia de canela en rama.

—No, caporal...

—Sí... Y los brazos rígidos...

—No, caporal...

—Sí... Y el pecho... ¿A ve el pecho?... Sí... Y el pecho latidó...

Aquiles Valle desgarró la camisa al peón Gilberto Flores. La camisa del peón Gilberto Flores despedía un tufillo acre y cachondo.

—¡Sí! ¡Y las piernas!

El peón Gilberto Flores se botó al suelo.

—¡Sí! ¡Y las piernas largas! ¡Y las carnes duras!

Aquiles Valle se abalanzó sobre Gilberto Flores y los dos hombres rodaron por el suelo. La lucha fue breve y, en la lucha, Gilberto Flores llevó la peor parte. Aquiles Valle, fiero como un tigre rijoso, tumbó al peón de un tajo en el gañote. La sangre de Gilberto Flores ahogó el chillo espantable que dejó escapar. Aquiles Valle, a carcajadas siniestras, gozó el cadáver del peón. Gilberto Flores no era catire. Gilberto Flores aún tenía las carnes tibias. Gilberto Flores tenía los muertos ojos grandes. Gilberto Flores tenía la boca amarga. Eso no importa. Gilberto Flores tenía la cintura estrecha. Gilberto Flores, de vivo, tenía los brazos fuertes. Gilberto Flores, ya no tenía el pecho latidor. Gilberto Flores tenía las piernas largas. Gilberto Flores tenía las carnes duras. Gilberto Flores, como es de ley, tenía el trasero virgen. Cuando llegó al infierno... Bueno, cuando llegó al infierno ya todo era lo mismo.

El bizco Nicanor Poveda, desde su hamaca, asistió impasible al espectáculo. El bizco Nicanor Poveda pensó que el coroto no iba con él.

Las aguas seguían fluyendo. Rumorosas. Igual.

El mestizo Pedro Apóstol Taborda, el hijo Cleofa y Catalino Borrego, no tuvieron mayor fortuna, en San Rafael de Atamaica y en San Juan de Payara, que don Juan Evangelista y los suyos por Biruaca y Guasimal.

—¡Guá, que se ha escondío bien, el hombre!

—¡Éjelo, que ya se mostrará! Como no se haya pasao pa Colombia, pronto enseñará la oreja, pues...

—Y sí, cuñao.

El camino hasta El Yagual, siguiendo la cinta del poderoso Arauca, es largo y pintado de colorado y de verde.

—¡Ah, que me ha saío una doncella en este deo, vale!

Catalino Borrego no miró para el mestizo Pedro Apóstol Taborda. A la otra hora de marcha, el mestizo Pedro Apóstol Taborda se volvió a lamentar.

—¡Ah, que tengo una dormición po tóa la canilla!

Catalino Borrego hizo un esfuerzo y tampoco, de esta vez, miró —ni dijo una sola palabra— al mestizo Pedro Apóstol Taborda. El hijo Cleofa fue el que se le encaró.

—¡Guá, que usté se calla, pues! ¡Pijirí, pijirí...!

—¡Guá, que el que se calla es usté, pues! ¡Pijirí, pijirí...!

El mestizo Pedro Apóstol Taborda y el hijo Cleofa, cuando se dirigían la palabra, decían siempre "¡pijirí, pijirí...!", y daban unos saltitos. La gente se extrañaba mucho porque "¡pijirí, pijirí...!", que se sepa, no significa nada.

Una bandada de judíos, con el buche lleno de garrapatas, alzó el vuelo sobre la mancha de la cimarronera.

—¡Ajá, torito espichao, vaca jorra...!

El mestizo Pedro Apóstol Taborda habló con timidez y con respeto.

—Ah, que me paece, compae, que estoy medio malón, que pa mí como que me ha tomao la económica.

El mestizo Pedro Apóstol Taborda habló con la voz cauta y dolorosa.

—Y que tampoco quería perderme el zambe, cuñao, ¿sabe?, peo es que ni me tengo, sentao sobre el jaco, ¿sabe?

Catalino Borrego, en la confusa parla del mestizo Pedro

Apóstol Taborda, no lograba palpar el tranquero que separaba la mamadera de gallo de la verdad.

—¡Mié, cuñao, que no masco, ¿sabe?, que en tóa esta letanía ya me da po pensá, güeno, que hay gato enmochilao, pues...!

El mestizo Pedro Apóstol Taborda detuvo a su bestia.

—¡Guá, vale, qué pensamiento!

El hijo Cleofa se impacientó.

—¡Ah, que usté se calla, pues! ¡Pijirí, pijirí...!

—¡Ah, que el que se calla es usté, pues! ¡Pijirí, pijirí...! ¡Que yo ando y como con la coló jipata, pues, y pa mí que voy a pasá el páramo...! ¡Pijirí, pijirí...!

—¡Ah, cállese, pues, no me se ponga pavoso! ¡Pijirí, pijirí...!

El aguaitacaminos, a cinco leguas aún de El Yagual, anunció la caída, la muerte y el entierro de la tarde.

En Achaguas —chicuaco en el morichal, guacharaca chismosa, cachicamo chambón, carapacho de res en la chorrera— don Juan Evangelista se chocó a un chocoreto conchudo, chivato de Cunaviche, lechero de buenos y áureos churupos contantes y sonantes.

—¡Guá, qué jartazón de chin-chín!

El amigo de don Juan Evangelista se llamaba Chachango Chávez y era tan fino que no pronunciaba la *che*. Los que no pueden decir la *erre,* suelen llamarse Roque Ruiz, o Ramón Ramírez, o Roberto Rodríguez y suelen, también, pasarse la vida hablando de perros sin rabo, de revoluciones rusas o de rascas de ron, de morrocotudas rascas de ron. Ésas son las cosas que pasan.

—Aquiles Valle tié que andá muy cerca e pu acá. La gente, cuñao, no se quié entrepiteá, y pa mí que jace e lo más bien, peo a Aquiles Valle lo han señalao rejendiendo pal norte, pué se que pa Apurito, pué se que pal Samán. Aquiles no pué andá lejísimos, güeno, pa mí como que se lo van a topá antes de lo que piensan...

—¡Y ojalá que juera así, cuñao, que ya tengo gana e rematá to esto!

—Y que le creo, vale, que tié que se to ya un poco pesao, pues...

El indio Adelo Rosas, el mestizo Rubén Domingo y el gallego Evaristo, mientras don Juan Evangelista Pacheco y Chachango Chávez hablaban de sus cosas, se llegaron a la ranchería de ña Sentimientos y le cayeron a una olla de chanfaina capaz de levantar la vida a diez toros picaos de la deslomadera.

—¡Guá, que ta sabrosón el chivo, comae, que mesmo paece e la parentela...!

Ña Sentimientos y Rubén Domingo eran viejos amigos. Ña Sentimientos, tiempo atrás, en Guanare, Estado Portuguesa, había tenido tienda abierta de placer barato, despacho de suspiros y ¡amor mío...! Después, cuando la bolsa creció pero medró la hermosura, ña Sentimientos se ocupó de cabrona en Barquisimeto, en la estación de servicio —de alguna manera hay que llamarla— del kilómetro 1 de la carretera de Carora.

El indio Adelo Rosas, el mestizo Rubén Domingo y el gallego Evaristo, a poco revientan de comer.

—¡Qué gran satisfacción, sentir la panza llena! ¡Bendito sea Dios, que todavía nos da malas digestiones!

Evaristo casi no podía respirar. Evaristo había comido igual que una lima y sentía la barriga hinchada, maciza, recia, tirante como pellejo de tambor. A Evaristo, como a los rumiantes, el hartazgo solía darle comunicativo, filosófico y flatulento.

—¡Lo que se pierden los muertos!

El mestizo Rubén Domingo, le atajó.

—¡Guá, compae, no se me ponga importante, pues, que entre lintre se nos baja el cabrito, tenemo que pegale duro al aguardiente!

—Sí, compañero, el aguardiente es muy digestivo, es un elixir la mar de digestivo.

El mestizo Rubén Domingo se le quedó mirando.

—Mié, cuñao, ¿usté estuvo en Caracas?

A Evaristo le extrañó la pregunta.

—Sí, ¿por qué?

El mestizo Rubén Domingo se echó atrás en la silla y apoyó el respaldo en la pared.

—No, po na..., que ice usté las cosas peo que muy rebién, ¿sabe?

El indio Adelo Rosas bebía el aguardiente como la seca tierra del verano las primeras lluvias.

—¡Y que lo piense, vale, que el galleguito parla como un liceísta!

Ña Sentimientos, a la querencia del trago, se sentó con los hombres.

—¿Y ustés andan, güeno, con alguna encomienda, pu acá?

—Y, sí, mujé, y clarítico que sí, pues, que hasta acá no nos hemos llegao pa capá puercos, güeno, que el puerco que queremo amarrá ya ta capao, ¿sabe?

Ña Sentimientos tenía la discreción de sus pretéritos oficios.

—No me iga más na, compae, que yo no lo quieo sabé, pues...

Ña Sentimientos tenía ideas muy claras sobre su papel.

—Mientras ustés tomen palo y paguen sus riales, güeno, yo ya tengo bastante... Yo como que ya no quieo pedí más na, güeno...

Pero a su papel, ña Sentimientos también quería dejarlo en su lugar.

—Que la curiosidá yo no la cargo, ¿sabe?, que es vicio que he botao pu el tranquero, cuñao, jace ya un pilenque e tiempo...

A Evaristo, con el copeo, se le despertaron muy viejas aprensiones. Evaristo desenfundó el revólver y lo botó sobre la mesa. A Evaristo se le puso cara de guardia civil. Ña Sentimientos, el mestizo Rubén Domingo y el indio Adelito, ni se movieron.

—¿A ónde va el tercio, con ese solistronco e chimenea? ¡Guárdese el mitigüison, cuñao, que nos va a quebrá el vidrio!

Evaristo sabía que, con un arma en la mano, todavía dejaba mucho que desear. A Evaristo le hubiera gustado ser campeón de arma corta, de esos que meten la bala en el cien y luego salen en los diarios, muy sonrientes, al lado del gobernador y de dos o tres señoritas que le ofrecen un ramo de flores.

—¡Ah, enconche usté ese roliverio e jumo, cuñao, que no tié usté cara e muy tinoso!

Evaristo hubiera dado cualquier cosa por ser un as del gatillo y del punto de mira. A Evaristo, en la voz, se le escuchaba bien que no lo era.

—Oiga, usted, compañero, usted tiene razón: yo no soy muy tinoso... Y, además, se me nota en la cara...

A Evaristo se le apagó la palabra.

—El revólver lo guardo... ¡Ya está guardado!... Pero yo he tenido toda la vida una ilusión, ¡una gran ilusión!

Evaristo dejó caer el mirar en el vacío. El mestizo Rubén Domingo casi ni se atrevió a preguntar:

—¿Cuál, cuñao?

Evaristo habló como desde el otro mundo.

—¡Tirar!

El mestizo Rubén Domingo, el indio Adelo Rosas y ña Sentimientos entraron en un breve segundo de estupor. Por el aire volaban las pesadas moscas.

—¡Tirar muy bien! ¡Tirar como nadie!

El mestizo Rubén Domingo, el indio Adelo Rosas y ña Sentimientos, mirando para Evaristo, estaban como hipnotizados.

—¡Tirar más que nadie y mejor que nadie en el mundo!

El padronés Evaristo Sarela Pazos tomó de un hombro al mestizo Rubén Domingo.

—¡Enséñeme usted a tirar, compañero!

El mestizo Rubén Domingo pegó un bote y el indio Adelo Rosas y ña Sentimientos, rompieron a reír a carcajadas violentas.

—¡Ah, la pea, y pu ónde le da! ¿Y usté no sabe tirá, pues, a sus años? ¡Guá, que le enseñe ña Sentimientos, compae, que jué e el oficio...! ¡Ah, qué mamaera e gallo, la e el español!

Evaristo era algo lento de entendederas. Pero a Evaristo, de repente, le subió un ligero rubor a las mejillas.

—¡Ah!

Evaristo se rió también. Al principio, por compromiso. Después, con entusiasmo.

—¡Ah, ya!

Cuando don Juan Evangelista llegó a la ranchería de ña Sentimientos, aún no se habían acabado ni el aguardiente ni el jolgorio.

—¡Guá! ¿Qué parranda es ésta? ¡Ca cristiano a su chinchorro, pues, que mañana será otro día!

La catira Pipía Sánchez, para matar sus ocios y dar rienda suelta a sus energías, ordenó unas reformas en Potreritos. La catira Pipía Sánchez estaba triste y algo más delgada, quizás. La catira Pipía Sánchez estaba, también, hermosa, inútilmente hermosa.

—¿Inútilmente hermosa, catira?

—¡Guá, éjese...!

A la catira Pipía Sánchez, el sol y el aire del llano no le quitaban la palidez. La catira Pipía Sánchez, en todo era muy señorita.

—¡Qué hubo, catira, e aquel coló e rosa e la ribera que te pintaba la cara?

—¡Guá, éjese ahora...!

La catira Pipía Sánchez, sobre el potro *Chumito,* se fue a dar un paseo hasta el Turupial.

—...Y nunca lo ije y tengo ya más de veinte años... Peo lo igo ahorita, pa que me escuchen las corocoras...

A la catira Pipía Sánchez no le gustaba repasar las páginas que se iban quedando atrás.

—¡Ah! ¿Pa qué me recuerdo e ese fantasma?

Pero, aunque no le gustaba, algunas veces le era imposible evitarlo.

La negra Balbina ponía sus cinco sentidos en el cuidado de la catira. La negra Balbina también tenía sus puntos de vista, sobre los males que aquejaban a la catira.

—Tié usté razón, ña, lo que le pasa al ama es lo mesmitico que usté piensa... Pero usté se va a trancá la lengua, pues, que lo que el ama tié no es pa que lo vayamo rugiendo, ¿sabe? Lo que el ama tié, pué se que Dios lo arregle, güeno...

El ciego Clorindo López sujetó los temores de la negra Balbina. El ciego Clorindo López era la misma voz de la prudencia.

—Y si Dios no lo quié arreglá, ¿sabe?, usté y yo nos callamo: antes que naide, ña, manque nos queme, pues...

—Sí, Clorindo, que usté lo pensó bien, güeno...

Clorindo López sonrió, desde su tiniebla.

—¡Guá, negra, que usté lo hubiera pensao igual!

La negra Balbina sonrió también. La negra Balbina sentía un raro y piadoso alivio, en la conciencia.

El mestizo Pedro Apóstol Taborda no pasó de El Yagual. El mestizo Pedro Apóstol Taborda, por poco, no llega ni hasta El Yagual. El hijo Cleofa y Catalino Borrego le ayudaron a bien morir.

—Acérquese, pues, y vea lo tamaño malón que estoy, cuñao...

Al mestizo Pedro Apóstol Taborda lo comía la calentura.

—Que cargo plomo en el ala, compae, ya se lo ecía yo...

El mestizo Pedro Apóstol Taborda tenía los ojos chiquitos y brilladores, negros y agudos.

—Y que me hubiera gustao seguí alante, pues, peo es que ya no pueo ni con la güesamenta...

Al mestizo Pedro Apóstol Taborda le temblaban los cueros y le chocaban y entrechocaban, ruidosamente, los negros y descarnados dientecillos.

—¡Ah, que me queo sin los juertes del ama, cuñao, que ustés se los van a repartí...!

Catalino Borrego procuró consolarlo.

—¡Y qué más le da, compae! Lo que usté tié que ve es de ponese güeno, ¿sabe?, pa poé seguí andando. Lo emás no le pué importá.

—Y ni eso, cuñao, ni eso tampoco, ¿sabe?, que cuando bote el pelero ya no me importará naitica...

El mestizo Pedro Apóstol Taborda —la cosa no era para menos— estaba mustio y cariacontecido.

—Y el pelero lo voy a botá e prisita, compae, que ya siento como que me se quié escapá, to enjuncionao po dirse..., ¿sabe?

El mestizo Pedro Apóstol Taborda, acurrucado en su chinchorro y con dos o tres cobijas encima, veía llegar la muerte sin ninguna resignación.

—Ah, qué pejiguera e vaina, vale, qué palo e vaina! ¡Qué tronco e pendejá, cuñao, vení a quease pu estos ribazos!

Ño Guadalupe Chaflán, el amo de la ranchería, se llegó hasta el agonizante acompañado de *Gordo* Yayito, curandero de gran renombre por el contorno. *Gordo* Yayito miró para el mestizo Pedro Apóstol Taborda con mucho detenimiento. *Gordo* Yayito le metió al mestizo Pedro Apóstol Taborda un dedo por el culo, le palpó el vientre y le olió el aliento.

—¡Puf!

Gordo Yayito, después, en la pieza de al lado, se puso serio para diagnosticar.

—Pa mí que el tercio no dura, cuñao. Pa mí que tié la mandofia con muermo, ¡cosa mala, si no lo bota ajuera, compae! Pa mí que el tercio va a panquiá, ¿sabe?

Catalino Borrego y el hijo Cleofa guardaron silencio. Por el ventano, adornado con la perfumada flor de la albahaca, se coló una coplilla maja, resignada y atroz.

Soy un pájaro e cuenta
cuando la gana me da.
Cuando no me da la gana,
no soy pájaro ni na.

Ño Guadalupe miró para *Gordo* Yayito, que fumaba con una seriedad muy meritoria.

—Güeno, *Gordo* Yayito, y su ciencia, ¿no vale pa esta clase e fiebre?

Gordo Yayito habló con el cigarro en la boca. *Gordo* Yayito tenía una costura a un lado de la boca, que le llegaba hasta media nariz.

—Ni la mía, ni la e naide, cuñao... Cuando a un cristiano se le esamarra la cabuya, no hay más que dirse preparando pa llevalo al camposanto, ¿sabe?

Ño Guadalupe se calló. Catalino Borrego se dirigió, casi midiendo las palabras, al hijo Cleofa.

—Mié, cuñao, que a mí como que me paece, güeno, que su papá ta pronto pa la esaparición...

El hijo Cleofa tenía la cara larga. La tenía siempre, bien mirado, pero, en aquellos momentos, la tenía aún más que de costumbre.

—Y, sí, compae, que a mí también me lo paece... El coroto, pa mí, como que no tié güen arreglo...

El hijo Cleofa, aunque triste, parecía más resignado que su progenitor. Eso es cosa que suele acontecer.

—Güeno..., que la vía es así, cuñao, ¡que esto tié que pasá, alguna vez!

Catalino Borrego se levantó y asomó la tatura a la otra pieza. Catalino Borrego no necesitó tocarle el corazón al mestizo Pedro Apóstol Taborda. Catalino Borrego tampoco precisó pasarle un fósforo por los ojos. Catalino Borrego habló al hijo Cleofa.

—Güeno..., va a se mejó que se llegue a vendé el potro e su papá, ¿sabe?

El hijo Cleofa entendió lo que Catalino Borrego le quiso decir y salió a la calle, a ver quién quería comprar un potro apañao y con el apero todavía aparente.

A la otra mañana, con los reales que dieron por *Zagaletón*, Catalino Borrego y el hijo Cleofa enterraron al mestizo Pedro Apóstol Taborda. Después de pagar todo, aún les sobraron unos bolívares.

—Que es la puritica verdá lo que le igo, pues... Antié se hubo e morí, que yo lo vide, don, en El Yagual...

—¡Ah, qué lavativa, cuñao! ¿Y los dos hombres que iban con él, qué se hicieron?

—Güeno, pues los dos hombres que iban con él, ¿sabe?, ganaron pal Venao, pues, rejendiendo pu el pisao e el Arauca...

Don Juan Evangelista, vadeando el Matillure, supo la muerte del mestizo Pedro Apóstol Taborda. A don Juan Evangelista le dio el instinto que Aquiles Valle merodeaba hacia el norte, hacia el Apure. De haber creído lo contrario, don Juan Evangelista hubiera torcido el rumbo.

—¡Y a mí como que me da a la nariz, doctó, que Aquiles tié que andá, pues, po cualquié estoracal de pu acá! ¿Sabe?

El mestizo Rubén Domingo tenía mucho predicamento sobre el ánimo de don Juan Evangelista.

—Sí, cuñao, que a mí también me lo paece, güeno, y no sabría ecí po qué...

El hombre que le dio a don Juan Evangelista la desdichada nueva de la muerte del mestizo Pedro Apóstol Taborda, era un zambo natural de Las Bonitas, Estado Bolívar, pacotillero de oficio y tercio que lo mismo servía para un roto que para un descosido, que se llamaba Candelito Manuel y que caminaba un si es no es patuleco y escorado a babor.

—Y que yo lo vide, don, y pu eso se lo igo, ¿sabe?, que a mí, güeno, y como que no me gusta andame con marañas, pues...

Don Juan Evangelista le dio un fuerte por la noticia, aunque la noticia era mala, y lo despachó marcha atrás, por el camino de Achaguas.

—Mié, Candelito Manuel, vale, guárdese este cachete, pues, y váyase a tomá unos palitos a Achaguas, ¿sabe?, o más abajo.

—Sí, don...

Don Juan Evangelista se creyó en el deber de explicarse.

—Pu aquí le andamo ahora con una vaina pesá, ¿sabe?, y tampoco ta bien que usté se meta onde ni le va ni le viene...

—Y, sí, don, que yo no soy amante e peleas, güeno, que yo soy más bien un comerciante sosegao, pues...

Candelito Manuel sabía de sobra cuál era la "vaina pesá" que traían, don Juan Evangelista y los suyos, entre manos.

Candelito Manuel se lo había sacado, marrulleando el coroto, al hijo Cleofa, en el entierro del mestizo Pedro Apóstol Taborda. Candelito Manuel también sabía que Aquiles Valle brincaba por el Apure, más allá de El Samán. A Candelito Manuel se lo había contado un indio brujeador, que había visto, al pie de un palmar, unos potros maroteados y como pajareros, que le dieron mala espina. A Candelito Manuel no era fácil que se le escapara un solo movimiento del llano, un latido, no más, de toda aquella tierra que latía como un corazón.

—Y, güeno, don, pues, que si me bota a la alforja dos juertes más, le igo lo que quié escuchá...

Don Juan Evangelista Pacheco paró la oreja.

—¡Y usté qué sabe lo que yo quiero escuchá, cuñao!

Candelito Manuel sonrió.

—¡Y que sí lo sé, don, que lo sé peo que muy bien sabío, pues...!

Candelito Manuel bajó la voz.

—¡Y se lo igo botao, don, se lo igo po una ñarrita e rial, don, po dos juertes pa licó...! ¿sabe?

Don Juan Evangelista miró, fijó como el aguaitacaminos, para el mirar de Candelito Manuel. Candelito Manuel tenía los párpados colorados. Don Juan Evangelista tardó unos instantes en hablarle. Cuando lo hizo, don Juan Evangelista no se anduvo con rodeos.

—Si to es cierto, Candelito Manuel, los juertes no van a se dos: van a se cuatro...

Don Juan Evangelista hizo señas al zambo Candelito Manuel de que no le interrumpiese.

—Peo los juertes, cuñao, no se los doy ahora, ¿sabe?, pa no tené que quitáselos luego...

—Sí, don.

—Eso... Los juertes se los doy cuando nos volteemos pa nuestros hatos, pues... Resultará mejó pa tóos, ¿sabe?

Don Juan Evangelista se acercó a Candelito Manuel.

—¿Ónde ta Aquiles Valle?

El zambo Candelito Manuel le aguantó la tarascada.

—Entre El Samán y Santa Catalina, en la orillita e acá...

Al zambo Candelito Manuel le escocían los ojos. Eso era mismo de la debilidad.

El vereco Nicanor Poveda le habló duro al caporal Aquiles Valle. Antes, el vereco Nicanor Poveda botó al río las armas del caporal.

—¡Guá, que es sabrosón el pasto, pal caribe...!

El vereco Nicanor Poveda le habló duro al caporal Aquiles Valle. Antes, el vereco Nicanor Poveda aparejó al negro *Cambao*.

—¡Y que ya te portarás, potranco, que va e veras...!

El vereco Nicanor Poveda le habló duro al caporal Aquiles Valle.

—Mié, caporal, güeno, que yo me voy a dir pa abajo..., pa Colombia..., manque me trinquen los chulavitas, pues..., y que usté se quea pu aquí, ¿sabe?, que yo no masco, caporal, y que lo e el pión Gilberto ha sío ya mucha vaina, pues...

El caporal Aquiles Valle se puso pálido. El caporal Aquiles Valle hurgó en la pila de sus corotos.

—No solicite el machete, caporal, que el machete se lo he botao al agua...

El caporal Aquiles Valle notó calor por las sienes.

—¡Ah, pendejo e mierda...!

El vereco Nicanor estaba tranquilo; por fuera, al menos.

—Cállese, caporal, pues, que lleva usté la e perdé, ¿sabe?

El caporal Aquiles Valle se calló. Al vereco Nicanor Poveda, todavía le quedaba algo dentro.

—Güeno, que yo me voy, pues, le venía a ecí; que yo no tengo voluntá, ¿sabe?, pa pasame el tiempo echando pico con usté..., que ya he sufrío muchos ultrajes y maltratos por tóa esta tierra...

El vereco Nicanor Poveda bajó la voz para poner punto final.

—Que yo me voy a dir pa abajo..., pa Colombia..., manque me trinquen los chulavitas, pues..., y usté se quea..., se quea solitico, eso es..., que yo no me hermano con un marico, eso es...

El caporal siguió en silencio. Al caporal le tembló la piel de la cara. El vereco Nicanor le voló la pierna al negro *Cambao*. El vereco Nicanor se fue por la huella del caño Terecay, hacia las matas de olorosos mastrantos que quedaban por debajo de Bruzual y de San Vicente.

Aquiles Valle, no pudo ni blasfemar. Aquiles Valle montó al zebruno *Cacique* y lo dejó que echase por donde quisiere. Aquiles Valle miró para los tres potros que se quedaban —*Ululay, Cachiquel y Malezo*— almorzando, con la traba en las manos, la fresca y verdiclara hoja de la marinela.

—¡Guá, que ya se encargará el río e tragáselos, cuando se agolpe...!

Catalino Borrego y el hijo Cleofa, silenciosos y al paso de sus bestias, cargaban una pinta ruin de vagabundos.

—¡Ajá, cuñao, que no se nos ocurre na que ecí...!

—Pues, no...

En El Venado, el Arauca se estrecha y el agua corre precipitada y veloz.

—Y si, po lo menos, nos chocásemo a don Juan Evangelista, güeno...

—Ah, y que ya nos lo chocaremo, pues... ¡To es tené un poco e pacencia!

En El Venado suena, saltarín y andariego, el joropito, y todavía se escuchan, cuando hay suerte, los versos del golpe de la Refalosa, las estrofas de la décima de Ricaurte, los compases del galerón del beso o las alegres virotadas del corrido de los animales.

El hijo Cleofa lucía triste desde la muerte del mestizo Pedro Apóstol Taborda.

—¿Y así nos vamo a pasá la vía, compae?

—No, cuñao, no esespere, pues, que ya le llegará el tope a la cabuya...

En El Venado, Catalino Borrego y el hijo Cleofa se aburrieron de preguntar por el caporal de Primavera. Para consolarse —y también para levantar la espina del ánimo, que les marchaba caída—, los dos hombres se embaularon una bebezón mediana.

—¿Se habrán topao, los otro, con ese hijo e pulla?

El hijo Cleofa se encogió de hombros.

—¡Ah, que yo y como que no se lo pueo ecí, compae! ¡Y yo qué sé!

En El Venado, ña Barbarita Blanca, negra retinta, despacha cachiquel, vende chimó, trafica en bestias, contrata maraqueros, alquila mozas y casa voluntades. El zambo Candelito Manuel es amigo de la botiquinera ña Barbarita Blanca, negra potente y pechugona, mujer de rompe y rasga, fustán y medio y ojo pelao.

—¿Y más na, compae?

—Pues, eso, vale, y más na...

Catalino Borrego y el hijo Cleofa se quedaron sin que ña Barbarita Blanca les contase lo que sabía del caporal.

—Pa mí que nos hemo gastao los riales como que muy precipitaos...

Ña Barbarita Blanca, probablemente, hubiera podido darles muy buenos y concretos informes. Pero ña Barbarita Blanca —ella sabría por qué— siguió con el pico cerrado.

—Sí, compae, muy precipitaos...

Catalino Borrego se quedó pensativo.

—Y al que bota su arepa, el diablo lo visita, cuñao... Y nosotro, ¿sabe?, pa mí como que nos hemo quedao sin el saco y los cangrejos, pues...

El hijo Cleofa le sirvió de eco.

—Sí, vale, pa mí como que nos hemo quedao sin el saco y los cangrejos, pues...

Don Juan Evangelista Pacheco, con sus hombres, ganó para El Samán, dejando a Apurito a un lado.

—¡Ah, que ya vamo pu el rastro, muchachos, que ya vamo a engolvé al caporal con la cobija volteá po lo negro!

Evaristo procuró no venirse al suelo, agarrándose con uñas y dientes al galopar de *Bienmesabe*.

En El Samán, a donde llegaron al caer la tarde, don Juan Evangelista encerró a su tropa. El mestizo Rubén Domingo, quiso ir a echarse una canita al aire.

—¡Ah, doctó, que mañana vamo a tené zambe, pues, y que yo ahorita, ¿sabe?, le prefería salí a buscame una cobija e resuello! ¿Sabe?

Don Juan Evangelista no tragaba ni un pelo.

—¡Miá, alpargatúo, vagabundo, pues, éjate e buscame vainas! ¿Sabes? ¡Tú te vas pal chinchorro! ¡A mí no me vengas con marramucias, pues! ¡Ya tendrás jembra, cuando la tengas que tené!

Don Juan Evangelista alzó la voz.

—¡Y ahorita mesmo te me raspas pal chinchorro en tres jalones! ¿Sabes?

El mestizo Rubén Domingo se amugó.

—Sí, doctó..., güeno...

El mestizo Rubén Domingo, entre otras cosas, era disciplinado con don Juan Evangelista —disciplinado hasta donde sus impaciencias le dejaban— y a todo le decía amén.

—Sí, doctó, que yo como que tampoco le quería fregá, ¿sabe?, que uno, bien o mal jalao, es siempre el mesmo.

A la madrugada siguiente, don Juan Evangelista tocó diana todavía de noche. La partida de don Juan Evangelista, aún con los gallos puñaleando a gritos la escurana, cruzó El Samán de Apure, pueblito de aguas duras, de bongos airosos, de curiaras sentimentales, de caribes ruines y cayaperos. Los cascos de las caballerías, retumbando en medio del silencio, ponían un romántico y misterioso contrapunto sobre el caserío. Las mozas de El Samán, medio dormidas bajo el mosquitero, notaron como un vago estremecimiento de la carne al escuchar el paso de la tropa.

—¡Ah, los vaqueros, niña, que se van pa la vaquería!

El indio Adelito Rosas, saliendo de El Samán, rompió a cantar.

Soy indio poque es preciso,
poque indio jué mi papá;
quiere ecí que mamá
no faltó a su compromiso.

El indio Adelo tenía muy buen oído y una voz, triste y melodiosa, de pajarito solitario.

Don Juan Evangelista se metió por el pisao de la orilla, en el camino de Santa Catalina, lugar que queda al otro lado de las aguas. Don Juan Evangelista abrió a su compañía en abanico, para que pudiesen otear mejor el terreno.

—A la primera señal me se juntan, pues, me se llegan tóos dispuestos pa peliá... Yo sé que naide me se va a echá atrá...

Los hombres de don Juan Evangelista se callaron. Ninguno de los hombres de don Juan Evangelista, llegado el momento, hubiera sido capaz de echarse atrás.

—Güeno, pues, y suerte pa ladrale en la cueva al pato e Aquiles, que allá nos encontraremo...

—Sí, don, que allá nos encontraremo, pues...

El indio brujeador amigo del zambo Candelito Manuel, el indio brujeador que había visto las bestias maroteadas y como pajareras, se llamaba Fortunato García y cargaba unos viejos y haraposos calzones que le llegaban, estirándolos mucho, a media canilla. El indio Fortunato García iba descalzo. El indio Fortunato García, en el talón izquierdo, llevaba, sujeta con dos tiras de crudo y hediondo cuero de res, una espuela de hierro, una espuela violenta y monstruosa capaz de desjarretar un potro, de una sola arrimada.

El tautaco saludó a Evaristo, al pasar. Evaristo le correspondió, quitándose el sombrero.

—Buenos días, pájaro, y salud para verlos terminar.

Evaristo, a veces, era muy cumplido y muy amable. Evaristo, cuando la vena le daba por ahí, sabía portarse bien, sabía estar reverencioso y correcto como un escuelitero. Evaristo, en el despliegue de la tropa, contando a partir del río, ocupaba el tercer lugar; el primero era el del mestizo Rubén Domingo; el segundo, el de don Juan Evangelista Pacheco, y el cuarto, el del indio Adelo Rosas.

Al cabo de hora y pico de andar, Evaristo vio, al pie de unas palmas moriches, a un tercio de rara estampa que se esforzaba por ocultarse. Evaristo dio la voz de alarma.

—¡Eh, eh! ¡Fíjense en aquel tipo! ¡Por allá va, escondiéndose entre las palmeras!

Don Juan Evangelista Pacheco mandó al mestizo Rubén Domingo y al indio Adelo Rosas a que le cortasen la escapada.

—A mí no me parece Aquiles Valle, doctor.

—Ahorita veremos, cuñao. Aquiles Valle también tié que aparece así, como e improviso, pues...

Evaristo y el doctor Pacheco se acercaron al palmar, de frente y sin poner las bestias al galope. El hombre que se había escondido, prefirió dar la cara. El hombre que se había escondido —un indio que cargaba unos calzones, derrotados y valetudinarios, que le llegaban, con buena voluntad, a media canilla—, se asomó en son de paz.

—¿Lo ve cómo no es Aquiles?

Evaristo y el doctor Pacheco se llegaron al hombre que se había escondido.

—¡Guá, don Juan Evangelista! ¿Qué hubo? ¿No se recuerda e mí, pues? Yo soy Fortunato García, ¿no se recuerda e mí? En Cunaviche nos conocimo, güeno, va ya pa largo, en vía e su señó papá, que en pa escanse. ¿No se recuerda e mí, pues?

Don Juan Evangelista no se acordaba, sino muy vagamente, del indio Fortunato García.

—¡Ah, Fortunato, y cómo no! ¡Ya lo creo que me recuerdo, compae Fortunato!

El indio Fortunato García sonrió con agradecimiento. El indio Fortunato García iba descalzo. El indio Fortunato García, en el talón izquierdo, llevaba, sujeta con dos tiras de nauseabundo y fresco cuero de res, una espuela de hierro, una espuela cruel y descomunal capaz de desgraciar un potro, con sólo pasársela.

—¿Y qué le trajo pu estos pagos, Fortunato?

El indio Fortunato García respondió con cierto cómico descaro.

—Pues ya lo ve, don, unos potrancos que le vide, pues, y que pensé que lucían güenos pa lleváselos...

Don Juan Evangelista, nada más verlos, reconoció los potros de misia Marisela y misia Flor de Oro. Pero don Juan Evangelista Pacheco se calló. Ni el gallego Evaristo, ni el mestizo Rubén Domingo, ni el indio Adelo, que no habían andado por el hato Primavera, hubieran podido delatarlo con su indiscreción.

—Y las bestias, cuñao, ¿no tenían a naide, al cuido?

—Pues, sí, don, sí que tenían a alguien, pues, que el marico e Aquiles Valle, ¿sabe?, andaba con ellas... Peo el caporal se jué, don, yo no le se ecí... Peo yo pienso que tendrá que andá pu aquí cerca, don, que las bestias taban aún maroteás, ¿sabe?

La tigana volaba, entre armoniosos clarinazos, detrás de los mosquitos zumbadores, en pos de la mosca roja y azul del morichal. Don Juan Evangelista se puso a pensar. El pico-e-plata enamoraba el aire, con su silbo. Don Juan Evangelista Pacheco tenía el gesto como preocupado. El güirirí —ese alegre bandolero— cruzó en cayapa. Don Juan Evangelista Pacheco se arrancó.

—Mié, compae Fortunato, pues, quéese con los potros, ¿sabe? Los potros se los regalo... Yo pueo jacelo, güeno, y se los doy pa usté... Los potros ya son suyos, cuñao... Si alguien le pregunta, usté le ice que me lo pregunte a mí, ¿sabe?

El indio Fortunato García se frotó las manos.

—Gracias, don... Naide preguntará, lo ha e ve...

El indio Fortunato García quiso pagar a don Juan Evangelista con la buena moneda de la lealtad.

—¿Pa qué le pueo serví, don? ¿Qué encomienda quié usté encomendame, don?

—Ninguna, compae Fortunato, ocúpese e sus bestias...
Usté ya cumplió, pues, no más que mostrándose, ¿sabe?

El indio Fortunato García no entendió lo que don Juan
Evangelista le quiso decir. El indio Fortunato García, la verdad es que tampoco lo necesitaba. El indio Fortunato García,
sobre *Ululay* y con las otras dos bestias de la rienda, se perdió por la trocha que llevaba a la carretera de Mantecal. El
indio Fortunato García, desde lejos ya, volteó la cabeza para
despedirse botando al aire su peloeguama costroso. El indio
Fortunato García iba feliz.

—¡Ah, indio, que los potrancos valen una rialera!

Don Juan Evangelista volvió a abrir a su gente. Antes,
don Juan Evangelista y sus hombres, sin poner pie a tierra,
se tiraron los troncos al buche, para hacer por la vida.

—¿Y usté se piensa, don, que Aquiles tié que andá pu
estas matas?

—Y sí, cuñao, que yo le pienso que Aquiles nos va a
saltá, pues, antes de que el día caiga, ¿sabe?

El indio Adelo Rosas tenía olfato de perro. El indio Adelo Rosas tenía oído de venado. El indio Adelo Rosas tenía
vista de tigre. El indio Adelo Rosas, con el sol en el meridia-
no, se paró sobre los estribos de *Yerbatero*. Don Juan Evangelista se le acercó.

—¿Qué escucha, Adelito, pues?

El indio Adelito Rosas levantó la cara.

—Que no escucho, doctó...

Don Juan Evangelista Pacheco miró para el horizonte.

—Entonces, ¿qué aguaita, pues?

El indio Adelito Rosas volvió a poner las cachas en la
bridona.

—Que no aguaito, doctó..., que paece como que güelo...

Don Juan Evangelista Pacheco venteó el aire.

—Y que yo no güelo na, cuñao.

—Sí, doctó, fíjese, pues, que pa mí como que el aire trae
una iedentina a muerto...

Guiados por la nariz del indio, don Juan Evangelista Pacheco, el mestizo Rubén Domingo y el gallego Evaristo se
acercaron a un palmar que pintaba su silueta sobre el río.

130

—Y sí que güele, don.

—Ahorita, sí, cuñao; alguna bestia...

El indio Adelo Rosas tenía la cara seria.

—No, doctó, pa mí que no es una bestia, güeno, pa mí que es un cristiano. Jiede amarguito, doctó... Las bestias jieden como más endulzao...

La zamurera siniestra, a la llegada de los hombres, levantó el vuelo sobre el cadáver del peón Gilberto Flores. Don Juan Evangelista se estremeció.

—Que naide escabalgue.

Los hombres de don Juan Evangelista obedecieron. El peón Gilberto Flores, casi en cueros y con las carnes y la cara mordidas por el negro y desgarbado pájaro de la carroña, semejaba un horrible pelele degollado, ultrajado, olvidado y por enterrar.

—¿Lo conocen ustés?

El único que habló fue el indio Adelito.

—No, doctó...

Don Juan Evangelista sintió que se le saltaba la voz.

—Yo, sí...

Don Juan Evangelista Pacheco aflojó la rienda a *Carasucia,* y *Carasucia* salió andando con *Tamerito,* con *Bienmesabe* y con *Yerbatero* detrás. Con los hombres aún a tiro de piedra, los zamuros volvieron a su aplicada labor de dejar al peón Gilberto Flores con el carapacho mondo y lirondo.

Un silencio atenazador envolvió al llano. Los hombres de don Juan Evangelista no se atrevieron a romperlo, en las varias horas que caminaron sin novedad. Un muerto, es mala cosa; pero un muerto comido por los zamuros, es peor cosa todavía.

Aquiles Valle se perdió solo, igual que el pajarito vajeado por la bicha. Los hombres del doctor Pacheco no habían visto a Aquiles Valle, que estaba enmatado en un estoracal. Pero Aquiles Valle sintió venir a los hombres del doctor Pacheco, se vio bajito y se le fue la cabeza. Aquiles Valle —¡ah, qué marico pavoso!, ¿y pa cuándo ejó usté, caporal, las conchas que el diablo le dio? —se perdió solo. Ni el doctor Pacheco, ni Rubén Domingo, ni Adelo Rosas, ni Evaristo habían pensado que el caporal estuviera oculto entre aquellos estoraques. Pero el caporal Aquiles Valle se desorientó y se cegó. Dios ciega a quienes quiere perder.

El caporal Aquiles Valle picó espuelas a *Cacique* y se enseñó, pálido y bien dibujado, a menos de veinte pasos de la tropa. Los hombres de don Juan Evangelista se pararon en seco.

—¡Ése es!

Don Juan Evangelista jopeó a su gente.

—¡Ése es! ¡Ajá, a galope y sin dispará, que es nuestro!

Evaristo, ciego y sordo por la emoción del tomate, no oyó la orden. Evaristo desenconchó el mitigüison y apretó el gatillo. Evaristo —¡pero, hombre, Evaristo!, ¿no decía usted que no sabía tirar?— no dio al caporal, pero le metió la bala en la boca al potro *Cacique*.

—¡Sin dispará, que es nuestro! ¡Ajá, por él! ¡Bichanguéenlo duro, que no se va!

El zebruno *Cacique*, con el morro sangrante y el bocado roto, pegó un reculón y se volteó sobre los cuartos de atrás, con el río mismo frente a la cara. Fue todo muy rápido —¡pum!—, más rápido de lo que se cuenta —¡zis, zas!—, tan rápido que el caporal no pudo ni botarse al suelo —¡chumbulún!— y se margulló en la chorrera asiéndose, como un fantasma loco, a la crin del potranco.

—¡Alto!

El animal dejó escapar un sordo relincho que ahogó el retumbador y amargo glu-glú del agua. Aquiles Valle rugió, insospechadamente, como un león herido. El animal quiso nadar y mostró sus ojos puros y desorbitados, unos ojos que eran el mismo espejo del miedo. Aquiles Valle ni siquiera sabía nadar. Así, acababa antes.

—¡¡Alto!!

La caribera cargó sobre el hombre y sobre la bestia, que braceaban, inútiles y violentos, acodándose en su propio espanto. El animal volvió a relinchar y el hombre tornó a rugir, envenenados ya por sus mil mordeduras de fuego. El animal mostró el morro un instante y por el aire volaron, orgullosos, vencedores, brillantes, los dos caribes que se cebaban en su

132

boca sangrienta. El caporal Aquiles Valle, ni asomó la gaita por encima de las aguas.

—¡¡¡Alto!!!

La caribera prendió al hombre y al animal a las rígidas bridas del agua, y el hombre y el animal, tiñendo el agua de sangre y de yel, se hundieron, ya para siempre jamás, en la muerte del río Apure, esa muerte que tiene cara de papel de lija.

—¡¡Alto!!

Ni el potranco ni el hombre volvieron a asomar; la caribera se encargó de que ni el potranco ni el hombre volvieran a asomar. Desde la orilla, saliendo de las dulces raíces de la yerba, brotando de las viejas y suaves piedras del lecho, bajando el río, nadando contra la corriente, cruzándose, entrecruzándose y atropellándose, miles y miles de caribes raudos y violentísimos, se sumaban al suculento e impensado banquete funeral.

—¡Alto!

Los hombres de don Juan Evangelista Pacheco bajaron la cabeza. Evaristó —él sabría por qué— se descubrió.

—Igualito que con la vaca lebruna...

—¿Eh?

—Nada, no decía nada...

En el horizonte se pintaron, rojas y elegantes, las nubes de la tarde. Lo mismo que el día del peleón del Turupial. El llano, a veces, varía poco, muy poco.

CAPITULO V

GÜENO, PUES...

CUANDO don Juan Evangelista y su tropa llegaron a Mantecal, ya estaban allí Catalino Borrego y el hijo Cleofa. El indio Fortunato García les acababa de mostrar el regalo de don Juan Evangelista.

—¡Guá, que son lindos los potros!, ¿eh?

—¡Y sí que lo son, cuñao...! ¿Y e ónde los hubo e sacá, pues?

El indio Fortunato García le contó a Catalino Borrego su encuentro con don Juan Evangelista.

—Y es que, mié, valecito, a veces el oficio se pone güeno, ¿sabe?, se pone peo e lo más bien...

—¡Y sí, compae, que e la pesca no se pué quejá, pues!

—Y como que no me quejo, cuñao...

Catalino Borrego, hasta que don Juan Evangelista asomó por Mantecal, no las tenía todas consigo.

—¿Qué hubo, don?

El doctor Pacheco tenía el aire algo cansado.

—¡Pues ya lo ve, compae, regulá pal tiempo...!

Por Mantecal se rugieron muchas confusiones. Don Juan Evangelista prefirió no hacerles demasiado caso.

—Mién, cuñaos —les dijo don Juan Evangelista a sus amigos—, la gente e pu acá se la pasa en una puritica hablaera, pues... Yo no quiero meteme en na, ¿saben?, yo no quiero cuentas con tóos estos guareros.., Yo prefieo no llamá perro a naide, pues, a ve si tién bastante con que les enseñe el tramojo...

Catalino Borrego pensó que don Juan Evangelista era un hombre sensato.

—Sí, don, y que ya se irán callando, pues...

Don Juan Evangelista estaba menos alegre de lo que Catalino Borrego hubiera pensado encontrarlo.

—Y, si no se callan, ¡pues mié, cuñao! Si no se callan, ¡allá ca uno con sus hablatas! ¿Sabe? ¡Yo le ando ya como un poco jarto e to esto!

La noticia de la muerte del caporal se regó por el llano, como llevada en alas del viento. Desde el verde Uribante y el Sarare rumoroso y lejano hasta el río Zuatá y el río El Muerto, que lindan las lejanas fronteras de Anzoátegui, y desde el Orinoco pletórico y turbulento y el cambiante Arauca hasta las tierras altas de Barinas, de Cojedes y Portuguesa; la noticia de la muerte de Aquiles Valle corrió de boca en boca: lo mismo que los rumores de que la guerra va a estallar; igual que el tole-tole que se murmura, siempre al oído y de muy buena tinta, cuando aún los alzamientos se guisan —y con su pan se lo coman— en la memoria, en el entendimiento y en la voluntad de los conspiradores.

Don Juan Evangelista Pacheco tuvo la desgracia de que el caporal Aquiles Valle se cayese a la caribera. La gente, ya es sabido, habla por hablar: habla por darle gusto a la lengua; habla sin pensar lo que dice, sin saber quién lo escucha y sin licencia de Dios.

—¡Guá, que lo botó al río con la ayúa e un gallego que ta especializao! ¡Que yo sé bien, compae, que lo botó vivo y con las manos amarrás con una cabuya!

—¡Y no, cuñao, que lo botó ya muerto, pa no tené que andá con la vaina e el entierro!

En los mentideros, jamás falta un bramador que eche su cuarto a espadas, un tercero en discordia que quiere alzar su voz en la pregonería.

—Dizque lo botó a las aguas amarrao a la cola e el potro, pa gozá mirándolo, ¿sabe?

Ni un penúltimo y tímido palomo que también tiene sus puntos de vista.

—Pues pa mí le pienso, cuñao, que el caporal se botó queriendo, ¿sabe?, se suicidó, güeno, como ahora se ice, viéndose perdío, pues, pa que los hombres del doctó no lo guindasen del pescuezo, en el primé moriche, ¿sabe?

Ni un quinto, tampoco falta, cauto peón, cristiano carilargo, a quien nadie hace caso.

—¡También pué se que el potro se le esbocase, compae...!

En los confusos recovecos de la falordia no prevalece jamás —salvo error— la dibujada silueta de la verdad, ese santo de palo al que devora la implacable y veloz carcoma del chisme que anda en coplas.

—Que yo no igo na, cuñao, que yo no lo vide... Que yo ni quito ni pongo, ¿sabe?, peo pu ahí se ruge que jué tal y como mesmitico se lo cuento...

La noticia de la muerte del caporal llegó al hato Potreritos dos o tres días antes que don Juan Evangelista. La noticia de la muerte del caporal llegó en varias versiones, según los gustos. En lo único en lo que todas coincidían, era en la certeza de la muerte del caporal. La catira Pipía Sánchez mandó repartir aguardiente entre la peonada.

—¡Ah, que es güen velorio, el que le preparamo...!

—Y que yo no lo veo malo, compae, que tampoco el tercio se lo mereció más piadoso, ¿sabe?

—¡Pues también pué se que usté tenga razón, cuñao!

La catira Pipía Sánchez, por fuera, estaba alegre: por dentro, otro gallo le cantaba. La catira Pipía Sánchez, mientras la peonada bebía, se encerró en la casa.

—¿Le preparo un cafecito, misia?

La negra Balbina tenía la cabeza llena de negros presentimientos.

—Güeno, negra, prepáelo, pues.

La negra Balbina tenía reuma y arrastraba una pata, al andar.

—¿Se lo llevo a la pieza, misia?

La negra Balbina se sabía de memoria unas oraciones, milagrosas, piadosas y misteriosas, capaces de ahuyentar el mal y de espantar la mabita.

—Güeno, negra, llévelo a la pieza, pues.

La negra Balbina, por si las oraciones fallaban, había colgado en el zaguán un ramito de zábila.

—¿Y se lo pongo muy endulzao, misia?

Pero el ramito de zábila, para que sea eficaz, ha de estar bautizado en Viernes Santo.

—Güeno, negra, póngalo como quiea, pues, y no me embojote, ¿sabe?

La catira Pipía Sánchez tenía toda la paciencia que necesitaba. Quizás, incluso, algo más de la que hubiera necesitado. Aunque, en ocasiones, no lo pareciese.

Misia Marisela y misia Flor de Oro empezaron con remordimientos de conciencia. Misia Marisela y misia Flor de Oro —desde la cincuentena, más o menos— tenían el alma muy aprensiva y muy escrupulosa. Míster Match, un gringo pelirrojo, topocho y cucarachón que había andado a la busca del petróleo, años atrás, por la cuenca del río Misa Cantada, dijo de las misias, una vez que pasó por el hato Primavera, que él se comprometía a curarles el flato metiéndolas en la cama. Se apostó un pozo de petróleo contra un plato de mute, pero no encontró quien quisiera jugárselo. A veces, en esto de las apuestas, las ocasiones se pierden por exagerar.

Misia Marisela y misia Flor de Oro, desde que llegó a sus oídos la noticia de la muerte del caporal, se consideraron ya carne de infierno, pasto de las eternas llamas de Moquinga.

—¡Ay, manita, que esto es un crimen, pues, y que tamos como condenaítas sin remisión!

La catira Pipía Sánchez no comunicó a las misias la muerte del caporal Aquiles Valle.

—¡Que se enteren ellas solas, que ya tién edá! ¡Yo no se lo igo!

—Güeno, misia Pipía, lo que usté mande...

Misia Marisela y misia Flor de Oro se enteraron solas de las sucesos. Misia Marisela y misia Flor de Oro ya tenían edad para enterarse solas de las cosas que pasaban.

—¿Y no podrá se mentira, mana, to esto que se cuenta?

—¡Casi era mejó pensalo!

—Sí, mana, ¡casi era mejó pensalo, pues...!

No lucía nada alegre, no, don Juan Evangelista llegando a Potreritos: con las carnes más quemadas que lomo de res en el asador; con el peloeguama echado sobre la nuca; con un mechón revuelto cruzándole la frente sudorosa; con un hombro en sangre; con la barba descuidada y rebelde; con el moro *Carasucia*, al paso; con cuatro silenciosos hombres detrás, repartiendo sus carnes en tres potros heroicos, ajobachados y polvorientos: el rosillo *Tamerito*, con Rubén Domingo en la bridona y Catalino Borrego a la grupa; el ruano *Patacón*, con el hijo Cleofa encima, y el cisno *Bienmesabe* cabalgado, a trancas y barrancas, por Evaristo, el tercio que, tras la dura y larga descubierta, ya casi había aprendido a cabalgar.

Atrás, en La Yegüera, el pueblo por el que paseaba sus desazones el bachiller Leandro Loreto Moncada —aquel poeta enamorado—, y sus aficiones la motolita Cecilia —¡ah, qué zosco e cachapera!—, y su puertorriqueño ojo de vidrio la ecuánime misia Ángeles Luz, se habían quedado el indio Adelo Rosas y su rucio canelo *Yerbatero*, en la ranchería, y el zuraguo *Liberal*, potranco viejo, en la cuadra del clérigo don Job Chacín.

Don Juan Evangelista cruzó de noche el paso del Turupial. No lucían nada alegres, no, los hombres de don Juan Evangelista cruzando, de noche y en silencio, el Turupial. Un airecillo cálido y sosegado saltó, a paso de perro, sobre la sabana, trayendo, quizás desde muy lejos, el sordo y guiñoso canto de la pavita.

> *Si la pavita canta,*
> *alguien se muere.*
> *Esto no será cierto,*
> *peo sucede.*

El mestizo Rubén Domingo marcó la higa, en la diestra, y se palpó el mágico anillo de albarisco.

—¡Zape, la pájara!

Patacón, el potro del hijo Cleofa, dio la espantada al tiempo que el tigre, veloz como el desnudo puñal de las broncas, se presentó.

—¡Ah, con el plomo, cuñao, que el que ispara con mieo, no pega!

Al tigre, nadie lo vio llegar. El tigre es como el diablo, igualitico que el diablo, que brinca de las mismas canilleras del aire.

—¡Ah, y sin asco pal plomo, cuñao! ¡Apretá!

Cuando don Juan Evangelista volvió la cara, se encontró con el tigre encima.

—¡Péguele al jierro, compae! ¡Ah, ah! ¡Péguele al jierro!

Evaristo, asido a las crines de *Bienmesabe,* no tomó ninguna resolución. Catalino Borrego disparó, sin hacer carne.

—¡Con el jierro, compae, guárdense el plomo! ¡Ah, ah! ¡Con el jierro, péguele con el jierro!

El tigre —un macho bravo y poderoso— cargó sobre don Juan Evangelista.

—¡Ah, cholúo e el carajo! ¡Ah...!

El moro *Carasucia,* con los ojos cegados por el espanto y las orejas febles y amugadas, derribó, estruendosamente, aparatosamente, desconsideradamente, a don Juan Evangelista.

—¡Ah, con el jierro...!

Sobre el guirigay de la pelea volvió a escucharse el silbo de la pavita. Don Juan Evangelista desenvainó el machete y le cayó al tigre, a cuchilladas. Sus hombres descabalgaron.

para ayudarle. El único que se mantuvo a caballo fue Evaristo, que estaba como tocado de la perlesía.

—¡Ah...!

El rugir y el jadear del tigre rebotó por el llano confundiéndose con el sordo rebufar y el ciego gruñir de los hombres. En la lucha, don Juan Evangelista cargó una dentellada en un hombro; si el animal le trinca del pescuezo, don Juan Evangelista no lo hubiera contado.

—¡¡Ah...!!

Don Juan Evangelista, al sentirse herido, peleó como un tigre. En el llano, a veces, los hombres se vuelven tigres y los tigres, hombres; es algo que todos saben y nadie puede explicar. Don Juan Evangelista, rodando entre la yerba, sintió que el jierro se hendía en caliente.

—¡Ah! ¡Apretá!

El tigre gimió, casi como una doncella degollada, y cayó patas arriba, con el machete clavado debajo del codillo. El jierro afilado entra igual en el pecho de un hombre que en el de un tigre: con el mismo ris-rás, con exacta prisa, con idéntico y doloroso entusiasmo.

Don Juan Evangelista se llevó la mano al hombro herido. La noche estaba oscura y sin luna, calurosa y negra.

—¿Duele?

—No.

Catalino Borrego prendió un fósforo. A Catalino Borrego, con lo que vio, se le heló la sangre y se le fue el fósforo, ardiendo, sobre el pasto. La yerba estaba seca y la llama creció, para alumbrar la escena. Tumbado de espaldas, con la cara cruzada de cicatrices y un hondo y sangrador pinchazo en el corazón, don Froilán Sánchez, el amo del Pedernal, el padre —digamos el padre— de la catira, yacía muerto y con los ojos abiertos, acusadores y espantados. Don Froilán Sánchez tenía la mano agarrotada, sobre un inmenso y extraño rifle de cuatro cañones.

—No apaguen el fuego.

—No.

La pavita pitó, como con sorna.

—Y no han visto na.

—No...

A los hombres, al abandonar el Turupial, les iba temblando la espina del carapacho. El único que habló fue el hijo Cleofa.

—¡Guá, que le vino a pasá, don, lo mesmitico que al yaracuyano Pancho Pacheco, su primo!

—Sí, cuñao...

La pavita levantó el vuelo y se marchó, con su agorero piulido, a espantar almas por las tierras que quedan más allá del palmar de la Güerfana.

La catira Pipía Sánchez no preguntó. La catira Pipía Sánchez vio raros a los hombres, pero no preguntó. La catira Pipía Sánchez, ayudada por la negra Balbina, curó a don Juan Evangelista.

—¿Te duele?

—No, catira, no jué más que un raspón.

La catira Pipía Sánchez procuró sonreír.

—¡Más vale!

A la catira Pipía Sánchez, la noticia de la muerte del caporal la tranquilizó menos de lo que todos hubieran esperado; menos también, de lo que ella se hubiera imaginado. Don Juan Evangelista, cuando la catira lo acabó de vendar, le miró a los ojos.

—¿Qué piensas?

—Na, ¡ya ves!

La catira Pipía Sánchez volvió a su buen intento de sonreír.

—¿Y tú?

Don Juan Evangelista Pacheco bajó la voz.

—Es triste lo que yo pienso, catira... Es muy triste to lo que yo pienso... A veces me se ocurre, niña Pipía, que jué el diablo quien me puso en el camino e Potreritos...

Don Juan Evangelista cambió.

—¿Me das un palo e whisky?

La catira Pipía Sánchez sintió que le brotaba en el corazón la fatal y venenosa flor de la soledad: la triste y agobiadora flor que tanto tiempo —¡y con tanto miedo!— llevaba esperando ver cuándo y cómo rompía.

—Sí.

La catira Pipía Sánchez se llegó por la botella. La catira Pipía Sánchez tenía el andar rítmico, cadencioso, grácil; y entrecortado, a trechos, por un desgarro fiero, jacarandoso y popular. La catira Pipía Sánchez habló sin mirar a don Juan Evangelista. A la catira Pipía Sánchez, como a los condenados a muerte, la voz le resonó por dentro de la calavera.

—Miá qué botella te traigo. La guardiaba pa este momento, ¿sabes?

A don Juan Evangelista le empezaron a chillar los oídos. Y a latir las sienes, igual que un reloj apresurado.

—¿Pa qué momento, catira?

A la catira Pipía Sánchez medio le rondó una lágrima por cada ojo. La catira Pipía Sánchez habló despacio y triste.

—Pal momento e tu despedía, Juan Evangelista.

Don Juan Evangelista bebió su vaso con un tímido y desusado gesto de conformidad.

—¿Me botas de tu casa, catira?

—No, Juan Evangelista, no te boto e mi casa... Eres tú el que se va... Si el patrón te abrió el tranquero, yo no te lo voy a cerrá, ¿sabes?

—Sí, catira...

—Y tanto, Juan Evangelista, y tanto que sí... Peo yo no quiero sujetá a naide, Juan Evangelista. Aquí han pasao cosas muy graves... Sí, ya lo sé; peo el llano ya ta sosegao, Juan Evangelista... Yo no quiero sujetá a naide...

Don Juan Evangelista se calló. Don Juan Evangelista hubiera preferido hablar, pero no pudo. Fue mejor su silencio; si don Juan Evangelista hubiera hablado, la catira Pipía Sánchez se habría echado a llorar.

—Tómate otro palo e whisky, pues.

—Gracias, catira...

Catalino Borrego, Rubén Domingo y Evaristo, se pasaron la noche contando y recontando la cacería del caporal. El hijo Cleofa prefirió colgar el chinchorro en la galería y echarse a dormir.

—Jué Dios, que lo botó a la caribera, pues, pa que pagase sus pecaos...

—¿Y ustés no lo bichanguearon una ñarrita, vale, pa que se cayese antes?

—No, compae, yo le juro que no... Al final ya daba doló miralo, to espantao... ¡Ah, qué tercio ideático y cómo nos fregó el coroto!

Catalino Borrego, Rubén Domingo y Evaristo, se callaron la aparición del espíritu de don Froilán, vestido con la piel del tigre. Ganas de contarlo, no les faltaron; les faltó valor.

—Don Juan Evangelista quería habele sobao la cara, ¿sabe?, pa soltalo lueguito y que se juera lejos, pa no mareá...

—Y sí, cuñao, se lo pueo jurá. Nosotro no queríamo matalo... Nosotro queríamo que se botara e el llano, vivo peo escarmentao...

—Y dice mucha verdá el compae Rubén; que si le hubiéramo querío cazá como al venao, le habríamo caío a bala. ¡No lo piense!

A la memoria de Evaristo saltó un ruido raro y complicado, un ruido mezcla de revólver que se dispara, jierro que recibe el plomo, carne a la que hiere el desgarrón, garganta a la que muerde el espanto. Y, sirviéndole de fondo, las voces de los hombres enardecidos, el resoplar de los potros al galope y el rumoroso, y temeroso, y eterno fluir de la corriente: ese bombo, o candombe, o zambomba, en el que zumban y retumban hasta las más veladas pausas del silencio.

—¡Ay, Dios!

Pero Evaristo, sujetándose el pecho con la mano, procuró disimular y hacer, de tripas, corazón.

—¿Qué le sucée, compae? ¡Paece como que se priva!

—No, nada, gracias, que estoy algo cansado...

—¡Guá, péguese un palito e ron!

—Gracias, gracias...

Catalino Borrego, Rubén Domingo y Evaristo, sintieron un inmenso alivio cuando el día quiso amanecer. Un capiscol dorado, francolino y calchón, cantó, impertinente y solemne, desde el tranquero. Y en el corral, ese harén piojoso y cachondo, una gallina blanca se estremeció.

—¡Guá, que se nos bota la mañana encima!

Por la mañana, temprano aún, don Juan Evangelista Pacheco levantó a Evaristo.

—Véngase acá, compañero, que le quieo hablá e algo que ocurre, ¿sabe?

Don Juan Evangelista estaba serio y vestido de punta en blanco, con el liqui-liqui recién planchado, los zapatos lustrosos y el peloeguama limpio.

—Y es que hay novedaes, mié, y a usté se las quería ir diciendo.

A Evaristo no le gustó ni un pelo tanto preámbulo. Evaristo tenía cierto olfato para ver venir las cosas, cierto instinto que no solía engañarle. Evaristo se echó del chinchorro abajo.

—Usted dirá...

Don Juan Evangelista titubeó un momento.

—¡Poco es lo que tengo que ecí! ¿Sabe? Peo es que las cosas parece como que se han complicao...

Evaristo se vio ya en manos de la policía. Evaristo, en cuanto que se embojotaba, se veía rodeado de guardias, con la voz temblorosa, el gañote seco, la memoria vacía y el pasaporte sin renovar.

—¿Complicado?

—Sí, güeno, no tema... Complicao, pa mí... Pa usté, no. A usté, toitica esta vaina e complicación, ni le va, ni le viene, pues.

Don Juan Evangelista Pacheco miró para Evaristo.

—¿Me entiende?

Pero Evaristo, como avergonzándose de su torpeza, le huyó el mirar.

—Pues, no, ¡qué quiere que le diga!

Don Juan Evangelista Pacheco sonrió y sacó del bolsillo su tabaquera de plata, una gruesa tabaquera de postín, con sus tres iniciales grabadas.

—¿Fuma criollo?

—Sí.

Don Juan Evangelista Pacheco, mientras encendía el cigarro, empezó a contar sus cuitas, con una pausada voz, vagamente aburrida.

—Pues es el caso, compae, que me ha sonao la hora e el viaje.

—¿De qué viaje?

Don Juan Evangelista Pacheco no pudo evitar que en los párpados le bailara un agudo y brevísimo gesto de desprecio.

—E un viaje que ya llevaba algún tiempo tutumiando, cuñao... El llano es güeno pa los llaneros, y llanero le soy, vale, y nieto e llaneros, peo e el llano también conviene esempatiase, e vez en cuando... El llano cansa, compae...

—¡Puede ser!

—¡Y tanto! El llano es igualitico que el licó, cuñao, que conviene ejalo, e cuando en cuando, pa que la salú se arregle...

Evaristo seguía sin entender demasiado.

—¿Y se va usted a marchar?

—Pues sí, eso es, me voy a marchá. Y se lo quería ecí, ¿sabe?, po si usté encontraba bien pensao que hiciéramo el camino juntos.

Evaristo, aunque había imaginado que en Potreritos las cosas hubieran podido ponerse a modo, no lo dudó un instante. Evaristo era hombre que guardaba, arropado por una baraja de defectos, el don de la más violenta lealtad. Evaristo puso la voz solemne y trascendental, como un médico que va a decir la palabra pulmonía.

—Mire usted, Pacheco. Yo no sé nada de lo que pasa y además le juro que me importa un coño saberlo. Pero yo a aquí vine con usted y de aquí salgo en cuanto usted me mande. A mí no se me ha perdido nada por estos andurriales. ¿Está claro?

Don Juan Evangelista Pacheco no se extrañó de lo que había oído.

—Sí, Evaristo, ta claro. Saldremo dentro e un par de horas, ¿le paece?

Misia Marisela y misia Flor de Oro enviaron un propio a la catira, con la encomienda de que le pidiese los potros que se había llevado el caporal. La catira Pipía Sánchez no quiso ni recibir al embajador.

—Íganle a ese alpargatúo que se raspe e mis tierras, pues, si no quié que le corra a bala.

—Sí, misia Pipía.

—Y a sus amas que les haga sabé, e mi parte, que ni tengo los potros, ni se los pago, ¿sabe?

—Sí, misia Pipía.

—Y que les iga también que no me frieguen, ¿sabe?, que es ya mucha lavativa tanta vieja.

—Sí, misia Pipía.

—Y que si me jartan... Güeno, pues que si me jartan, ¡se van a acordá!

—Sí, misia Pipía.

—¿Y usté no sabe ecí otra cosa que "sí, misia Pipía"?

—Sí, misia Pipía.

El moreno Chepito Acuña nunca había encontrado de tan mal humor a la catira. Tampoco le había visto, jamás, chumiando whisky como un jefe civil.

—¡Concha Martínez, que el ama como que paece entabaná!

El moreno Chepito Acuña se llegó al peón del hato Primavera.

—Mié, cuñao, yo que usté me iba sin preguntá más na, ¿sabe? A mí me paece que mi amita no ta pa vainas, pues.

El criado de las misias se quedó pensativo.

—Güeno... ¡Qué le vamo a jacé nosotro! ¿Verdá?

—Verdá, compae, ¡e lo más verdá!

El moreno Chepito Acuña se rió como un gato.

—¡Nosotro, qué le vamo a jacé!

Don Juan Evangelista, cuando lo tuvo todo preparado, se despidió de la catira Pipía Sánchez.

—Güeno, catira, me voy. Te deseo felicidá...

La catira Pipía Sánchez había guardado la botella del whisky y aparentaba aplomo y presencia de ánimo. La catira Pipía Sánchez habló con una voz insospechadamente sonreidora.

—Güeno, Juan Evangelista... Cuando te jartes de vagá pu el mundo, ya sabes cuál es la trocha e Potreritos... Tómate el penúltimo palo, pues...

La catira Pipía Sánchez dispuso los dos tragos.

—Yo también te deseo felicidá, Juan Evangelista, ¡mucha felicidá!

La catira Pipía Sánchez sacó de la alacena dos vasos altos, lujosos, de viejo y buen cristal de Europa, dos vasos de esos que no salen a relucir sino muy de tarde en tarde.

—Tú te has portao muy bien conmigo, Juan Evangelista, cuando más lo precisé...

—No, catira.

—Sí; yo sé lo que me igo. ¡Tú te has portao muy bien, Juan Evangelista! Peo yo ya sabía toitico lo que iba a pasá, pues...

A la catira Pipía Sánchez, la voz le hizo una cabriola en la garganta.

—Sí; yo ya sabía cómo te ibas a portá tú...

La catira Pipía Sánchez volteó la cabeza, para pestañear. La catira Pipía Sánchez tenía las pestañas arqueadas, largas, airosas.

—...Y también sabía en qué momento te ibas a espedí...

La catira Pipía Sánchez cambió de repente y sonrió, con una amarga tristeza que no fue capaz de disimular.

—No me hagas caso; son los nervios...

La catira Pipía Sánchez pasó uno de los whiskys a don Juan Evangelista.

—¡Salú!

—¡Salú!

Don Juan Evangelista tomó su peloeguama, para marcharse.

—Güeno, catira, en to caso ya sabes donde tiés un pastorero, pa cuando se te riegue el ganao...

—¡Éjate e vainas, Juan!

La catira Pipía Sánchez, llamó Juan, por vez primera en su vida, a don Juan Evangelista.

—Güeno, pues, catira...

La catira Pipía Sánchez —¡nunca lo hubiera creído!— no lloró.

—Güeno, pues...

Don Juan Evangelista Pacheco besó la mano, por única vez en sus años, a la niña Pipía Sánchez. En un reloj sonaron, casi como doce lamentos, las doce de la mañana. Si hay alguien en el mundo que sepa por qué a los relojes, cuando menos se piensa, les tiembla la voz, que lo diga.

Don Juan Evangelista Pacheco se fue del hato Potreritos sin despedirse de nadie; mejor dicho, de casi nadie. Don Juan Evangelista Pacheco, saliendo de decirle adiós a la catira, se llegó al ceibo viejo que sombreaba los restos del amo Filiberto, su camarada de mejores y más gozosos días, y se estuvo, con los ojos prendidos en la verde yerba, un tiempo raro y sin medida, un tiempo durante el que escuchó latir, como una sonorosa y frágil esquila de cristal, al corazón.

Después, don Juan Evangelista Pacheco no habló con nadie. Don Juan Evangelista Pacheco tampoco tenía por qué haber dado tres cuartos al pregonero: cuando las cosas se tuercen, lo mejor es dejarlas ir, discretamente, por donde van, sin empeñarse en querer ponerle tranqueros a la sabana, ni obstinarse en nadar, con la más inútil y la menos airosa de las desesperaciones, en medio del oleaje.

—¿Tamos?

—Estamos, sí, señor.

Evaristo, de nuevo sobre su potro *Bienmesabe*, no supo si se sentía desgraciado o feliz, triste como un niño perdido o jubiloso como un arcángel al que le brotan las encontradas alas de la primavera. Evaristo se hizo la pregunta, pero no acertó con la respuesta. A Evaristo le vinieron a la memoria las sabias y concretísimas palabras que su abuela, allá por sus aún no tan lejanos días gallegos y adolescentes, solía decirle:

—Evaristo, tú lo que eres es un fuguillas, un culo de mal asiento.

—¡Puede!

Don Juan Evangelista Pacheco se le quedó mirando.

—¿Eh?

Evaristo, para disimular, empezó a hurgarse, incluso con entusiasmo, con un dedo en la nariz.

—No, nada, que hablaba solo...

—¡Ah!

Don Juan Evangelista Pacheco, al partir, no miró para la ventana de la catira. A don Juan Evangelista Pacheco le hubiera gustado que la catira le sorprendiese mirando. Pero don Juan Evangelista Pacheco, con la mente poblada de ceibos viejos y de sepulturas todavía nuevas, cerró los ojos para escapar de la tentación.

Evaristo respetó el saludable silencio de su compañero. Y, para hacer aún mayor y más mimoso su cuidado, Evaristo cantó, por lo bajo, el saltarín compás de la rianxeira, esa solfa casquivana y litúrgica que, a veces, le hacía un nudo de marinero en la garganta.

> *Ondiñas veñen, ondiñas veñen,*
> *ondiñas veñen e van.*
> *Non te embarques, rianxeira,*
> *que te vas a marear.*

El moro *Carasucia* hubiera podido seguir, solo y sin gobierno, durante horas y horas. El moro *Carasucia*, conocía bien los caminos que llevaban al mundo.

> *Caballo, moro, retinto,*
> *ya están trocadas las suertes;*
> *hasta hoy me cargaste en vida,*
> *desde hoy me cargas en muerte...*

La catira Pipía Sánchez, desde su ventana, también cerró los ojos cuando escuchó el pisar de los cascos de las caballerías. La catira Pipía Sánchez, en el hondo y oscuro pozo de sus párpados, no vio a don Juan Evangelista a caballo del moro *Carasucia*.

—Gracias, catira...

La catira Pipía Sánchez se estremeció.

—¡Guá, catira, qué preciosura...!

La catira Pipía Sánchez, a tientas, se dejó caer en el mecedor. Después abrió los ojos, poco a poco, muertecita de miedo.

La habitación estaba vacía. Pero la catira Pipía Sánchez hubiera puesto una mano en el fuego para jurar que había escuchado la voz de su marido, la misma voz que le dijo, la última vez que le habló:

—Dame un beso, pues, que eres mi señora...

La catira Pipía Sánchez se pegó tres palos de whisky. Después se arregló el cabello, ante el espejo. Después se vistió. Después mandó ensillar el potro *Chumito*. Después se echó a la sabana, a galope, sola, por el pisao del caño San José. Don Juan Evangelista Pacheco había ganado por la trocha del río de Los Aceites.

Si alguien hubiera visto cabalgar, aquel día, a la catira Pipía Sánchez, las viejas palabras del estupor habrían vuelto a decirse, con la boca abierta, por toda la ancha soledad de la llanura.

—¡Ajá, que la niña, a caballo, es la tacamajaca e ño Leandro!

Don Juan Evangelista Pacheco, con su amigo al estribo y los ruanos *Filipito* y *Tacuato*, de remonta, se perdió enseñando al sol de la primera tarde la mano de rienda, la mano que desnuda al corazón. La catira Pipía Sánchez, envuelta en un blanco tierrero, mostró, al mismo impávido sol, la mano del mitigüison, la mano que aprieta el gatillo del mitigüison.

Los pájaros se callaron para mejor ver pasar, como un pájaro, a la catira Pipía Sánchez.

151

El ciego Clorindo López predicó la calma. El ciego Clorindo López sujetó, con firme puño, los arrebatos de los demás.

—¡Po vía suyita, cuñao, no me se encampane! ¡Cálmese, pues, y tenga pacencia! ¡Mié que ya va bien fregao el coroto, compae! ¡Po vía suyita no me se empunte, pues!

La peonada de Potreritos quiso cortarle el paso a la catira. La peonada de Potreritos quiso llevar la lealtad hasta el secuestro.

—¡Que no poemo ejá que el ama juya e su tierra!

—¡Bien hablao, compae! ¡Que el ama tié que está en el hato, pa gobernalo!

—¡Y sí, cuñao, que si el ama se nos bota ajuera to va a acabá en una zaparapanda!

—¡Y claritico, pues, que nosotro no tenemo erecho e mirá pu el ganao, si el ama no anda pu acá, mandando a sus pastoreros!

El ciego Clorindo López, de pie y a oscuras en medio de la peonada, habló duro a los hombres.

—¡Cállense, pues! ¡Qué motín es éste! ¡El ama pué entrá y salí cuando se le antoje! ¡Pa eso es el ama! ¡Ustés ya se tan raspando, ca cual pa su juraco...! ¡Ah, qué tronco e vegueros!

El ciego Clorindo López, tenía inmaculada e intacta su buena fama de héroe de Potreritos. Al ciego Clorindo López nadie se hubiera atrevido a alzarle el gallo.

—¡Ah, qué palo e vaina! ¡Cállense, güeno, si no buscan que el ama les dé una enjaboná, cuando se voltee pa sus pagos!

Cuando los hombres del hato Potreritos se calmaron, la negra Balbina tomó de un brazo al ciego Clorindo López.

—Véngase pal porche e la cocina, ño Clorindito, que le quieo hablá, ¿sabe?

La negra Balbina y el ciego Clorindo López —la mano en la mano y el silencio envolviéndolos— pintaban una rara fantasmagoría sobre los muros, albos y temerosos, de la casa.

—Y, güeno, ña, ¿qué me quería ecí?

La negra Balbina, mientras curucuteaba los corotos de la despensa y se entretenía en bichanguear los tarros del dulce y las botellas del aguardiente, respondió, con una nerviosilla y amorosa miel, al ciego Clorindo López.

—Y que yo no le tenía naitica que ecí, ño Clorindito, que ta to icho... Que lo que yo quería era apartalo e el bochinche, ¿sabe?, pa que se tomase un palito en paz y sosiego, pues...

El ciego Clorindo López sonrió. El ciego Clorindo López, tras el negro telón de su mirada, adivinó a la negra Balbina grácil y espiritual.

—¡Guá, misia, qué le sucée, pues...! ¡Que po la voz paece como que anda entiempá...!

A la negra Balbina le dio un sofoco por la pechuga.

—¡Ah, cállese, pues...!

Para tomar la trocha del río Los Aceites, don Juan Evangelista y el gallego ganaron por el pisao del Turupial. Sobre el llano en silencio no se escuchaba más que el pausado andar de las caballerías. Los pájaros habían enmudecido y los mil bichejos sabaneros parecían como haberse enconchado en sus amorosos y amargos recovecos. A don Juan Evangelista le extrañó no ver revolar a la zamurera. Pero don Juan Evangelista no dijo una palabra. El sol caía de plano sobre el campo, recortando, casi con crueldad, la nítida y agobiada silueta del yerbazal. De Potreritos para el otro lado, por el pisao del caño San José, el camino que puede llevar a Santa Rita de Manapire —la aldea marcada al fuego, como las reses— y el anchuroso y rumoroso Orinoco de Cabruta, partió un jinete levantando una densa y tupida polvarera con su galopar. A don Juan Evangelista Pacheco, tan apolismado andaba, no le dio el corazón que aquel jinete que corría —lambe que lambe la sabana— como el mismo viento, pudiera ser la catira Pipía Sánchez.

En el paso del Turupial, don Juan Evangelista Pacheco descabalgó.

—¿Me bajo?

—No, no jace falta.

En el paso del Turupial, don Juan Evangelista Pacheco
se descubrió.

—¿Le ayudo?

—No; no jace falta.

En el paso del Turupial, don Juan Evangelista Pacheco se
encontró un tigre muerto, un tigre al que aún manaba un hilo
de sangre del hondo pinchazo que lucía bajo el codillo.

—¿Quiere que lo enterremos?

Don Juan Evangelista Pacheco habló como dicen, quienes
lo saben, que hablan los sonámbulos.

—No, gracias; no jace falta...

Don Juan Evangelista Pacheco palpó, tímido y cauteloso,
el cadáver del tigre. Don Juan Evangelista Pacheco no miró
para su compañero.

—Oiga, compae...

A Evaristo se le aflautó la voz.

—¡Mande!

Y a don Juan Evangelista Pacheco se le puso intranquila
y cortada.

—...Esto, ¿es un tigre?

Evaristo empezó a temblar. Evaristo no temía a los hombres, pero sentía pánico cuando la tara negra —¡sampablo, la
tara negra!— le empujaba al brumoso mundo de las ánimas
y los aparecidos.

—Sí... Sí que lo es.

A don Juan Evangelista Pacheco le subió un fuego a la
garganta.

—¿Un tigre..., muerto?

—Sí, señor..., un tigre..., muerto...

Evaristo, por lo bajo, estaba rezando el señormíojesucris-
to a toda velocidad. Cada cual se defiende del miedo como
puede.

—...a mí me pesa, pesa, pesa de todo corazón...

Don Juan Evangelista Pacheco levantó al tigre, de una
pata. Un escarabajillo color de oro tomó las afufas, al sentirse al aire, sin encomendarse ni a Dios ni al diablo. Don
Juan Evangelista Pacheco hubiera preferido toparse con un
rifle de cuatro bocas. Evaristo, no.

154

—¿Nos vamos?

—Sí, vámonos, pues.

Cuando los hombres volvieron a cabalgar, la zamurera voló sobre sus cabezas.

—¡Menos mal!

—¿El qué?

—Na...

A don Juan Evangelista Pacheco le entraron ganas de volver a Potreritos, a decirle algo muy sosegador a la catira Pipía Sánchez. Pero se contuvo y siguió adelante. La verdad es que la idea no le rondó más que un momento.

—Y usté, Evaristo, es de Galicia, ¿no?

—Sí, señor, de Galicia.

—¡Ajá! ¿Y cómo es Galicia, pues?

Santa Rita de Manapire es aldea que aún queda largo del hato de la catira Pipía Sánchez. Santa Rita de Manapire es caserío que se vio arder dos veces, en dos guerras. Santa Rita de Manapire es pueblito que no se moja, pueblito que sigue en seco cuando el Orinoco se agolpa y sus aguas errantes llegan, espantando rebaños, hasta los verdes y dolorosos y brillantes bosques de Aguaro.

En Santa Rita de Manapire, en la misma plaza Bolívar, la catira Pipía Sánchez tenía una casa con reja de labrado hierro en las ventanas y huertecito con ceibo sombreador, a la culata. La casa de la catira Pipía Sánchez llevaba ya muchos años deshabitada, tantos, quizá, como ella misma tenía.

—Eme la llave e mi casa, ña Rita María.

La mestiza Rita María Guevara se quedó de un aire, al ver a la catira.

—¡Ah, niña, válgame Dios! ¿E ónde sale, niña Pipía, que mesmo me llega, pues, con el credo en la boca?

La mestiza Rita María Guevara se secó las manos en el delantal para abrazar a la catira.

—¡Ah, niña! ¿Qué le ha venío a sucedé, pues...?

La mestiza Rita María Guevara se echó a llorar.

155

—¿Y e dónde me sale, pues, niña Pipía, rosita sabanera, que me llega lo mesmitico que pintá con to el polgorín del camino?

En el zaguán de la mestiza había un escabel. La catira Pipía Sánchez se sentó.

—Eme la llave e mi casa, ña Rita María.

—Sí, niña, lo que usté mande, güeno... Peo, ¿qué pasó pu el hato Potreritos, niña Pipía? ¡Ah, qué tiempo e doló! ¡Qué vaina e maldición ha caío pu el llano, niña!

La mestiza Rita María Guevara arreció en su entusiasmo y aparatoso llanto.

—¡Ah, qué castigo, niña Pipía! ¡Qué azote más despiadao y más ruin!

Las vecinas de ña Rita María se encargaron de regar la novedad. Las vecinas de ña Rita María corrieron, de puerta en puerta, con el pregón.

—¡Que se han alzao, comae, tóos los piones de Potreritos, pues, mandaos po un tercio que no es de pu acá...!

—¡Sí, tal! ¡Y que el ama se ha venío juyendo, po to el llano abajo! ¿Sabe?

—¡Ah, y que se vié a refugiá en Santa Rita!

—¡Sí, comae, que la pioná se le ha alzao con toitico el bestiaje, pa vendelo en Colombia!

—¡Ah, qué tronco e boleros! ¡Qué cayapa e confiscaos!

—¡Y que el amita e el hato es linda igualitico que la garza real! ¿Sabe?

—¡Sí, comae, y misericordiosa pa la pobrecía, como era su dijunta mamá, que en pa escanse...!

Cuando el rumor llegó a los últimos oídos santarriteños y en la plaza Bolívar no cabía un alfiler, la catira Pipía Sánchez sonrió.

—¡Guá, ña Rita María Guevara! ¿Qué zaperoco e el diablo es éste, pues?

—¡La gente, niña, que la quié ve! ¡Este es pueblito muy leal, niña, pueblito e ciudadanos honraos y e prencipios...!

La catira Pipía Sánchez quebró el cansancio con un agradecido mohín.

—¿Y pa qué me quién ve, ña Rita María, con lo poquitico que me quea, pues?

La mestiza Rita María Guevara —¡ay, el eje del mundo!— supo vestir su cargo hospitalario.

—Pa ecile que la quieren bien, niña, igo yo... Que tóos saben lo que ha pasao con su gente...

La catira Pipía Sánchez frunció las cejas.

—¿Y qué sucéee con mi gente, pues?

La mestiza Rita María Guevara fingió la implicadora voz confidencial de los iniciados.

—¡Güeno, niña Pipía, pues..., que tóos sabemo que se le han alzao, pa botala e el hato!

A la mestiza Rita María Guevara se le puso el habla cruel y casi temblorosa.

—¡Peo no les ha e valé, mi niña! ¡Se lo juro po lo más sagrao! ¡En Santa Rita aún quean hombres con las gandumbas fregás! ¿Sabe? ¡Hombres que gozan en defendé a las mujeres! ¡Y tóos tién su cubano escondío, niña, y muy rebién engrasao! ¡A tóos esos cuatreros no les ha e valé! ¿Sabe? ¡Se lo pueo jurá, niña Pipía!

La catira Pipía Sánchez volvió a sonreír.

—Abra la puerta, ña Rita María Guevara, pa que tóos me vean hasta que se jarten.

La mestiza Rita María Guevara, obedeció.

—¡Ajá, niña, que yo toy aquí a su mandá, pues!

La catira Pipía Sánchez, desde el quicio de ña Rita María Guevara, dijo cuatro palabras a la gentada amiga.

—Güeno, que yo les comunico, pues, que mi pioná no me se ha alzao, ¿saben?, que tóos me son fieles y parciales, eso es, y que bregan pa mí... Güeno, y que también les comunico que sé lo que vale que se hayan juntao en la plaza, pa veme... Güeno, y que yo me he venío pa Santa Rita poque me tomó la loquera pu ese lao... Güeno, y que les tengo agraecimiento, pues, a tóos ustés...

La catira Pipía Sánchez se volteó para dentro de la casa.

—¡Guá, mi niña Pipía, que habla usté mesmo como un diputao!

La catira Pipía Sánchez volvió a sentarse en su escabel. Fatigada y con la carita pálida, la catira Pipía Sánchez semejaba una colegiala desobediente y enamoriscadora.

—¿Me da usté un tobo e agua, ña Rita María Guevara, pa lavame el sudó?

El pueblo de Santa Rita de Manapire se disolvió, poco a poco. Y quizás, también, ligeramente defraudado.

—¡Guá, comae! ¿Y quién rugió lo e el alzamiento e Potreritos, pues, y lo e que tóos andaban capitaneados po un jurungo...?

—¡Y eso me igo! ¿Y lo e que el ama había llegao e juída, pues, rejendiendo po to el llano?

—¡Ah, y pa refugiase en Santa Rita, como el bestiaje en la inundación!

—¡Sí, comae, ese bestiaje que ya habían arreao pal monte!

—¡Ah, qué zosco e mamaera e gallo! ¡Qué palo e virotá!

—¡Peo lo que yo le igo, pues, es que el ama e el hato está linda como el gonzalito! ¿Sabe?

—¡Sí, comae, y güena pa los pobres, pues, igualitico que jué su dijunta mamá, que en pa escanse...!

La mestiza ña Rita María llegó con un balde de agua. La mestiza ña Rita María, en el agua clara, había puesto a nadar la aromática flor de la marinela.

—Gracias...

—No hay que dalas, niña...

La catira Pipía Sánchez se lavó la cara. Después, se lavó las manos. Después, se lavó los brazos, hasta el codo. Después, tímidamente, pidió que le cambiasen el agua.

—¿Le molesta?

SEGUNDA PARTE

LA GARZA EN EL CAÑABRAVAL

... y la paz.

CAPÍTULO I

LA PACHEQUERA

QUE no me cabalgues al potranco canelo, pues, te lo tengo mandao, Juan Evangelista, que te va a quebrá los puriticos güesos!

La catira Pipía Sánchez estaba cansada de predicar en desierto. A la catira Pipía Sánchez le había oscurecido, ligeramente, el pelo.

—¡Miá que es vaina la e andá siempre con este lequeleque! ¡Si te desloma el potranco, no te he e curá! ¡Abajo ahorita mesmo!

La catira Pipía Sánchez se paró, incluso con energía. La catira Pipía Sánchez estaba algo más gorda.

—¡Venga usté acá, esobediente! ¡Usté ya se jué pa la casa, castigao! ¡Yo no quiero ni miralo!

La catira Pipía Sánchez, cuando tenía que reñir a Juan Evangelista, que solía ser varias veces al día, lo trataba de usted.

Uno, dos, tres, cuatro... No; más, bastantes más... Han pasado quince o diez y seis años. En quince o diez y seis años —en estos quince o diez y seis años— han sucedido muchas cosas en el mundo. El mundo lo forman Europa, América, Venezuela, Chile, Suiza, la China, España, el hato Potreritos, el hato del Pedernal, el hato Primavera, el llano,

161

el mar, la selva, la montaña, el corazón de la catira Pipía Sánchez, la memoria: esa fuente del dolor.

La gente que se va por el misterioso camino del purgatorio, ya no cuenta. El muerto, al hoyo, y el vivo, al bollo. También se dice, casi caritativamente: a burro muerto, cebada al rabo.

—¡Ándele, pues, y bótele un pienso al rabo a misia Marisela y a misia Flo e Oro, tan virtuositas, ¿sabe?, que San Pedro les regaló un cojín de raso pal mecedó e el cielo!

La gente que pasa el páramo, jamás voltea la cabeza atrás.

—¡Ajá, que sabemo a quién se le mostró un ánima vestía e tigre!

—¡Guá, no haga ni caso, compae! ¡La pioná, que es hablachenta e natural!

A la gente que panquió, un velorio y borrón y cuenta nueva. Con esto no está permitido ser farsante.

—¡Y cállese, pues, cuñao, que a mí me incomoda eso e andá toitico el tiempo maromeando al alimón con la pelona!, ¿sabe?

—¡Como guste, compae, peo la pelona también lo ha e vení a buscá, ¿sabe?, cuando menos piense, que pa semilla no lo va a ejá, manque se esconda!

—Güeno, ¡peo entre lintre!

Sí; han pasado quince o diez y seis años. La catira Pipía Sánchez es quince o diez y seis años más vieja. El llano también, aunque se le note menos. La catira Pipía Sánchez es viuda por segunda vez. Misia Marisela ha muerto. Misia Flor de Oro ha muerto. Don Juan Evangelista ha muerto, de una manera tonta. Don Juan Evangelista, un mal día, se fue a parar del chinchorro, se le enganchó una espuela en la trapera y, ¡zas!, se desnucó contra las losas del suelo.

—¡Guá, compae, peo llanero soy y a estos pagos hay que vení a quease!

—¡Ya recuerdo, ya!

El ciego Clorindo López ha muerto. La negra Balbina ha muerto. Del gallego Evaristo no se volvió a saber una palabra; quizás haya muerto también.

—¡Ah, y que pu el llano pasó la eslomaera, vale!

—¡Y no, cuñao, que lo que pasó jué el tiempo! ¡Que quince o diez y seis años, bien mirao, son un pilenque e días!

Cuando don Juan Evangelista se mató, la catira Pipía Sánchez esperaba novedades.

—¡Y calma, pues, que naide se embojote, ¿saben?, que la única que se pué embojotá soy yo, y no lo hago! ¡Apártense, pues, háganse a un lao!

La catira Pipía Sánchez cargó con don Juan Evangelista, lo llevó dentro y lo puso, rompiéndose el corazón, sobre la cama. La catira Pipía Sánchez tenía unas fuerzas tremendas. A don Juan Evangelista no le manaba la sangre. Don Juan Evangelista estaba pálido, privado y como muerto. A los dos días, don Juan Evangelista estaba muerto de verdad. La catira Pipía Sánchez enterró a don Juan Evangelista al pie del ceibo, al lado de don Filiberto. La catira Pipía Sánchez, sobre la tumba de su marido, hizo grabar la siguiente leyenda: "Aquí yacen los restos del Señor Juan Evangelista Pacheco. Por caridad de Dios, no lo mató nadie". Debajo, la catira Pipía Sánchez mandó poner una copla del llano, una copla humilde, escéptica y desesperanzada:

> *Me puse a subir al cielo*
> *por el filo e una espá;*
> *subí con mucho trabajo,*
> *bajé con facilidá.*

La catira Pipía Sánchez, a quien tantos esfuerzos y tantos sinsabores había costado la dicha, vio cerrarse, de golpe y porrazo, el horizonte, cuajado de negros nubarrones.

—Y que naide se esmande. Los hatos van a tené pronto un amo que los sepa guiá tan rebién como el patrón...

A la catira Pipía Sánchez le tocaba sacar, de nuevo, fuerzas de flaqueza. Y los hatos a mandar eran dos más: Primavera, que las misias le habían vendido para gastar sus reales, ¡a la vejez, viruelas!, en Caracas, y Coracero Largo, que don Juan Evangelista Pacheco ganó a buen pulso llanero antes de chocarse a la catira Pipía Sánchez para decirle:

—Güeno, catira, que ya no soy ningún jabúo, pues...

—¡Y quién lo había pensao, Juan Evangelista! ¡Pa qué me hablas así!

La negra Cándida José, vieja y casi fantasmal, sentía chochera por Juan Evangelista.

—¡Ajá, el caballero! ¡Míenlo, y qué figura jace el muchachito! ¡Míenlo, y cómo aploma los riñones sobre el potranco! ¡Guá, y qué bordón más farrusquero, comae, qué patroncito nos ha caío e el cielo! ¡Míenlo!

—¡Ah, y no le jale mecate, morena, y no le ande filipiando, que el muchachito se va a enjuncioná y se va a caé la gran matada!, ¿sabe?

—¡No lo haga la Virgen, comae! ¡Cállese, pues, y no me sea pavosa!

La negra Cándida José, escorada de banda y espichada, aunque no de hambre, parecía haber sido puesta en la tierra para reírle las gracias al chaval.

—¡Y qué pedrá más tinosa le atiestó al pión Jesusito Moisés en mitá e la tutuma, comae! ¡Y con qué juerza, que usté lo había e ve! ¡El muchachito le va a salí un taparo, comae, un tronco e llanero, pues! ¡A treinta pasos y le acertó en mitá e el pensamiento! ¡Usté lo había e ve!

—¿Y qué hubo e el pión, morena?

—¡Pues na! ¿Y qué había e habé? El pión es muy redisciplinao, comae; al pión le tomó la tarantera, ¿sabe?, peo no ijo ni japa. Este pión Jesusito Moisés es tercio e confianza, comae; este pión Jesusito Moisés es un Juan Bimba e mucha responsabilidá, ¿sabe?

El peón Jesusito Moisés, por lo bajo, murmuró algo así como:

—¡Su madre, qué toñeco e muchacho!

Pero por fuera se calló y se fue en busca de la negra Cándida José, para que le diese una copa de aguardiente a cambio de dejarse poner mercuricromo.

Cuando la catira Pipía Sánchez echó al mundo al niño Juan Evangelista, la negra Cándida José salió de la pieza dando voces.

—¡Guá, que es un varoncito, cuñao! ¡Gane pa los hatos, compae, a ecíselo a tóos los cristianos! ¡Un premio he e dale, pues, si no me se tarda! ¡Espabile y no me se quée como alumbrao! ¡Ándele, pues!

La negra Cándida José, en su alboroto, dio tamaño toponazo a la negra María del Aire, nueva en la casa, que a poco más la derriba.

—¡Ajá, cónchales, y esapártese, pues! ¿Es que no me vio e vení?

—Y sí que la vide, ña...

La negra Cándida José no tenía ni tiempo para incomodarse.

—Y el amita, comae, niña Pipía, ¡qué pitreza, pues! ¡Si le igo...! ¡Qué artista, comae, y cómo botó las secundinas! ¡Había usté e vela, qué relimpia!

La negra Cándida José, por aquellos días, olvidó sus achaques.

—¡Y que en la casa quiero silencio, ¿sabe?, mucho silencio, que el muchachito duerme y la mamá tié que escansá!

En la casa, la única persona que gritaba era la negra Cándida José. La catira Pipía Sánchez, para dormir, tenía que taparse la cabeza con la almohada.

El peón Jesusito Moisés era ahijado de don Job Chacín, el bendito de La Yegüera, que no había muerto, pero que estaba viejo y torpón y medio sordo. Don Job Chacín, durante el embarazo de la catira, solía ir a visitarla, a ver qué tal iba llevando el coroto. El peón Jesusito Moisés le acompañaba y, un día cualquiera, echó el ancla y se quedó, ya para siempre.

—Aquí me faltan brazos, ¿sabe? Pué usté entrá a la faena, si le paecen güenas las condiciones.

—Sí, misia, sí que me lo paecen.

—Pues ya ta to hablao; preséntese a Feliciano Bujanda, pues.

Feliciano Bujanda era el caporal de Potreritos.

—Güeno, Jesusito Moisés...

—Güeno, misia, le toy a la orden.

La catira Pipía Sánchez, esperando la llegada del hijo, se puso, ¡tan delgadita ella, tan esbelta!, hinchada y tirante como un palomo buchón. Don Job Chacín, mirándola, se santiguaba.

—¡Ajá, catira, que pa mí que vas a traé morochos!

—¡Y éjelos vení, don, que la casa anda y como que emasiao vacía y sin sustancia...! ¡Más valen dos que ninguno, pues!

—¡Verdá, niña! ¡Peo a mí me paece que tú vas a traé más y que te van a sacá retratá en los diarios!

La catira Pipía Sánchez procuraba sonreír.

—¡Qué vaina e broma, don!

La catira Pipía Sánchez, algunas veces, lucía apagada y triste como un cabito de vela. Don Job, para ahuyentarle los malos pensamientos, le refería divertidas historias de su juventud —jocundos chismes de curas, de boticarios y de generales— y le cantaba, con su amorosa voz y con su mal oído, las coplillas que le hacían espantar las negras ideas.

—Guá, catira, que allá po mis años se ecía un verso que a ti te viene, ahorita, que ni pintao, ¿sabes?

—Ígalo, pues.

—Y sí que te lo igo, niña, que paece jecho como e encargo.

Don Job Chacín puso la carita pícara y se hizo compás golpeándose la rodilla con los dedos.

—Allá va, pues...

Don Job Chacín se arrancó.

¡Ah, catira! ¡Bien, catira
con tus ojos como un gato!
¡Que tienes una barriga,
que si no son tres, son cuatro!

La catira Pipía Sánchez fue, sin duda alguna, un poco cruel.

—¡Que ya lo supe, don, que ya lo supe...!

La catira Pipía Sánchez, por vez primera desde la muerte de don Juan Evangelista, soltó una carcajada. Hizo algo raro oírla, así de repente.

Los hatos de la catira Pipía Sánchez llegaban, apoyándose el uno en el otro, desde el caño Caballo al Orituco. La catira Pipía Sánchez mandó llamar al caporal Feliciano Bujanda.

—¡Guá, Feliciano Bujanda, pues, mié lo que he tutumiao...!

La catira Pipía Sánchez, con un gesto, indicó al caporal que se sentase. El caporal se sentó, mismo en el bordecito de la silla.

—Gracias, misia.

—No hay que dalas...

La catira Pipía Sánchez empezó a hablar despacio y en voz muy baja. El caporal Feliciano Bujanda hizo esfuerzos por enterarse bien y no perder ni una sola palabra.

—Tóa la tierra hay que juntala, caporal, ¿sabe?, que si no la juntamos va a terminá to esto en una guachafita, pues...

Feliciano Bujanda se quedó pensativo. A Feliciano Bujanda, para pensar, se le subía una ceja.

—Güeno, misia, y que a mí me paece, pues, y que la tierra ya ta tóa juntá... Güeno, o es que no habré comprendío lo que me quiso ecí...

La catira Pipía Sánchez, meciendo la cuna de Juan Evangelista con el pie, cobraba un raro aire sosegado y solemne.

—Guarde la ceja, pues, Feliciano Bujanda, que se le va a ispará.

Feliciano Bujanda se azaró. A Feliciano Bujanda, el ama Pipía Sánchez le sobrecogía el ánimo.

—¡Guá, y que es una mujé como e el otro mundo! —solía pensar.

La catira Pipía Sánchez disimuló.

—La tierra hay que juntala e el to, caporal...

—Sí, misia.

La catira Pipía Sánchez se puso a mirar para el suelo.

—Y la tierra no ta junta, ¿sabe?, hasta que no ta junto el ganao...

—Sí, misia.

La catira Pipía Sánchez tenía, aquella mañana, el hablar apagado y monótono.

—Y el ganao hay que juntalo, Feliciano Bujanda, pa que no se riegue pu el llano...

—Sí, misia.

La catira Pipía Sánchez levantó la cara.

—Pues, claritico que sí, caporal, aistá. Y pa que el ganao se junte no vale marcalo con tres jierros distintos, ¿sabe?

—Sí, misia.

A la catira Pipía Sánchez, le saltó un brillo veloz en la mirada.

—Que si el amo es uno, también debe selo el jierro, pues...

—Sí, misia.

La catira Pipía Sánchez señaló al niño Juan Evangelista, que dormía debajo del mosquitero.

—Y el amo es este cachorro, caporal, que usté ve tan mansito. ¡Éjelo que crezca, Feliciano Bujanda! El muchacho carga güena sangre en las venas...

—Sí, misia.

La catira Pipía Sánchez tocó la campanilla.

—¡Negra, tráeme un whisky con yelito, pues!

La negra María del Aire contestó desde dentro.

—¡A la orden, misia!

La catira Pipía Sánchez continuó.

—Feliciano Bujanda, el jierro lo voy a cambiá, ¿sabe?

—Sí, misia.

—Y usté va a se el encargao e fundilo...

Feliciano Bujanda sintió esponjársele esa cola de pavo real que llevan los caporales pegada al alma.

—¡Guá, misia, y que ya pongo pu obra que lo haré mejó que naide, pues...!

Para hacer sitio a la cola de mil pintadas plumas, Feli-

168

ciano Bujanda ladeó una ñinguita el trasero. La catira Pipía Sánchez se dignó sonreír.

—¡Ah, Feliciano Bujanda, y no me sea tan alabancioso, pues, que ya pasó el tiempo e los guaparrandones!

—No, misia, que es deseo e complacela lo más bien y como es mandao.

La negra María del Aire entró con el whisky de la catira.

—Guá, misia Pipía, ispense, pues, que ña Candidita me manda ecile, ¿sabe?, que el yelo no es güeno pa criá... Que no me lo quiso poné, mi ama, que ña Candidita me manda ecile que el agüita ta bien fresca, ¿sabe?, y que ella no quié un muchachito mamantón, pues...

La catira Pipía Sánchez se encogió de hombros. La catira Pipía Sánchez tenía cosas más importantes en qué ocuparse.

—Güeno, María e el Aire, deje a ña Candidita que se entretenga; busque que se le voltee, pues, y tráigame el yelo.

La negra María del Aire salió de la pieza.

—Sí, misia, le toy a la orden...

La catira Pipía Sánchez dio un sorbito al whisky y se encaró de nuevo con el caporal.

—Pues, sí, Feliciano Bujanda, como le igo: usté va a fundime el jierro nuevo. Aquí lo tengo pintao.

La catira Pipía Sánchez alzó el mosquitero y buscó debajo de la almohada de Juan Evangelista. En un papel doblado en cuatro dobleces, la catira Pipía Sánchez, la noche anterior, se había entretenido —la punta de la lengua fuera, para que le saliese bien, y una lágrima en cada ojo— en dibujar el hierro que marcaría, de ahora en adelante, al ganado que naciera en sus pagos. Y al que a sus pagos viniera a empatiarse.

La catira Pipía Sánchez mostró el papel a Feliciano Bujanda.

—¿Le gusta, Feliciano Bujanda, verdá que es un jierro lindo?

Feliciano Bujanda lo miró, casi con emoción.

—Sí, misia, muy lindo. ¡Ojalá que traiga la suerte al muchacho!

—Y la traerá, Feliciano Bujanda, lo ha e ve... Jace quince o diez y seis años —usté estaba entoavía en Santa Rita e

Manapire— también cambié el jierro y me dio güen resultao, ¿sabe?

Feliciano Bujanda no dijo, como solía:

—Sí, misia.

Feliciano Bujanda se calló. A Feliciano Bujanda, por dentro, le corrió una extraña agriura.

El hierro nuevo de la catira era así:

$$\mathcal{P}$$

—Una jota y una pe; con la e de Evangelista iba a queá ya el jierro muy complicao.

La negra María del Aire entró, puso yelo al whisky de la catira y se volvió a marchar, todo —cosa rara— sin abrir la boca.

La negra María del Aire, en el fondo de su conciencia, estaba un poco avergonzada de haber andado buscándole las vueltas a la negra Cándida José, para engañarla. La negra María del Aire, aunque no se sentía con autoridad para decirlo, también pensaba que el yelo no era bueno para criar.

—Y a tóa esta tierra, Feliciano Bujanda, pa juntala bien juntá e el to, tampoco se la pué llamá con tanto nombre como tié, ¿sabe? Que si el hato Potreritos..., que si el hato e el Pedernal..., que si el hato Coracero Largo..., que si el hato Primavera... To esto es una periquera, Feliciano Bujanda; yo he pensao que más vale nombrala con un solo nombre, ¿sabe?, que si la tierra es una, y el amo es uno, y el jierro es uno, no es de ley que los nombres sean cuatro.

Al caporal Feliciano Bujanda se le encogió el ánimo otra vez.

—¡Guá, y que ésta es una mujé como e el otro mundo! —volvió a pensar.

El caporal Feliciano Bujanda reaccionó.

—¿Y ya le tié el nombre buscao, misia?

La catira Pipía Sánchez se puso en pie.

—Sí, Feliciano Bujanda, ya se lo tengo buscao. Ahorita lo que hay que jacé es ecíselo a la gente, pa que lo repita.

—Sí, misia.

La catira Pipía Sánchez tragó saliva, quizás para que no le temblase la voz.

—Que tóa esta tierra, Feliciano Bujanda, se va a llamá, desde ya en adelante, la Pachequera...

A Feliciano Bujanda le saltó a la memoria el siniestro recuerdo de la Rubiera, nombre que también anduvo por aquellos dilatados horizontes del Guárico. La catira Pipía Sánchez lo adivinó.

—Y no me piense, pues, en la Rubiera, Feliciano Bujanda, ¿sabe? La Pachequera ha e se to lo contrario, lo ha e ve... La Pachequera tié que se la tierra más sosegá e el mundo...

La catira Pipía Sánchez creyó, por un momento, qué se desvanecía.

—Y no me piense en la Rubiera, pues... Por vida suyita, Feliciano Bujanda, no me piense en la Rubiera...

Feliciano Bujanda dejó de pensar en la Rubiera. Feliciano Bujanda volvió a pensar —y con más fuerza que nunca— que la catira eía, efectivamente, una mujer como del otro mundo. Al caporal Feliciano Bujanda se le subió la ceja hasta más arriba de media frente. La catira Pipía Sánchez lo miró.

—Guarde la ceja, pues, Feliciano Bujanda, que ya le igo que se le va a ispará. ¿En qué piensa, pues?

A Feliciano Bujanda le empezaron a doler los oídos.

—No, en na, misia... En na pensaba, pues... Ta bien buscao el nombre, ¿sabe?, ta muy rebién buscao...

En 1926 —hace, exactamente, veintiocho años— nació Feliciano Bujanda en Santa Rita de Manapire. Presentación Bujanda, su papá, también era santarriteño. Su mamá, no; su mamá, que se llamaba Guadalupe Benigna, era de El Rastro, más allá de Calabozo, y había llegado a Santa Rita como camarera de misia Chabelonga, la mamá de la catira Pipía Sánchez.

—Te tengo buscao un mozo regulá pa novio, Guadalupe Benigna, te lo voy a mandá traé, pa que lo conozcas antes de que te cargue pa la vicaría.

—Güeno, misia, lo que usté mande.

Misia Chabelonga llamó a Presentación Bujanda.

—¡Ah, Presentación Bujanda, pues, que aquí le tengo preparaíta una forastera, ¿sabe?, que pa novia no tié precio! Se la voy a presentá, ¿sabe?, y después me se van los dos, toitico derecho y sin torcerse, ¿sabe?, pa la vicaría.

—Güeno, misia, y que yo le toy a la orden.

Guadalupe Benigna y Presentación Bujanda se casaron y tuvieron siete hijos, todos varones: Publio, León, Leónidas, Leonardo, José María, Lino y Feliciano. El más famoso de todos fue Publio, el mayor, que puso una heladería en Maracaibo —Publio's Ice Cream— con la que ganó una fortuna de muchos miles de fuertes. Leónidas también destacó, pero en el campo de las letras; de él es el conocido soneto "Jamás la parca inexorable y fiera", compuesto con motivo del óbito del doctor Eligio Rivero, jurisconsulto que tuvo mucho nombre en San Juan de los Morros y que murió a consecuencia de ingerir un fresco en malas condiciones. Los otros hermanos salieron ya más corrientes.

Presentación Bujanda fue maraquero de mérito y cantor que campeó con sus artes por todo el llano. Presentación Bujanda, con Ildefonso Ramos (arpa) y Helios López (cuatro), obtuvo un premio en el Certamen Musical de Panamá, a donde lo llevaron con todos los gastos pagados. Presentación Bujanda era tercio ocurrente, aunque respetuoso, y jamás tuvo una cochina a medias con nadie.

—A mí éjeme e vainas —solía decir—, lo que yo quieo es cantá y que no me frieguen, ¿sabe? A mí no me venga con chocancias, cuñao, que yo soy músico...

Presentación Bujanda también sabía contar miedosas historias del llano, atemorizadoras fábulas de brujas y de aparecidos.

Presentación Bujanda, que era un actor de temperamento, ponía, a veces, cara de caimán.

—En tiempos del catire Páez, güeno, jace ya un pilandón de años, un Rubio e la Rubiera vendió su alma a Guardajumo, pues, pa que le ganase los pleitos y no diera sosiego a sus vecinos. ¡Brrr...!

Sus hijos, aunque ya tenían el cuento muy oído, se estremecían al escucharlo.

—...Mié, ño Guardajumo, le habló, que a mí que no me coge la zorra pa ganá el rial, ¿sabe?, y que si usté la quié pa algo y la paga bien, pues, yo le vendo mi alma, ¿sabe? ¡Brrr...!

A Feliciano Bujanda, cuando estaba muchacho, se le ponían los cabellos de punta al sentir los ¡brrr...! de su papá.

—...Y ño Guardajumo, ¡ah, qué tronco e ladrón hereje!, rompió a forreá, pues, y le compró el alma al Rubio e la Rubiera por mil pachanos de puritico oro. ¡Brrr...!

Presentación Bujanda accionaba con maestría.

—...Y pasaon los días..., y pasaon los meses..., y pasaon los años..., güeno, y el Rubio e la Rubiera jué y se murió. Al Rubio e la Rubiera le tomó la económica y como, manque había vendío su alma a Guardajumo, era e carne mortal, como toitico cristiano, se puso jipato, jipato, y panquió. ¡Brrr...!

Presentación Bujanda, juglar del Guárico, bizqueaba para dar mayor fuerza al coroto.

—...Y ño Guardajumo, ¡ah, qué palo e marañista!, que taba a la pará, ¿sabe?, se le chocó y le ijo: güeno, Rubio e la Rubiera, pues, que aquí le vengo a cobrá esa cuestión, ¿sabe?, y que ya ta usté ganando pa la caldera eterna. ¡Brrr...!

A Feliciano Bujanda, lo de la caldera eterna, le producía una prendesón por el gañote.

—...Peo el Rubio e la Rubiera, pues, empezó a llorá sangre po los ojos, ¿sabe?, que era la sangre e los esclavos, güeno, y ño Guardajumo, ¡ah, qué zosco e bolero!, lo cambió e sitio. ¡Brrr...!

Presentación Bujanda lo hacía tan bien que llegaba a echar espuma por la boca.

—...Usté me se va pal caño Caballo, ¿sabe?, destinao e caimán, le ijo ño Guardajumo al Rubio e la Rubiera, y a tóo el que le brinque pu allá, pues, me lo devora. ¡Brrr...!

Feliciano Bujanda atendía aquel trozo sin respirar.

—...Y me lo manda, pues, pa mi hato e la fogarera e los infiernos. ¡Brrr...!

Presentación Bujanda —lo tenía todo muy bien estudiado— ponía punto final levantando, airosamente, la cabeza.

—...Y esde entonces, en el caño Caballo, le hay un caimán catire que a naide eja escapá, pa que no lo lleven a él, a mero palo, castigao pa la caldera eterna. ¡Brrr...!

Presentación Bujanda ahuecaba la voz.

—...Y ese caimán catire es el Rubio e la Rubiera, pues, que vendió su alma a ño Guardajumo por mil pachanos de puritico oro, ¿sabe?, pa que le ganase los pleitos y no diera sosiego a sus vecinos. ¡Brrr!

Presentación Bujanda, tras el último ¡brrr...!, soltaba una estrepitosa carcajada.

—¡Y no me se pongan enseriaos, güeno, que to esto jué jace ya un pilandón de tiempo!

Después, Presentación Bujanda tomaba las maracas.

> *El oficio e maraquero*
> *es oficio condenao;*
> *pa toítos hay asiento*
> *y el maraquero, parao.* ·

Presentación Bujanda, en el fondo, era un coñón redomao.

La negra Cándida José, desde que la catira había instalado planta eléctrica y nevera, se pasaba las horas muertas chupando yelo.

—¡Guá, que es güeno esto e el yelito, ¿sabe?, y cómo no lo habrán inventao antes!

Cuando Juan Evangelista ya anduvo solo y podía llegar, merodeando, hasta la cocina, la negra Cándida José, a escondidas de todos, empezó a aficionarlo al yelo.

—¡Ah, patroncito, lamba, pues, que esto es güeno pal estantino e los muchachitos! ¡Un yelo to e guarapo e piña le he e prepará yo al patroncito, si da un beso a su negra!

Juan Evangelista, chupando dulce, daba a la negra Cándida José todos los besos que le pedía.

—¡Ah, que es cariñosón el muchacho, comae, que es tal y como una estrella e el firmamento! ¡Ah, qué patroncito más jodío nos ha caío e el cielo! ¡Qué bordón más querío!

La negra Cándida José se había jurado no morirse hasta casar al patrón.

—¡Una princesa pa señora, le tengo yo que buscá!

La negra María del Aire hacía el coro a la negra Cándida José. Para la negra María del Aire, la negra Cándida José —la prestigiosa negra Cándida José, la influyente, la útil, la decidida— era algo tan respetable y exacto como el oráculo.

—¡Y que no se merece menos el señorito, ña, que no hay más que velo mamá el dulce, pues, pa que se le claree la vitola!

—¡Y usté ha hablao peo que muy bien, comae! ¡Peo que e lo más bien ha hablao usté, pues! ¡Que yo le pienso lo mesmo!, ¿sabe?, ¡que al muchachito se le mira la vitola al caminá, no más! ¡Aistá...!

Jesusito Moisés era tercio entrón y sonriente, que lo mismo servía para un roto que para un descosido. Jesusito Moisés era del mismo pueblo que don Job Chacín.

—¿E La Yegüera?

—¡Eso es, compae, e La Yegüera! ¿Es que no lo sabía?

Jesusito Moisés era capaz de soltar de corrido un centón de versos del poeta Leandro Loreto Moncada, cantor de las tradiciones vernáculas. El poeta Leandro Loreto Moncada —gloria local de La Yegüera— se había quedado patojo, quince o diez y seis años atrás, del golpazo que le pegó un potranco al botarlo por las orejas. Desde entonces, el cantor de las tradiciones vernáculas rimaba versos casi a diario. Esto de la poesía es un entretenimiento muy para cojos; además, y a pesar de lo que digan, no hacen daño a nadie. Al poeta Leandro Loreto Moncada, antes, cuando aún no balanceaba una pata al andar, solían decirle, simplemente, el bachiller Leandro Loreto Moncada.

—¡Guá, y que también jué ocurrencia la suya! ¡Y quién le habrá mandao, a ese firifirito e bachillé, metese a pión bestiero, pues...!

El poeta Leandro Loreto Moncada tenía una prima a la que también le daba por lo poético, aunque no hacía vernaculismo, sino más bien poesía amorosa: al sentir tu piel cálida, o tu cabello undoso, o tu lengua de fuego, o tus tibios senos de alabastro, etc. La prima del poeta Leandro Loreto Moncada se llamaba Cecilia y los lengualargas de La Yegüera decían que si tal y que si cual; más vale no hacerles ni puñetero caso. El peón Jesusito Moisés, aunque entendía de sobra que hay amores imposibles, se hubiera dejado matar por defenderla. Misia Ángeles Luz, una tía que tuvieron los poetas, había muerto hace ya varios años, hinchada y con la piel tersa y tirante como un odre lleno. Don Job Chacín estaba muy preocupado con el diagnóstico.

—¡Guá, y que pa mí la vieja ha reventao e la hermosura, pues!

—¡Y no, don, que ese es mal del ganao!, ¿sabe?

—¡Manque lo sea, compae, manque lo sea, pues...!

El peón Jesusito Moisés era ahijado de don Job Chacín. El peón Jesusito Moisés se había quedado solo en el mundo, cuando estaba muchacho, y el clérigo don Job, que tenía siempre un poco más de lo que necesitaba, según decía, se apiadó de él y lo metió en la casa.

—¡Tú verás cómo te portas, pues! ¡Como te me pongas lidioso, güeno, te boto a tanganazos! ¿Sabes?

—¡Sí, don, que no me habrá e botá, lo ha e ve!

Cuando murió de viejo el zuraguo *Liberal*, la alhaja de don Job Chacín, el peón Jesusito Moisés pasó por un mal momento. Don Job estaba rabioso por haberse quedado sin el potranco, y al peón Jesusito Moisés le tocaba aguantarlo y pagar las consecuencias.

—¡Ah, qué lavativa! ¿Y po qué no me le has purgao, pues? ¿Y po qué no me le has sangrao, güeno, pa que botase el mal? ¡Ah, qué vaina e mamaera e gallo! ¿Y po qué no me le has dao la yerbita, pues? ¿Y po qué no me le has puesto esinfectante en el agua? ¿Eh? ¡Habla, pues...! ¿Es que no tiés na que ecí? ¿Es que no te se ocurre na?

El peón Jesusito Moisés no hablaba. El peón Jesusito Moisés callaba a todo. El peón Jesusito Moisés conocía bien al curiepe. El peón Jesusito Moisés, para vengarse, le caía a patadas y a lufres al cadáver de *Liberal* que, tumbado en unos quilombos de las afueras, esperaba, pacientemente, a que se lo comieran los zamuros.

—¡Ah, qué cachivache e potro! ¡Y cómo se calentó el amo con su esaparición! ¡Ah, y qué varilla e fiebre la que le jué a tomá!

El peón Jesusito Moisés tenía la cara aindiada. El peón Jesusito Moisés era hijo de zambo y portuguesa. Su papá, Divino Pastor Manueles, por mal nombre *Zamuro renco,* había sido un muérgano velón, renegrido y papujo, salido de nadie sabe dónde y que, después de moverse más que un bachaco por todo el llano, se había chocao a La Yegüera para mal de todos y desgracia de Esmeraldinha Oliveira, la mamá de Jesusito Moisés, y de su familia.

—¡Guá, que es historia triste, compae!

—¡Y no, don, que aún las hay más, güeno, mucho más!

El caso fue, según aseguran quienes lo saben, que Divino Pastor Manueles, alias *Zamuro renco,* era lo que se dice un hombre de pandorga, un tercio guapetón y amigo de meterse en sampableras y bochinches y, por lo que se ve, sujeto poco recomendable. El mote de *Zamuro renco* se lo habían colgado, la mitad por eso del color y la otra mitad por aquello de que tenía una pata seca y escurrida igual que pitoco de leña, que le quedó como recuerdo —¡mal recuerdo!— de que, durante años, hubo de padecer una lora de pus en la verija o en la cadera, no se sabe bien, que le hizo sufrir mucho y que le avinagró el carácter y le torció las inclinaciones; la cosa, bien mirado, no era para menos.

Zamuro renco no había nacido en La Yegüera. *Zamuro renco* había nacido en Tumeremo, en la Guayana, y en La Yegüera, quizás para disculparse de ser cuna de tanta maldad, siempre lo habían visto como un extraño. Al principio de llegar a La Yegüera, *Zamuro renco* se portó bien. Lo malo empezó en el velorio del licenciado Roque Nieves. Lo que decía misia Ángeles Luz, tan atinada y ocurrente:

—¡Ah, qué vaina! ¡Si este Roque Nieves, siempre tan vejigón, pues, no elige el día e San Pedro pa espegase pal otro mundo, ¿sabe?, a lo mejó *Zamuro renco* nos hubiera ahorrao to esto e andá singando a la gente sin más ni más! ¡Güeno, el destino que lo quiso, pues...! ¡El destino, ¿sabe?, que es caprichosón...!

En el velorio del licenciado Roque Nieves, *Zamuro renco* empezó a beber y cuando estuvo ya bien templado se metió en la pieza de las señoras.

—¡Vengo a buscá una cobija e resuello, pues, que en la población ha habío una baja y hay que sustituíla...!

Zamuro renco no pudo dar fin a su discurso porque las señoras se espantaron y empezaron a gritar y los caballeros, todos a una y como si estuvieran esperando la ocasión, le cayeron a palo y lo botaron, medio espaletao, a la puritica calle.

—¡Ah, qué coño e madre e zambo, que samplegorio armó!

—...Y con con el li li licenciao e cu cu e cu cu e cu cu cuerpo pre pre presente, pues...!

Dorindo Eliecer Vásquez R., el amanuense de la jefatura, era algo tartaja.

—¡Y que ya se ice, compae: haz bien y aguarda el leñazo!

—¡Ya, ya...! ¡Guá, qué zambo malagradecío...!

—¡Y que son toiticos iguales, cuñao, toiticos cortaos pu el mesmo esqueleto...!

El catire Gutiérrez tenía sus ideas propias sobre la gente de color.

—¡Ah, qué zambo ideático!

Don Job Chacín tuvo que intervenir para que la cosa no pasara a mayores porque las fuerzas vivas, a las que había tomado la calentazón, querían darle una soba, para escarmentarlo.

—¡Una so so soba que pa pa que pa pase a la histo to a la histo to a la histo toria...!

—¡Ejénle, pues, que va tajao...!

—¡Manque lo vaya, don, que ha faltao al respeto a las señoras...! ¡Manque lo vaya...! ,

Don Job procuró aplacar los ánimos. Don Job, a veces, hacía bastante buen diplomático, un diplomático a la antigua, esa es la verdad, pero eficaz.

—¡Guá, que el tercio va hecho tiestos! ¡Éjenle, pues, les digo...! ¡Es un irresponsable...!

—¡Manque lo sea, don, manque lo sea...! ¡Que ha faltao al respeto a las señoras...!

—¡El orden pu pu pu el orden pu pu público hay que gu gu gu hay que guardalo!, ¿sa sa sabe?

Mientras los asistentes al velorio discutían, sucedieron tres cosas: que las señoras hicieron cola en el excusado; que el licenciado Roque Nieves, muerto y entre cuatro velas, se quedó más solo que un hongo, y que *Zamuro renco,* puesto en el disparadero, rompió a hacer fechorías y perreras, una detrás de otra.

Lo primero que al zambo se le ocurrió fue ir a ver al portugués Cruz Oliveira, el papá de Esmeraldinha. Divino Pastor Manueles, más conocido por *Zamuro renco,* estaba encuerao —al menos eso se decía por La Yegüera— con Esmeraldinha, con la que tenía, según se rumoreaba, unos sebos, y algo más de unos sebos, de pronóstico fácil de adivinar. *Zamuro renco* fue a ladrarle en la cueva al portugués.

—¡Guá, musiú, párese e el chinchorro, pues, que le vengo a llevame, pa mí pa siempre, a esa ridiculeza e niña jechita que usté tié! ¿Sabe?

El portugués, con las guías del bigote erguidas como las de un alabardero, se paró del chinchorro y se encaró con *Zamuro renco.*

—Mire, señor Divino Pastor, déjeme en paz, que yo no me meto con nadie. Haga usted el favor de salir.

Zamuro renco soltó una carcajada.

—¡Guá, qué musiú más refino y entrefino...! ¡Y tan vitoquito, güeno, que no paece portugués...!

Zamuro renco, que casi no se tenía, empezó a hacer reverencias.

—Le vengo a pedí la mano e la señorita, lo más respetuosamente...

A *Zamuro renco*, quizás por los esfuerzos que hizo para aflautar la voz, le dio la vomitona. El portugués Cruz Oliveira se sobresaltó.

—¡No me devuelva usted en las papas, señor Divino Pastor, ni en las caraotas...! ¡Hágame la merced de arrojar en las baldosas, señor Divino Pastor, se lo ruego...!

Zamuro renco le vomitó las papas y las caraotas. *Zamuro renco* puso perdida la ratonera del portugués y al portugués se le nubló la vista. El portugués, que era hombre de oficios varios, tomó una lezna de zapatero, y *Zamuro renco*, que a pesar de la pea vio venir el peligro, se descinchó el cinturón de gruesa hebilla de metal.

El zaperoco que se armó fue, sobre poco más o menos, el que cabe suponer. Los hombres se zurraron, la tienda quedó medio en ruinas y el lío de *Zamuro renco* con la portuguesa, que ya se murmuraba, tomó estado oficial.

—¿Lo ve, pues, como era verdaíta e la güena?

—¡Y sí que lo es, que yo nunca lo negué...!

—¡Güeno, peo tampoco lo quería creé...! ¿Sabe?

El portugués dejó un ojo en la reyerta, de un mamonazo de mala suerte que recibió. *Zamuro renco* —¡ah, qué palo e alpargatúo!— se acercó a la ventana de su amor. *Zamuro renco*, que también había cobrado lo suyo, se dejaba el pelero en la voz.

> *Yo soy como el espinito*
> *que en la sabana florea;*
> *le doy aroma al que pasa*
> *y espino, al que me menea.*

Zamuro renco, en el fondo, era muy presumido. A la portuguesa la echaron de su casa. *Zamuro renco*, antes de que le formaran un zorro, se despitó a correr, por el llano abajo; allí en aquel momento, día de San Pedro de 1930, empezó *Zamuro renco* a sembrar la desgracia. Al cabo de unos años se dejó de hablar de él; es posible que se hubiera muerto. La portuguesa Esmeraldinha, cuando la echaron de su casa, pasó las verdes y las moradas. Al poco tiempo nació, en el ranchito de unos indios piadosos, el niño Jesusito Moisés. Esmeraldinha murió nueve o diez años más tarde. Entonces fue cuando don Job Chacín le abrió la puerta de su casa al muchacho Jesusito Moisés.

—¡Tú verás cómo te portas, pues! ¡Como te me pongas lidioso, güeno, te hincho el pelo e poporos! ¿Sabes?

—¡Sí, don, que no me habrá e hinchá el pelo, lo ha e ve!

Jesusito Moisés salió bueno y algo sentimental, como su madre; igual pudo haber salido hecho un badulaque. La negra Cándida José lo trataba bien, le servía copitas de aguardiente, le ponía mercuricromo en los cantazos que le atapuzaba Juan Evangelista...

—¡Ah, que es un pión muy redisciplinao, comae, un tercio e confianza, ¿sabe?, este pión Jesusito Moisés es un Juan Bimba e mucha responsabilidá...!

Feliciano Bujanda estaba preocupado con el hierro nuevo. Feliciano Bujanda quería que las cosas salieran bien. Feliciano Bujanda, con la ceja más subida que nunca, se metió en la fragua, a fundir el hierro nuevo por su propia mano. Feliciano Bujanda era mejor caporal que herrero y el hierro nuevo le salió un poco torcido. El hierro nuevo que fundió Feliciano Bujanda para la Pachequera tenía, más o menos, esta forma:

—No me gusta, Feliciano Bujanda, paece un sable... Yo no quiero que un sable sea la marca e mi ganao, Feliciano Bujanda... En la Pachequera los sables hay que enterralos, Feliciano Bujanda, ¿sabe?... El jierro me lo funde, güeno, hasta que acierte... Pa esto no tengo emasiada prisa, Feliciano Bujanda, pues... Lo ifícil era la ecisión, Feliciano Bujanda, y la ecisión ya ta tomá, ¿sabe?

Feliciano Bujanda, con los cinco sentidos puestos en el hierro nuevo, acertó a los varios intentos. El hierro nuevo al que la catira no tuvo reparos que oponer, era así:

—Ése es lindo, Feliciano Bujanda, y bien trazao... Y panzuíto como la marca e la abundancia... Ése me vale, pués... Lo ha fundío usté muy bien, Feliciano Bujanda, ¿sabe?
A Feliciano Bujanda volvió a picarle la cola de pavo real.
—¡Gracias, misia...!

Aquella noche, el caporal Feliciano Bujanda se llegó hasta el conuco antes, mucho antes de lo que acostumbraba. La espera de la negra María del Aire se le hizo una eternidad, al caporal Feliciano Bujanda.
—¡Guá, esta negra e el carajo, que ya poía habelo adivinao...!
El caporal Feliciano Bujanda, para entretenerse, rompió a cantar una canta delicada, bullanguera y alegre, como el cachondo, destrozador y confuso amor de la juventud: igual que el añorante, el tiernísimo, el desconsolado, el siempre defraudado, amor de la juventud.

> *No estés triste, corazón;*
> *no seas tan embelequero.*
> *Que si te han dado mal pago,*
> *no serás vos el primero.*

Al corazón del caporal Feliciano Bujanda, la negra María del Aire no le había dado mal pago. Pero la copla es la copla, y hay que respetarla.
La negra María del Aire tenía catorce años. La negra María del Aire era espigada y cimbreña como la negra sombra de la palma real. La negra María del Aire llegó en punto

182

y exacta. La negra María del Aire no tenía reloj. La negra María del Aire tenía instinto. En algunas cuestiones, las negras son más puntuales y exactas que las blancas.

—¡Ajá, morenitica María e el Aire, mi amó, güeno, que el ama me ha felicitao, pues, pu el jierro...! ¡Que al ama le ha gustao, pues, lo bien fundío que me salió! ¿Sabes?

El caporal Feliciano Bujanda se sentía rebosar de satisfacción. La negra María del Aire, quizás por eso de que entre dos que bien se quieren, etc., también.

—¿Y, sí, Feliciano, y a usté se lo ijo, pues...?

—¡Y, sí, morena, que a mí me lo ijo e lo más claritico que se pué ecí, pues...!

La negra María del Aire y el caporal Feliciano Bujanda, se amaban medio en secreto. La negra María del Aire y el caporal Feliciano Bujanda también se amaban violentamente, intensamente, agobiadoramente.

—Con el estonao e lo más bien afilaíto te he e cortá el guargüero, pues, pa que no pueas hablá con naide...

—¡Y córtemelo, pues, mi·amó...!

—Y con los deos te he e sacá los ojos...

—¿Pa que no puea mirá a naide?

—No, prenda adorá, pa comémelos, pues, con hallaquitas tiernas, que solítico e tenete al lao, güeno, me toma una carraplana e devorá...

La negra María del Aire y el caporal Feliciano Bujanda se veían todas las noches, a la luz de la luna. La negra Cándida José, cada noche, al volver a la casa la negra María del Aire, le soltaba la eterna y desprestigiada ristra de los sinsabores.

—¡Ajá, criatura, guárdate, güeno, que te va a pegá el plomo!

La negra María del Aire cantaba, al desnudarse.

—¡Y éjelo que pegue duro, ña Candidita, pues, si pega a gusto...!

La negra Cándida José desgranaba su leque-leque sin demasiado entusiasmo.

—¡Peo igualitico te carga con un muchacho! ¿Sabes?

La negra María del Aire se botaba un tobo de agua fresca por encima, al acostarse.

—¡Y güeño, ña, no me se enoje, pues, pu este ñereñere, ¿sabe?, que el muchacho no iba a se un sapito, güeno, que iba a se un cristiano muy relindo...!

La negra Cándida José, medio dormida, agotaba su monserga.

—¡Sí, pues, peo estos piones son tóos muy jochaos, güeno, y no buscan a la negra más que pa gozá!

La negra María del Aire se echaba en el chinchorro sin secarse la piel.

—¡Güeno, manque así sea, pues, que la negra tampoco sufre, ña Candidita, que este es coroto que se ha inventao pa que tóos gocen...!

La negra Cándida José pegaba un respingo.

—¡Ave María Purísima, qué cosas tié una que oí!

La negra María del Aire y el caporal Feliciano Bujanda se veían todas las noches, entre el verde y ruidoso maíz, a la alta luz de las estrellas.

—¿Y el ama le ijo a usté, güeno, eso está peo e lo más bien, Feliciano Bujanda, le felicito, pues?

—¡Y, sí, mi amó, que el ama, güeno, jué y me lo ijo tal y como te lo cuento! ¡Que eso ta muy bien fundío, Feliciano Bujanda, ¿sabe?, y yo le quiero felicitá a usté!

La negra María del Aire y el caporal Feliciano Bujanda, aquella noche, se premiaron con un gran sentido de la responsabilidad.

Dorindo Eliecer Vásquez R., el amanuense de la jefatura, sacó la conclusión de que el poeta Leandro Loreto Moncada era un roliverio e virote.

—Los ve versos los pe pe los pe pega bien, don, yo no no igo que que no, ¡pe pe peo esas pre pre pretensi si siones con la ca catira Pi Pi Pi Pipía Sánchez!

Don Job Chacín, aunque Dorindo Eliecer Vásquez R. no le resultase tercio simpático, le daba algo la razón; le daba la razón, aunque sólo a medias.

—Mié usté, Dorindito...

A Dorindo Eliecer Vásquez R. no le gustaba nada que le dijesen Dorindito. Don Job Chacín, ni por casualidad le llamaba de otra manera.

—Mié usté, Dorindito... Usté ice verdá, ¿sabe? Esta ñarrita e bachillé que nos gastamo po La Yegüera es un zoquete e lo más perfecto que se pué encontrá, güeno, en muchas leguas a la redonda, pues. Peo las pretensiones que tié con la catira, ¿sabe?, son muy e respetá. Los amores contrariaos son mu respetables, Dorindito, ¿sabe? y los amores de la catira Pipía Sánchez los tié el bachillé enconaos de quince años, güeno, o más, ¿sabe?, e cuando pasó su dijunto esposo po La Yegüera, pu el pisao e un caporal marico, no sé si recuerda, que se le había alzao...

—Sí sí sí que re recuerdo.

—Pues eso. Si lo recuerda ya no le tengo que ecí más na. Se pué se zonzorrión y enamorao, Dorindito, no ta reñío, ¿sabe?

Don Job Chacín le solía explicar al licenciado Roque Nieves, con quien hacía tertulia, que Dorindo Eliecer Vásquez R. y el potranco *Liberal* eran primos.

—Míelos despacito, licenciao, los dos tién la mesma cara. Dorindito un poco más espichao, ¿sabe?, peo, míelos despacito, licenciao, los dos tién la mesmitica cara.

—¡Guá, don, qué mamaera...! ¡Y cómo le van a salí primos, pues, un ciudadano y una bestia!

Don Job Chacín seguía la broma hasta el final. Don Job Chacín era llanero de cabuya larga.

—¡Y yo qué sé, licenciao...! ¡Será pu eso e la inseminación artificial, pues... ¡Cosas más raras se están viendo pu el mundo! ¡Y yo qué sé...!

Dorindo Eliecer Vásquez R. estaba casado con una señora de Maracaibo, viuda dos veces, que se llamaba Telefoníasinhilos Fernández. Telefoníasinhilos Fernández, que era una dama gorda, lucida y prepotente, aportó seis hijos al matrimonio, el mayor de once años: Sesquicentenario del Lago, Helicóptero y Supereterodino —los tres de su primer esposo, Libertad de Asociación Gutiérrez— y Tucán, Televisa y Penicilina— los tres del segundo esposo, Wolf Schneider, un alemán albino que llegó a reunir una colección de sellos bastante importante. Los seis niños, como no es difícil adivinar, eran también maracuchos. Telefoníasinhilos Fernández y Dorindo Eliecer Vásquez R., en los dos años que llevaban casados, habían tenido dos hijos: Teodoro y Marino. Don Job Chacín, cuando bautizó al segundo, le gastó una broma al papá.

—Y ahora pu el tercero, Dorindito, y luego a pasá el páramo, pues, que es la costumbre...

Dorindo Eliecer Vásquez R. puso la cara larga.

—No no no, don, dé dé dé déjeme vi vi viví, pues, que te te tengo que cri crialos...

Don Job dio con el codo al licenciado Roque Nieves.

—¡Míelo ahora, licenciao! ¡Mié si no es igualitico a mi potranco!

La tribu de Dorindo Eliecer Vásquez R. vivía de milagro, pero vivía. Dorindo Eliecer Vásquez R. se despertaba cada mañana más escurrido y espiritual. Su señora, en cambio, estaba cada vez más gallarda, más pechugona y hermosa. Los niños se conservaban corrientes.

—¡Yo no no no me lo expli pli plico! —cavilaba Dorindo Eliecer Vásquez R., cuando se detenía a contemplar el panorama.

Don Job Chacín trataba de animarlo.

—Ni se empeñe pu explicáselo, Dorindito, pues... ¡Siempre hay una pila e cosas que naide se explica! ¿Sabe? ¡No le dé más güeltas, Dorindito, que se le va a recalentá la sesera...!

Don Job Chacín veía con preocupación que al poeta Leandro Loreto Moncada no se le curase su inútil y amargo amor por la catira. A don Job Chacín le preocupaban los problemas de sus amigos, aunque sus amigos fuesen dos vegueros como el bachiller y el amanuense de la jefatura.

—¡Y es que no ta reñío se un zonzo e cuerpo entero y enamorase, pues, o queré comé! ¿Sabe?

El licenciado Roque Nieves asentía, con mucha cordura.

—¡Y claro, don, que tóos tién derecho a la vía, pues, y a las libertades jundamentales...!

186

Don Job Chacín, una mañana que vio a la catira de buen humor, intentó sonsacarle algo del cuerpo. Don Job Chacín tenía mucho ascendiente sobre la catira y se atrevía a entrar en unos terrenos que nadie hubiera osado jamás invadir.

—Y que ta bien pensao, niña, ¿sabes?, eso que te se ha ocurrío e juntá la tierra, pues...

—¿Verdá que sí, don?

—¡Y tan verdá, catira! ¡Eso ta peo que muy bien pensao! ¿Sabes? La tierra tóa junta se vigila mejó, pues, y con menos trabajo.

—¡Eso me igo, don, y cómo me alegra oírselo, pues!

La catira Pipía Sánchez, desde la casa de Potreritos, capital de toda la tierra pachequera, gobernaba la hacienda con firme pulso y con la cabeza en su sitio.

—Y que le vide una vaca, misia, que va ya pa dos veces que se ajorra...

La catira Pipía Sánchez no lo pensó demasiado.

—Pa los zamuros, Tanislao, mátela pa los zamuros, pues.

—Ta bien, misia...

Don Job Chacín volvió a tomar la hebra de la conversación.

Don Job Chacín, que conocía bien a la catira, prefirió no entrarle por derecho.

—Paece güen pioncito Tanislao, niña...

—Sí que lo es, don ¡ya lo creo que lo es!

La catira Pipía Sánchez sonrió.

—¡Pu esta tierra ya se va liquidando el muerganaje, don, a juerza e trabajá y andá toitico el día ojo pelao! ¡Pu esta tierra se jila muy fino ahorita, don! ¿Sabe?

Don Job Chacín sonrió también.

—Ya lo veo, niña. Pa mí que esta tierra va a encontrá contigo la prosperidá, ¿sabes?

La catira Pipía Sánchez no respondió. Don Job sacó dos cigarrillos del fondo de su faltriquera.

—¿Quiés un chesterfield?

—Güeno; pu aquí ya le voy prefiriendo el criollo, pues, los capitolios, que están sabrosones, güeno... Émelo pa variá...

Don Job alargó un chesterfield a la catira.

—Gracias.

Don Job, con un chisquero de propaganda, con un chisquero plateado y barrigón, dio candela a la catira Pipía Sánchez.

—Gracias.

Don Job se quedó un rato pensativo, entreteniéndose en echar el humo por la nariz.

—Pues, sí; yo creo que esto e juntá la tierra ha sío un güen acierto, ¿sabes?, esto e juntá la tierra ya se iba necesitando...

A la catira Pipía Sánchez le dio un raro vuelco, un extraño latido el corazón.

—¡Aguaita, catira, que el coroto jiede a gato enmochilao!

La catira Pipía Sánchez paró la oreja. A la catira Pipía Sánchez le dio mala espina que don Job le sacara otra vez el tema a relucir. La catira Pipía Sánchez prefirió guardar silencio, para mejor ver el terreno por el que andaba don Job.

—Y, sí, catira..., ¡y el ganao también se tié más a la vista, pues, más pegao a la mano...!

Don Job empezó a sentir el aire vagamente tembloroso. Pero siguió. A veces hay confusas y misteriosas adivinaciones a las que no se atiende, misteriosas y veladas señales a las que se deja pasar de largo.

—Y, a cuenta e el ganao, ¿también vas a juntá el jierro, niña?

La catira Pipía Sánchez seguía sin asomar la gaita del veladero.

—También, don. Ya lo tengo pintao, lueguito se lo mostraré... Un día e estos voy a mandá fundilo, ¿sabe?

—¡Ajá!

—Yo pienso que le ha e gustá, pues.

Don Job tuvo, de golpe, una gana tremenda de acabar el teatro. Don Job quiso, como una nube que se rasga, vaciar su conciencia.

—¿Y el nombre, niña? ¿Tú has pensao, catira, que a tóos los hatos les iría bien un solo nombre?

La catira Pipía Sánchez se le quedó mirando.

—Sí que lo he pensao, don...

La catira Pipía Sánchez no parpadeó.

—Y, escúcheme, don, ¿qué encomienda es la que usté se trae?

Don Job Chacín mintió, para no sentirse avergonzar demasiado.

—¡Ninguna, niña, te lo pueo jurá!

La catira Pipía Sánchez descansó los ojos. La catira Pipía Sánchez se sintió más fuerte que nunca.

—No jace ni falta, don, ahora le pueo ecí el nombre que le tengo buscao a tóa esta tierra.

La catira Pipía Sánchez, meciendo la cuna del hijo, cobraba un claro aire solemne, sosegado y brillante.

—Tóa esta tierra, don, la quiero llamá la Pachequera..., pa que to el mundo sepa que el amo es Juan Evangelista Pacheco... ¡Míelo, don, míelo si es hermoso...!

Don Job Chacín vio esfumarse la última chance del poeta Leandro Loreto Moncada. Don Job Chacín, también respiró.

—¡Y que lo veamos casao, niña Pipía!

—¡Y que lo veamos casao, don...! ¡Yo ya he cumplío...!

Don Job Chacín no supo interpretar las palabras de la catira.

—...

Juan Evangelista, que aún no andaba solo y que aún no podía acercarse, merodeando, hasta la cocina, aún no era aficionado a chupar el yelito —to e guarapo e piña, mi amó— que la negra Cándida José, con la baba colgando y cuando el tiempo pasase, le había de brindar.

Juan Evangelista, debajo del mosquitero, tan sólo se sentía, casi milagrosamente, vivir: como el agua en la fuente, como la flor de la marinela, como el desorientado canto del pajarito, como el día, como las manos que tocan la tierra misma...

CAPÍTULO II

LA GUAYABA VERDE

QUE no me cabalgues al potranco pavón, pues, te lo tengo ordenao, Juan Evangelista, que te va a quebrá toiticos los güesos!

La catira Pipía Sánchez estaba harta de que el hijo la oyese como quien oye llorar. A la catira Pipía Sánchez, por las sienes, le nacieron, vergonzosas, cautelosas, tímidas, galantes, las primeras canas.

—¡Miá que es trabajo el de andá siempre con esta letanía! ¡Si te derriba el potranco, no te he e curá! ¡Abajo ahoritica mesmo!

La catira Pipía Sánchez se paró, diríase que incluso con violencia. La catira Pipía Sánchez, algo más gorda, no estaba menos hermosa.

—¡Lléguese usté acá, malobediente! ¡Usté ya se jué pa la casa, castigao, pues! ¡Yo a usté no lo conozco!

La catira Pipía Sánchez, cuando tenía que reñirle, trataba de usted a Juan Evangelista. A Juan Evangelista, el que la mamá lo tratara de usted, era algo que le sublevaba. Para consolarse, Juan Evangelista se iba a la cocina, a estrechar lazos con la negra Cándida José.

—¡Guá, que ya me han descabalgao al amito, pues, que ya me lo han cazao jaciendo e pión bestiero...!

Cleofa Taborda, el hijo del mestizo Pedro Apóstol, muerto cuando la berenjena que armó, con sus malas mañas, el

191

caporal Aquiles Valle, se había especializado en las difíciles artes del repostero.

—¿Y e ónde le nació la querencia, pues?

—¡Y yo qué le sé, compae! ¡Sería e aquella piquiña que le hubo e brotá, güeno, po tóa la tripa, pues, y que ice que no la sujeta más que untándola e bienmesabe y e güevito perdío...!

—¡Y que no le es maluca la cura, vale...! ¡Versiá...!

—¡Güeno, que es cura apañaíta, pues, peo el Cleofa es tercio previsivo, compae y bien condenao, ¿sabe?, y se ha dao tamaña habilidá pa que lo crean...! ¡El ama ta en que es el mejó confitero e la República!

—¡Guá, qué piazo e sute...!

El hijo Cleofa —¡ah, qué palo e conejo!—, en el horno y con las manos en la masa, era un as de la lambucería, un maestro en las dulces y delicadas suertes de la confitería.

—¡Y que nunca se le enfuertó el alimento, compae, ni se le voltió melcochúo, ¿sabe?, ni se le sumagó, pues, ni se le mojosió...!

—¡Ah, y con lo funche que taba pal ganao!

—¡Pues ya ve!

El hijo Cleofa y Juan Evangelista eran muy amigos. La negra Cándida José, como es de figurarse, estaba celosa.

—¡Ah, y que no me le esté dando al muchacho to el día, ¿sabe?, que me lo va a poné ajito y con la obraera, pues! ¡Si me se pone malón, güeno, se lo he e ecí al ama, pa que tome sus medías...!

El hijo Cleofa se callaba —el hijo Cleofa se callaba a todo— y hacía la guerra por su cuenta.

—¿Le provoca un poquitico e queso e mano, ña Candidita?

La negra Cándida José se dejaba mimar, aunque procuraba disimularlo.

—Güeno, Cleofa, ¡cómo no! Peo al muchachito no me le esté dando to el día, que me lo va a enfermá, ¿sabe?, que el muchachito es tierno como el jojoto, Cleofa, pues...

—Güeno, ña, ¡ta bien!

El hijo Cleofa, en los quince o diez y seis años que llevaba en la casa, había pasado por todos los oficios. El hijo Cleofa estaba lleno de virtudes y de buena voluntad, pero tenía pocas fuerzas, y el andar vaqueando, para arriba y para abajo, por la sabana, lo dejaba con la lengua fuera.

—Pa mí que el Cleofita se nos ha picao, compae...

—¡Guá, no haga caso, pues, con el ponqué, y el bizcochuelo, ¿sabe?, pronto se le alzará la paleta!

—¡Y pué se, compae, peo yo lo veo y muy tomao po la escupitina, ¿sabe?, y con el andá renqueante, pues, como un pollito pestoso!

El hijo Cleofa había querido forzar a la negra María del Aire; en el hato nadie lo supo.

El hijo Cleofa anduvo envenenando, con sus arrumacos y sus pastelitos, a la negra María del Aire, pero la verdad es que tuvo poca suerte.

—¡Esapártese, pues, gallito piroco, papel quemao, si no quié que le meta un envión! ¿Sabe?

El hijo Cleofa no se desapartó y la negra María del Aire le metió un roliverio e envión que, a poco más, le hace entregar los papeles.

—¡Pa que aprenda a no fregá a las negras!

El hijo Cleofa se quedó atortojado y no supo ni responder. El hijo Cleofa bastante tuvo con sujetarse un ojo que se le quería salir. La negra María del Aire sacaba, a veces, unas fuerzas descomunales, unas pujanzas morrocotudas.

—¡Y váyaseme auntualito e aquí, ¿sabe?, que si se quea le va a se pió...!

Al día siguiente, el hijo Cleofa no se movió del chinchorro. El hijo Cleofa, al día siguiente, ni pidió de comer.

—¡Guá, qué potranca birrionda, cuñao! —pensaba el hijo Cleofa para entretenerse—, ¡qué aburrición de mujé...!

La negra Cándida José, para matar el tiempo, siguió cantando las alabanzas de Juan Evangelista.

—El amito es puro a su taita, comae, sólo que aún le va a sacá una cuarta e alto, ¿sabe?, que el muchachito va pa gigante.

—¡Guá, que ya pué se, ña Candidita, que el retoño paece e güen palo...!

—¡Y sí, comae, peo nosotra no lo hemo e ve, ¿sabe?, ni yo, ni usté...!

—¡O sí, ña, que ahorita se han inventao la ma e cosas güenas pa la salú, pues!.

—¡Manque se inventen, comae, manque se inventen...;

La negra Cándida José pasaba por hondos y amargos baches sentimentales. La negra Cándida José, en aquellos trances, se volvía llorona y añorante.

—¡Ajá, ña Candidita, éjese e lamentase, pues, que usté tié juelle pa presentá entoavía mucha guerra...!

A la negra Cándida José, quizá por agradecimiento, se le escapaba una cautelosa y tímida sonrisa, una sonrisa que casi no lo era.

—¡Y no, comae...! ¡Que yo le soy ya un tereque arrumbao...! ¡Que las viejas ya no tenemo otra salía que la tenazcá e la pelona...!

El moreno Chepito Acuña seguía sin blanquear.

—¡Ah, qué lavativa, esto e se siempre e el mesmo coló...!

Al moreno Chepito Acuña, que había doblado sus años, desde la sangradera del Turupial, aún ni le asomaba el bigote.

—¡Ah, qué palo e vaina, güeno, esto e no tené pelito po la cara, pues, como los blancos, pa ejase una chiva igualitica a la e el dijunto patrón...!

El moreno Chepito Acuña, en cambio, tenía un sombrero nuevo.

—¡Nuevitico e el to, cuñao, que me lo compré con el mono e mucho tiempo! ¿Sabe? ¡Nuevitico e el to, compae, y con el cristalito pegao, que no lo espegué! ¿Sabe? ¡Nuevitico e el to...!

Al moreno Chepito Acuña, su sombrero nuevo le estaba algo grande. El moreno Chepito Acuña, con la emoción, no se dio cuenta, cuando lo fue a comprar, de que su sombrero nuevo le venía algo grande.

—¡Ajá, cuñao, que el muerto era cabezón, pues...! ¿E quién heredó ese peloeguama, moreno, que mesmo paecen dos?

194

El moreno Chepito Acuña era hombre que se consolaba con facilidad.

—¡Envidia que usté tié e mi alón nuevo, cuñao! ¡Puritica envidia...!

El moreno Chepito Acuña no se acostaba con su sombrero nuevo puesto, porque le hubiera quedado la cabeza en el aire.

—¡Que lo va a gastá, moreno, e tanto ponéselo!

—¡Güeno, que se gaste, pues...! ¡Pa eso lo busqué cumplío, ¿sabe?, que más vale tené que deseá...!

El moreno Chepito Acuña, por las noches, soplaba bien soplado su sombrero nuevo; después lo envolvía, bien envuelto, en el mismo papel que le dieron en la tienda, y después lo colgaba, bien colgado, a la cabecera del chinchorro. El moreno Chepito Acuña, con su sombrero nuevo, era el hombre más feliz de toda la Pachequera.

La catira Pipía Sánchez mandó llamar a Catalino Borrego, que seguía en la casa del Pedernal. La catira Pipía Sánchez le explicó a Catalino Borrego sus proyectos.

—Y sobre tóas las cosas, Catalino Borrego, ebemos pensá que la tierra tié que llamase con el nombre e el amo, güeno, ese muchachito que pu ahí le está, ¿sabe?

—Sí, misia, ta bien...

La catira Pipía Sánchez consideraba mucho el parecer de Catalino Borrego.

—Y to lo emás, Catalino Borrego, ¿le paece bien?

—Sí, misia; a mí, sí que me lo paece...

A Catalino Borrego se le notaban los años. A Catalino Borrego se le habían marcado, como marca la navaja el leño, los surcos de la cara. Catalino Borrego tenía el pelo blanco. Catalino Borrego ya no coleaba toros, ni corría cintas, ni bailaba joropo. Catalino Borrego acondicionaba gallos, rasgaba el arpa y jugaba dominó. Catalino Borrego sabía de sobra por qué la catira Pipía Sánchez no le había encargado a él fundir el hierro de la Pachequera.

—Y Feliciano Bujanda ta bien elegío, misia Pipía, ¿sabe? Manque usté no me lo pregunta, güeno, yo se lo quieo ecí. Feliciano Bujanda es tercio e mucha seguridá...

—Yo también lo tengo po bien buscao, Catalino, pues. Yo he señalao a Feliciano Bujanda, güeno, pensando en que el muchachito, ¿sabe?, cuando nos entierre a tóos, no cargue con un asilo e ancianos... La tierra es vieja, Catalino Borrego, peo lo que hay que jacé en la tierra es to nuevitico, ¿sabe?

—Sí, misia.

La catira Pipía Sánchez tenía firme —y quizás un poco cruel— el pulso de gobernar.

—¡Y créame que es doló, Catalino Borrego, mirá cómo vamos pa viejos...!

Catalino Borrego sonrió.

—¡Unos más de prisa que otros, misia!

—¡Güeno, unos más de prisa que otros, Catalino Borrego, pero tóos pa viejos...!

Telefoníasinhilos de Vásquez R., la señora de Dorindito, el amanuense de la jefatura, compuso su tonelaje con el mayor esmero. Telefoníasinhilos de Vásquez R. se enfundó en un vestido color naranja que realzaba aún más sus naturales encantos. Telefoníasinhilos de Vásquez R. se colocó sobre la pechuga un broche con tres piedras brasileras, claritas y muy aparentes. Telefoníasinhilos de Vásquez R., a base de paciencia y gomina, se hizo un peinado de concha, de gran consistencia. Telefoníasinhilos de Vásquez R. se perfumó. Telefoníasinhilos de Vásquez R. se calzó unas sandalias de tiras doradas.

—¡E lo más ateniense que pu aquí se ha podío mirá, don, de lo más clásico que usté ha visto, pues! —le decía el poeta Leandro Loreto Moncada a don Job Chacín, cuando se lo contó.

Telefoníasinhilos de Vásquez R· se pintó las uñas de los pies a juego con las sandalias. Telefoníasinhilos de Vásquez R. se ajustó un cinturón que fingía un reptil mordiéndose la cola. Telefoníasinhilos de Vásquez R. tenía otro que representaba a Saturno comiéndose a sus hijos. Telefoníasinhilos de Vásquez R., por debajo, llevaba un fustansón de nylon, malva y con pequeños lunares amarillos. Telefoníasinhilos de Vásquez R. se santiguó y salió a la calle.

—¡Qué andares, don, más esmeraos...! ¡Qué tongoneo más distinguío, don...! ¡Qué manera e pisá, don...! ¡Qué aplomo, pues, qué elegancia...!

Telefoníasinhilos de Vásquez R. era hermana del beisbolero Armisticio Fernández, el valeroso pitcher de *Los Leones del Bate* (serie profesional), de Matanzas, República de Cuba, y de la famosa rumbera Saludable Fernández, más conocida por los night-clubs del Caribe con los nombres de *El Tornado Cubiche,* que usaba en los cabarets de lujo, y de *El Ardiente Vendaval de Guanabacoa,* que reservaba, cuando las cosas se ponían mal dadas, para las representaciones populares.

Saludable Fernández, que había salido algo alegrona, pasó por momentos de verdadero esplendor. Después se casó con un francés que era músico y que quiso depurar su arte dignificando el ritmo y espiritualizando la cadencia —según declaró en una interviú que le hicieron en Caracas— y, claro es, Saludable Fernández empezó a ir cuesta abajo. Saludable Fernández no levantó cabeza hasta que licenció al francés.

—¡Miá, musiú pendejo, güeno, que ya te fuiste con tu arte pal carajo...! ¿Oíste?

El francés hizo la valija y se fue, con su arte. Según se rumoreaba por la calle 94, Vía Láctea, detrás del cementerio El Cuadrado, barrio de Saludable Fernández, el francés se fue a Barquisimeto, donde puso un restorán, Chez Jean Jacques, que tuvo mucho éxito y que además le permitía tocar el piano y cantar, con su más melodiosa voz, las piezas "Dominó" y "Pigalle" que eran las que más dentro del alma le llegaban. Saludable Fernández, poco a poco, volvió a hacerse un crédito entre los empresarios.

—¡Miá, chica, éjate e musiús que te aconsejen, pues, que son tóos unos sangre-e-chinches, ¿oíste?, que lo que quién es comete el rial! ¡Yo llevo ya muchos años metío en este coroto, ¿oíste?, y te pueo ecí que lo que la gente busca, güeno, es que la rumbera les baile sabrosón...! ¡Miá, chica, tóa esta costa es muy fregá pa la alegría, ¿oíste?, tú éjate e vainas y menea la caerita...!

El señor Julio César Casquero L., propietario del Haticos Beach, era morrocoy viejo en el oficio, cachicamo conchúo en esto de los cabarets.

—Gracias, doctó, pu el consejo.

Telefoníasinhilos, que por entonces era Telefoníasinhilos de Schneider, encontró muy razonable que su hermana pusiera al francés de patitas en la calle.

—¡Estos franceses son tóos muy ruines!, ¿oíste?, ¡muy jochaos! ¡Siempre me lo ice mi esposo, güeno, que es musiú, peo que no es francés...!

Telefoníasinhilos de Vásquez R., como se venía diciendo, salió a la calle la mar de peripuesta.

—¡Qué distinción, le igo...! ¡Paecía una reina, don, una reina así como e el Perú...!

Don Job Chacín se quedó mirando para el poeta Leandro Loreto Moncada. Don Job Chacín, a veces, ni entendía por qué razón hablaba aún con el poeta.

—¡Ay, don, si esta mujé no tuviera un esposo...!

Telefoníasinhilos de Vásquez R., levantando oleadas de admiración entre quienes la veían pasar, se chocó a la jefatura.

—¡Guá, güen día...! ¿Ta mi esposo?

A Dorindo Eliecer Vásquez R., que la oyó, le entró la tembladera.

—Sí, pase usté, pues... Ahí lo tié usté, en su pupitre...

Telefoníasinhilos de Vásquez R., sonriente, mimosa, enamorada, le habló al oído a su esposo. Dorindo Eliecer Vásquez R. sintió un raro campanilleo por el estómago.

—¿Qué qué i i i ices?

Telefoníasinhilos de Vásquez R., prudente, ruborosa, azarada, le volvió a hablar al oído a su esposo. Dorindo Eliecer Vásquez R. dejó la pluma, con mucho cuidado, sobre el papel secante.

—¿O o o otro...?

Telefoníasinhilos de Vásquez R., valiente, primorosa y preñada, sonrió.

—Sí, Dorindo Eliecer, otro, pues... Quise poneme linda y con mi mejó ropita pa ecítelo...

Dorindo Eliecer Vásquez R. sonrió también. Dorindo Eliecer Vásquez R. sonrió del puritico miedo que cargaba. Pero Dorindo Eliecer Vásquez R. —quede claro— no tenía miedo al número nueve. A Dorindo Eliecer Vásquez R., lo que le abría las carnes era el número tres.

—Y ahora pu el tercero, Dorindito, y luego a pasá el páramo, pues, que es la costumbre...

Las palabras que don Job Chacín, en el bautizo de Marino, le soltó, Dorindo Eliecer Vásquez R. las vio escritas, en aquel momento, con letras de fuego sobre la pared.

Miss Fanny, la institutriz que la catira Pipía Sánchez había buscado para su hijo, era una americanita de Atlanta, de veinte años y con muy buenos informes. Juan Evangelista, ante la inminente llegada de miss Fanny, no sentía entusiasmo, sentía curiosidad.

—¡Guá! ¿Y cómo es?

—Es muy güena, Juan Evangelista.

—No; igo que e qué coló...

—Pues, blanca será, Juan Evangelista, ¡y yo qué sé!

—¡Guá! ¿Y si no sabes el coló, como sabes que es güena?

Juan Evangelista fue a darle la novedad a la negra Cándida José.

—La mamasita me ha comprao una gringa, pa que me enseñe los modales y a leé y a escribí...

La negra Cándida José ya lo sabía.

—¡Sí, mi amó, que con la negra to el tiempo te ibas a jacé, pues, un malcriao...!

Juan Evangelista, como la lapa que presiente al tigre, adivinó un vago reproche en la voz de la negra Cándida José.

—Que yo no la he llamao, ña, que la llamó la mamasita, pues...

La negra Cándida José pensó que había ido muy lejos y metió la marcha atrás.

—Y que la mamasita es el ama, mi amó, ¿sabes?, y la gringa ha e se muy regüena con mi muchachito, ya verás...

Juan Evangelista se sintió difusamente culpable de algo que no sabía lo que era.

—Sí...

Juan Evangelista besó a la negra Cándida José.

—¿Guá, ña Candidita, que me dé yelito perfumao, ¿sabe? que si no me da un yelito perfumao, voy a llorá...

—¡Ah, qué muchacho mañoso, llorá e mimo, como si tuviera chiquito!

Juan Evangelista se echó a llorar.

—¡No, ña Candidita, que lloro po que tengo gana e llorá...!

La negra Cándida José también se sintió un poco culpable.

—¡Yelito e guarapo e limón, mi amó, to bien duritico, pues, pa que el amito no le llore a su negra, que el amito tié que se un llanero e lo más bien instruío, pues, un llanero que valga pa senadó! ¡Yelito e guarapo e limoncito sabroso, le voy a da a chupá, pues, a mi muchacho llorón...!

La negra Cándida José llamó a la negra María del Aire.

—¡Aja, chica, atendé, pues, curucutéale el coroto al Cleofita, güeno, y bichangüéate lo que haiga pal amito, ¿sabe?, que ta mimosón!

—Sí, ña, que ya le voy...

La negra María del Aire desvalijó al Cleofita.

—¡Guá, y que se friegue, pues, que toitico lo que se lambe es robao...!

Juan Evangelista, chupando yelito e guarapo e limón y sorbiendo, para matar el frío, jícaras de humeante y espeso chocolate, pronto olvidó el disgusto.

Lo más probable es que *El Tornado Cubiche,* la cuñada de Dorindo Eliecer Vásquez R., hubiera tenido algo que ver con Publio, el propietario de la heladería industrial Publio's Ice Cream y primogénito del maraquero Presentación, el del éxito en el certamen de Panamá y el de los miedosos y ya lejanos cuentos de la Rubiera. Publio Bujanda era tercio guaparrandón, hembrero y pegajoso, que triunfaba entre las señoras y las traía a mal traer y por el camino de la amargura. Publio Bujanda tenía, incluso entre las damas de la crema, su bien cimentado nombre de burro hechor.

—¡Guá, María Victoria, pues, qué funcia pone el condenao en el coroto! ¡Se lo recomiendo como e lo más fino que he podío conocé! ¿Ah? ¡Puritica esencia, María Victorita, e lo mejó que usté pué encontrá! ¡Con ecile que le enseñó el meneíto *El Tornao Cubiche...*!

—¡Ah, cresta! ¡Y no habelo sabío antes...!

—¡Y que no es tarde, María Victoria, ¿ah?, que usté entoavía pué presentá batalla!

—¡Ah, peo no me degüelven lo ahorrao...!

Publio Bujanda, en los ratos perdidos, tocaba la mandolina; en esto de la afición a la música, salía a su papá. A Saludable Fernández estaba visto que la asediaban los músicos. Si el viejo Presentación viviera, sin duda alguna que habría hecho lo posible y lo imposible por beneficiársela; el viejo Presentación lo intentaba siempre y por sistema, sin importarle ni poco ni mucho los fracasos.

—Pa ecí que no, ya tan ellas, pues... Peo pa sabé si van a ecí que sí, hay que preguntáselo, ¿sabe?, que pu el oló no se las conoce... Ni por la manera e caminá, pues, manque lo aseguren... Que hay mucha motolita con picó en la cuca, ¿sabe?, y lo mejó es averigualo a tiempo, güeno, pa no marrá...

—Y sí, compae, que pelá el pisao es siempre molestoso...

El musiú Jean Jacques daba por seguro el paguanare de Publio con su señora. Al musiú Jean Jacques, la cosa no parecía importarle demasiado.

—¡Ah, el doctor Publio es muy encantador para las conversaciones de temas musicales!

—¡Sí, sí, temas musicales! —comentaban los vecinos que estaban en el ajo.... ¡A cualquier cosa llama temas musicales este musiú!

El musiú Jean Jacques era un cornudo muy pitre y muy bien hablado. El musiú Jean Jacques tenía alma de artista.

—¡Ah, cresta, que yo pienso que el doctó Publio le ha metío ice cream po las venas, ¿ah?, a este virote e musiú!

Publio Buianda compuso un bambuco de mucho éxito al que tituló, ¡vávanse a saber las causas!, "El nido parisién". Como Publio Buianda no sabía notación, se lo tocó a la mandolina al musiú Jean Jacques, y el musiú Jean Jacques se lo escribió en la pauta. "El nido parisién" tuvo muy buena acogida y el conjunto de *Los Criollos de Nueva Segovia*, dirigido por el maestro Marcelo Mendoza, lo interpretó ante los micrófonos caraqueños. El programa lo compusieron las siguientes piezas musicales: "El nido parisién", bambuco de Publio Buianda; "Noche campestre", valse del doctor Wohnsiedler; "San Trifón", bambuco criollo del maestro Antonio Carrillo; "Almas gemelas", valse del maestro Rafael Miguel López; "Tarde de sol", pasodoble del maestro Joaquín Pérez Z., y "Horas de pasión", "Virgencita" y "Corazón que gime", valses del maestro Marcelo Mendoza. La emisión fue patrocinada por la casa Publio's Ice Cream, de Maracaibo. Saludable Fernández, el musiú Jean Jacques y el autor del bambuco "El nido parisién", escucharon el programa desde el departamento del matrimonio. Publio llevó tres garrafas de tutti frutti y unas botellas de champán. A la caída de la tarde, el musiú Jean Jacques se fue a dar una vuelta hasta el aeropuerto Grano de Oro, para ver la puesta de sol. Saludable Fernández y el autor del bambuco "El nido parisién", se pusieron a jugar cartas. Después, se conoce que para distraerse, se liaron a beber y empalmaron una rasca regular, una rasca en la que hicieron muchas cosas: zumbarse la badana, romper media casa, etc. Cuando el musiú Jean Jacques, ya de vuelta, fue a meter la llave en la cerradura, desistió.

A la gente de la vecindad le dio por decir que el heladero Publio no le era del todo indiferente a Saludable Fernández, *El Tornado Cubiche*.

—A mí me da la impresión de que ahí hay algo, ¿ah?

El moreno Chepito Acuña y el hijo Cleofa tuvieron unas palabras y llegaron a las manos; nadie lo pudo evitar. Antes de que la negra Cándida José pudiera separarlos, Juan Evangelista salió disparado como un fusuco.

—¡Mamasita, mamasita, que el moreno Chepito le ha caío a lufres y a trompás al Cleofa! ¡Que se han agarrao y le ta atapuzando tamaña soba, mamasita! ¡Que si no lo esapartan lo va a matá...! ¡Mamasita, que lo va a matá...!

La catira Pipía Sánchez no se inmutó; la cosa tampoco era como para que la catira Pipía Sánchez se inmutase.

—¡Usté se sienta mesmitico onde está! ¿Sabe? ¡Usté no tié por qué meté el morrito en la cocina! ¿Sabe? ¡Ah, qué tucusito curioso que me sale el muchacho! ¡Usté se sienta mesmitico onde está! ¿Sabe?

Juan Evangelista se sentó, con la carita compungida. Al poco rato, la catira Pipía Sánchez le levantó el arresto.

—¡Güeno...! ¡Llégate a acá, pues, a da un beso a tu mamasita!

La catira Pipía Sánchez besó a Juan Evangelista y le arregló un poco la camisa, que le salía por fuera del pantalón.

—Y ahorita te me pones a jugá en el porche, como los muchachitos bien criaos...

A Juan Evangelista le cruzó un tembloroso rayo de luz por la cabeza.

—¿Pueo cabalgá el potranco canelo, mamasita?

La catira Pipía Sánchez dudó un instante.

—Güeno..., cabálgalo, pues... Dile al moreno Chepito que te vaya guardiando, ¿sabes?

El moreno Chepito Acuña estaba haciendo verdaderas piruetas para convender a la negra Cándida José de que él no había tenido la culpa de nada.

—¡Guá, ña Candidita, que yo le taba to apaciguao, ¿sabe?, sin meteme con naide, ¿sabe?, soplándole a mi sombrero nuevo, güeno, pa quitale un poquitico la tierra, ¿sabe?, y el Cleofa me se chocó muy ufano y me lo quiso quitá a la juerza!

El canelo *Pregonero* era potranco noble y de intenciones claras. El canelo *Pregonero* tenía una mancha blanca en la frente. Chepito Acuña montó al marmoleño *Cupapuí*. que ya era otro cantar. El marmoleño *Cupapuí*, en cierta ocasión, pateó al hijo Cleofa y estuvo en un tris que lo dejara seco. Le sacó las castañas del fuego el moreno Chepito Acuña, que sujetó al caballo de la boca. El Cleofita, en agradecimiento, le hizo al moreno Chepito Acuña un pan de horno.

Juan Evangelista y el moreno Chepito Acuña, jinetes en *Pregonero* y en *Cupapuí,* se llegaron hasta el Turupial. El moreno Chepito Acuña, aunque se moría de las ganas, jamás dijo a Juan Evangelista una sola palabra del peleón. Las órdenes eran muy rigurosas y la catira Pipía Sánchez no hubiera perdonado que la desobedeciesen.

—¡Guá, que es lindo el Turupial, moreno!

—Sí, mi amito, e lo más lindo…!

Juan Evangelista, a lomos del potro *Pregonero,* lucía, espigadito y gallardo, haciendo muy buena figura.

—Diz que la catira e Potreritos quié arreglá el llano… ¡Versiá…! ¡Peo, mié, don, que yo le tengo ya la güesamenta dura, güeno! ¡No me dé usté a comé esa guayaba verde…! ¡Ni la catira e Potreritos arregla el llano, ¿sabe?, ni arregla na…! ¡Éjeme usté e lavativas, pues…!

A don Job Chacín se le afiló el hocico.

—Y, sí licenciao, y yo le aseguro que como se lo ponga pu obra, pues, lo ha e conseguí, ¿sabe?, que a la catira Pipía Sánchez no hay que jopeala pa que haga su oficio, güeno, porque es mujé con más reaños, pues, que to un persogo e licenciaos, ¿sabe?

Don Job Chacín pasó al ataque. Don Job Chacín estaba ya muy aburrido de las paparruchadas del licenciado Jesús Domitilo Carrasco, tercio finchado y vejigón, más feo que el murrucuco, que se creía siempre en posesión de la verdad.

—Y lo que yo e igo es inmancable, licenciao, ¿sabe? ¡Ya quisieran muchos muérganos de licenciaos, güeno, razoná tan rebién como la catira!

204

El licenciado Jesús Domitilo Carrasco intentó ofenderse. El licenciado Jesús Domitilo Carrasco vestía siempre paltó levita, prenda muy apropiada para La Yegüera.

—¡No lo dirá usté po los presentes, don!

—¡Lo igo po quien quiero, ¿sabe?, a mí no me se da na que ten presentes o no! ¿Sabe? ¡Yo sé e sobra con cuantas hojas se embojota una hallaca, pues, y a mí no me necian tóos los licenciaos de la República juntaos en cayapa! ¿Sabe?

Don Job Chacín se paró de golpe y en son de desafío. El mecedor, como indiferente a todo, quedó balanceándose, suave, suave. El licenciado Jesús Domitilo Carrasco se paró también y pegó un puñetazo a la mesa. Un vaso rodó, sin que nadie lo tocara, hasta estrellarse contra el suelo; otro se cayó con más suerte y quedó entero. El poeta Leandro Loreto Moncada, el amanuense Dorindo Eliecer Vásquez R. y las dos o tres personas más que formaban la tertulia, los siguieron con la vista.

—¡Exijo una reparación!

—¡Como si exige usté dos! ¡Aquí, ni reparación, ni vainas! ¡Aquí o se bota usté ajuera o le atiesto un templón que lo confundo! ¡Guilindajo e mierda! ¡Irrespetuoso!

El poeta Leandro Loreto Moncada, el amanuense Dorindo Eliecer Vásquez R., el boticario Arístides Mora C., el comerciante Lisímaco Cabudare y el agente de seguros Zabulón Isaías Gil, procuraron aplacar la furia del curiepe.

—¡Apacígüese, pues, don, no se sofoque...!

—¡Carajo! ¡Y que no aguanto que le toquen a la catira! ¿Sabe? ¡Y menos que naide un alpargatúo e licenciao que se pasó la vida saluándola, güeno, pa darse guate...! ¡Que elante e mis barbas, pues, naide habla e guayaba verde con respective a lo que la catira tié proyectao! ¿Sabe? ¡Que lo que la catira piensa es mesmitico el evangelio, pues...!

El poeta Leandro Loreto Moncada, el amanuense Dorindo Eliecer Vásquez R., el boticario Arístides Mora C., el comerciante Lisímaco Cabudare y el agente de seguros Zabulón Isaías Gil, consiguieron, tras muchos esfuerzos, que el licenciado Jesús Domitilo Carrasco y el clérigo don Job Chacín firmaran la paz. A cambio de que el licenciado Jesús Domitilo Carrasco diera por no pronunciadas las dos palabras guayaba verde, don Job Chacín, para demostrar su buena fe, estaba dispuesto a retirar lo de muérganos licenciaos, lo de atiestarle un templón, lo de guilindajo e mierda, lo de irrespetuoso y lo de alpargatúo.

—¡Guá, cuñao! Peo..., ¿tanto le ije?

—Sí, don, po lo menos...

El licenciado Jesús Domitilo Carrasco se arregló el paltó levita.

—Güeno, que yo no he querío ofendele...

Don Job Chacín recogió el vaso que había quedado sano.

—Ni yo tampoco, señó Jesús Domitilo Carrasco, que es que me se calentó la sangre, ¿sabe?

—Y mucha gente pensará, Catalino Borrego, que lo que yo quiero proponeme con la Pachequera, pues, es como da a los demás a comé guayaba verde, ¿sabe? Yo me conozco el llano bien conocío, güeno, y sé la hablaera que se va a levantá con to esto... Peo también sé cuál es la obligación... Si queo inable y me botan de mi tierra, güeno, peó pa mí, pues, y pa mi hijo... Peo pa no quedá inable, ¿sabe?, y pa arreglá lo que andaba regüelto, pues, pa eso quiero trabajá... Y pa eso quiero que me trabajen con lealtá... Pu allá abajo, Catalino Borrego, pu el Pedernal, gobiérnese con lo que le igo, pues, y contrate la pioná como mejó piense... Yo no me quiero meté en detalle con usté, ¿sabe? Que usté me ice: misia, tengo puestos a cuatro piones de fajina y a tres con tarea..., yo le contesto: ta bien, Catalino Borrego, pues... Que usté me ice: misia, le tengo puesta a tóa la pioná de fajina o a tóa la pioná con tarea..., yo no cambio, Catalino Borrego, ¿sabe? ¡yo ya poquitico le pueo cambiá...!

Catalino Borrego era el único hombre de la Pachequera que podía sentarse, sin pedir permiso, delante de la catira.

—Pu aquí to va marchando, Catalino Borrego... Peo mucho más falta po conseguí, ¿sabe?, y no pueo cejá una ñinguita, güeno, que estoy muy crúa entoavía... Y tampoco pueo pará, Catalino Borrego, ¿sabe?, que el muchachito empuja... Y a la Pachequera hay que levantala, Catalino Borrego, que venía como tomá e chaflán, pa que el muchachito la vea pintá e fortuna, ¿sabe?, y con la animalá reluciente, pues, y tóa marcá con su jierro... Y si no tengo juerzas pa levantala, Catalino Borrego, si las juerzas me se escapan antes de que lo logre, güeno, usté me verá caé e platanazo, pues, como el gavilán al que le ha pegao el plomo, ¿sabe? rendía sobre esta tierra e la Pachequera, Catalino Borrego... Sobre esta tierra onde nací, Catalino Borrego... Sobre esta tierra en la que me casé, Catalino Borrego... Sobre esta tierra que me vio parí un hijo, Catalino Borrego... Sobre esta tierra que me verá morí, Catalino Borrego, cuando me llegue la hora...

La catira Pipía Sánchez habló sin modular la voz. Un profesor de declamación la hubiera reprendido.

El hijo Cleofa, quizás para olvidar el mal rato del moreno Chepito Acuña, se sentó a la vera de la negra María del Aire.

—¡Guá, morenitica, pues, que me des un besitico, ¿sabes?, que si me das un besitico e lo más bien apretao, güeno, te he e regalá una corona e acemita!

La negra María del Aire rompió a reír a carcajadas. La negra María del Aire se reía con todo el cuerpo: con la boca grande, con los ojos redondos, con los breves y descarados senos.

—¡Ah, zonzorrión, pues, y cuándo va usté a aprendé que los besiticos no se pien, güeno, que se roban...!

El hijo Cleofa intentó seguir el consejo de la negra María del Aire. Pero a la negra María del Aire la había acostumbrado muy exigentona el caporal Feliciano Bujanda.

—¡Quéese quieto, pues, que va a llevá un mal día, Cleofita, ¿sabe?, que auntual los morenos no se le están dando...! ¡Acuérdese e el susto que le metió Acuñita, pues, que a poco le quiebra to el güesero...!

Al hijo Cleofa le dio la tosezón.

—¡Ah, qué vidorria más jochá la mía!

La negra María del Aire le botó un puchero de agua por la cabeza y lo dejó meritico emparamao. Nadie lo creerá, pero la negra María del Aire le botó el puchero de agua con la mejor intención del mundo.

—¡Refrésquese, pues, no me se ahogue...! ¡To eso le viene e comé chimó...! ¡Refrésquese, pues, que me se va a espresá...!

El hijo Cleofa, esgarrando como un moribundo, parecía que iba a echar el bofe por las orejas. La negra María del Aire le ayudó a soltarse los botones de la guardacamisa.

—¡Cállese, pues, no tosa así, ¿sabe?, que va a reventá toitico...!

La negra María del Aire no acertaba qué hacer o qué no hacer.

—¡Guá, qué machaca! ¡Si me se calla al punto, le canto un cantá, pues, pa que me enamore!

La negra María del Aire, aunque el Cleofita seguía tosiendo, le cantó el cantar. La negra María del Aire puso la voz en falsete.

> *El caballo e Centeno,*
> *onde paseó la campaña,*
> *era rucio marmoleño*
> *con las ancas alazanas.*

—¡Güeno, cállese ya, que no me pué atendé...! ¡Pare la oreja, Cleofita, pues, a ve si le pué pasá como al caballo e Centeno...!

La negra María del Aire le metió mano a la segunda parte.

> *Come bizcochuelo y vino*
> *y bebe agua en palangana.*
> *¡El mío también la bebe,*
> *cuando a mí me da la gana!*

—¡Guá, que se calle...! ¡Piense que le pué pasá como al caballo e Centeno, pues, si a mí me da la gana y le planto un besitico en ca lao...!

Ni por esas. El hijo Cleofa, ni por esas pudo sujetar la tos. Sí; el hijo Cleofa debía andar algo picao...

Aquella noche, en el conuco, la negra María del Aire arrancó mustia y poco simpática, sobre todo al principio, como si cargara encima una gran pena, una pena que le tuviera el alma fuñida por el remordimiento. El caporal Feliciano Bujanda la encontró recelosa y la bregó muy esmeradamente. El caporal Feliciano Bujanda era tercio embelequero, galán cumplido, amador derecho.

—¡Guá, morena, llégate, pues, que te voy a comé el doló a besiticos!

La negra María del Aire se dejó trajinar sin decir ni esta boca es mía. La negra María del Aire era muy sentimental, muy tierna y compasiva.

—¡Y e ancheta, güeno, te he e mareá a bocaos, prenda adorá, entre lintre no te me pongas bullosa y amorosona, pues...! ¡Que paece como si te toman las ansias de teneme junto...!

La negra María del Aire, con los ojos cerrados y la boca abierta, se entretenía en no pensar en nada y en dejarse querer, casi como una flor.

—¡Ah, que me tiés cebao a ta contigo, morenitica, pues, que me has envenenao con este peleritico e garza...!

La negra María del Aire jamás había estado tan honesta.

—¡Guá, y que te toy plegariando, palomita, pues, y que te voy a esguañangá a mordiscos, pa que el vendaval te riegue po la sabana...!

La negra María del Aire se sentía inmensamente feliz.

—¡La boca, guá, dulzorrona como la piña e sol...!

El caporal Feliciano Bujanda, poco a poco, le fue comiendo el dolor a besiticos.

—¡Ah, que tas sabrosona, negra, pa besá...!

El caporal Feliciano Bujanda, adivinador de todas las sabidurías, la mareó a bocaos.

—¡Y bullosa, pues, te he e poné, te igo...!

El caporal Feliciano Bujanda, jinete en potranquilla cerrera, la desguañangó a mordiscos.

—¡Y amorosona que ya lo tas, negra...!

A la negra María del Aire se le quitó la murria.

—¡Mi amó...!

A la negra María del Aire le brotó, arrolladora y cachonda, la simpatía.

—¡Mi amó...!

A la negra María del Aire se le olvidó la pena que le fuñía el corazón.

—¡Mi amó...!

La negra María del Aire, debajo de Feliciano Bujanda, era como una nubecita carnal, violenta y sensitiva.

—¡Mi amó!

La negra María del Aire jamás, en su vida, había estado tan deshonesta como aquella noche.

—¡Mi amó...!

La negra María del Aire se sentía agobiada por la felicidad.

—¡Mi amó...!

La negra María del Aire, gozosamente derrotada, se echó a llorar.

—¡Mi amó...!

A la negra María del Aire nada le hubiera importado morirse en aquel momento.

—¡Mi amó...!

Saludable Fernández y Publio Bujanda, cansados de quererse a lo cómodo y sin dificultad, huyeron de Maracaibo. El musiú Jean Jacques, es posible que para darse tono, los supuso en Punta del Este, República Oriental del Uruguay, en Viña de Mar, República de Chile o, en todo caso, en Miami, Florida, USA.

—¿Y a Europa no piensa que se hayan podío dir, ah?

El musiú Jean Jacques, para hablar de Europa, componía un gesto muy ecuánime.

—¡Oh, la Europa...! ¡Mi esposa, con su arte y con sus encantos, triunfaría en la Europa...!

Saludable Fernández y Publio Bujanda, al llegar a San Juan de los Morros, se instalaron en el hotel La Fuentecita, en la avenida de Los Baños Termales.

—¡Guá, que se ha chocao un casar de maracuchos, pues, podríos de la plata! ¿Sabe?

—¡Ah, compae, y qué ocasión pa dirse pal petróleo!

—¡No, vale, que él no tié pinta e petrolero, ¿sabe?, que él paece así como aviadó, pues, o como licenciao!

—¡Guá! ¿Y ella, compae?

—¡Güeno, ella es un tronco e mujé, ¿sabe?, con los ojos grandotes como güevos, pues, y el cabello to negro, ¿sabe?, y unos piecitos chiquirriticos que son una divinidá! ¡Guá, cuñao, qué piecitos tié la maracucha...! ¡Y los andares, compae...! ¡Y qué le voy a ecí e los andares, pues, que mesmo paece una rumbera, ¿sabe?, con un meneíto, así pa los laos y pa arriba y pa abajo, güeno, que marea...! ¡Qué andares, le igo...!

—¡Ah, y que me voy a sentá en la Barbería Napolitana, pues, pa velos entrá y salí...!

—¡Y sí, compae, que lo merece, pues!

Saludable Fernández y Publio Bujanda, más ella que él, fueron la sensación de San Juan de los Morros; la verdad es que hacían una pareja que lucía vistosa. En los mentideros de la ciudad hubo opiniones muy diversas, opiniones para los más exigentes gustos.

—¡Diz que es un senadó pu el Zulia, pues, y que ella es su legítima esposa!

—¡Y no, señó! ¡Que él sí es un senadó, ¿sabe?, peo ella no es su legítima esposa, güeno, que ella es la legítima esposa e un senadó e la oposición!

—¡Sí, cuñao, la legítima esposa e el doctó Severino Bellini, pues, que la señora le salió un poquitico volantona, ¿sabe?, y tan con el papeleo pa divorciase!

—¡Ninguno e ustés tié razón! ¡Que él es un abogao e Panamá, pues, que tié unas minas en Brasil, ¿sabe?, unas minas de piedras preciosas que valen una rialera, pues, y ella es la señora e un beisbolero, no sé e cuál, rugen que e Armisticio *Gato* Fernández!

—¡Pues, tampoco, perdone, licenciao, que yo no sé na peo le igo que él es puro al maraquero Presentación, de Santa Rita e Manapire!

Saludable Fernández y Publio Bujanda se habían inscrito en el hotel con sus nombres, su profesión y su naturaleza; lo que sucedía es que nadie se acercó a preguntarlo.

—¡Guá, que a lo mejó no lo quién ecí! ¿Sabe? ¡Eso suele se secreto profesional, compae!

—¡Ah, qué zonzá, cuñao...!

Saludable Fernández y Publio Bujanda invitaron a Telefoníasinhilos y a Dorindito a pasar el week-end.

—Y pu el rial no se tién que preocupá, güeno, que ta to incluío —les habían mandado decir por el emisario—, que lo que queremo es abrazá a nuestros apreciaos parientes...

Telefoníasinhilos, al recibir la noticia, sacó del escaparate su traje color naranja, sus joyas brasileras y sus sandalias de tiras doradas; Telefoníasinhilos quería que Saludable la encontrara hermosa.

—¿Voy linda, Dorindo Eliecer, pues, te sientes orgulloso e tu señora?

Dorindo Eliecer Vásquez R. se había puesto una corbata de lacito muy llamativa.

—¡Ya lo lo lo creo, e e e lo lo más lin linda! ¿Y y y y yo?

—¡Resplandecedó, esposo mío, e lo más resplandecedó, pues! ¡Este lacito te cae que ni pintao, güeno, que con él tas de chupe usté y guárdeme el cabo...!

Dorindo Eliecer Vásquez R. sonrió, emocionadamente agradecido.

—¡Ah, qué lanúo e amanuense! —solía comentar el licenciado Jesús Domitilo Carrasco, el del paltó levita—, ¡qué lapo presumío!

La catira Pipía Sánchez emplumó al hijo Cleofa para la casa del Pedernal. A Catalino Borrego le dio orden de que no le forzase en el trabajo.

—A mí me paece, Catalino Borrego, que este pión esgraciao ta ya en pico e zamuro, ¿sabe?, no me le juerce, pues, a trabajá, éjele que haga lo que le provoque y que esaparezca tranquilo...

—Ta bien, misia, será cumplío lo mandao; a mí también me paece que el pobretico es el gallo pelón de tóa esta tierra.

El hijo Cleofa se fue para el Pedernal y, al poco tiempo, tuvo dos o tres vómitos de sangre seguidos y se murió. Catalino Borrego mandó quemar sus corotos y sus macundales. Al hijo Cleofa no lo lloró nadie, ¡pásese usted la vida haciendo ponqués y hallaquitas y batidos y huecas, para esto!

El boticario Arístides Mora C. tenía algunos conocimientos de química práctica.

—E industrial.

Eso es. El boticario Arístides Mora C. tenía algunos conocimientos de química práctica e industrial. El boticario Arístides Mora C. había inventado unos flanes que mismo parecían de canela y huevo, pero el negocio salió de escaso —o más que escaso— rendimiento económico y se fue al garete. El boticario Arístides Mora C. no se dejó invadir por el desánimo.

—¡Ah, el día que le pegue en mitá e la ñema!

Esto de inventar cosas es como lo de buscar oro: todo está en pegarle, duro y con algo de suertecilla, en mitad de la ñema. Lo malo —y aún no tan malo, porque la ilusión mantiene— es morirse antes. El boticario Arístides Mora C., cuando le falló lo de los flanes, se puso a pensar en las posibilidades de explotación y aprovechamiento del pez caribe. El boticario Arístides Mora C., para guardar los papeles de su nuevo asunto, se compró una carpeta nueva.

—El orden, compae, es lo más jundamental que le hay, ¿sabe?

—¡Y tanto, pues! ¡Que onde no hay orden, to es pendejá y guachafita...!

—¡Y claro...! ¡Y pa eso, güeno, a asunto nuevitico, catapacio nuevitico! ¿Sabe?

El boticario Arístides Mora C., en su carpeta nueva, que era de color azul y con unas gomas por las esquinas, caligrafió, con una letra meticulosa y elegante y con las iniciales en tinta carmín, la siguiente leyenda: "Estudio sobre las Posibilidades de Explotación y Aprovechamiento del Serrasalmus de Nuestros ríos Vulgarmente Conocido por Pez Caribe."

El boticario Arístides Mora C. tenía ya casi redactado el capítulo "Riqueza vitamínica de sus Aceites".

—¡Guá, compae! Peo, ¿usté nos quié da vitaminas de ese pez hampón, que se alimenta e gente, pues...?

El comerciante Lisímaco Cabudare tenía una nuera que cantaba "Madame Butterfly". El comerciante Lisímaco Cabudare estaba indignado.

—¡Con un ñúo fiadó, pues, había que amarrala, pa que no cantase! ¡Ah, qué falta e seriedá, compae! ¡Qué falta e formalidá, en una familia e ciudadanos honraos y cumplidores de la obligación...!

—¡Ni se preocupe, cuñao, el mundo que anda regüelto, ¿sabe?, y más na...! ¡El mundo que se ha convertío en una berenjena!

La nuera del comerciante Lisímaco Cabudare se llamaba Florcita y tenía los ojos garzos y las piernas un si es no es torcidas. Lisímaco Cabudare le armaba unas broncas medianas a su hiio Flavio Maximino, el esposo de Florcita.

—¡Y aemás, que no sé lo que te ha ilusionao e ese carapacho e tu señora, pues, que mesmo tié que herí, con tanta punta por tóos laos, güeno, que paece y como que se va a quebrá...!

Flavio Maximino ponía cara de oveja. La gente que posee la facultad de poner cara de oveja, lleva ya mucho adelantado en esta vida; con ella no se puede discutir.

—Y es que yo no me he enamorao po lo carnal, papasito, que yo me he enamorao pu el timbre e voz, ¿sabe?

El comerciante Lisímaco Cabudare se ponía rabioso, se le inyectaban los ojos en sangre, como a un criminal.

—¡Guá, qué jóvenes maricos, los de hoy! ¡En mis tiempos no pasaban estas aberraciones, pues...! ¡En mis tiempos nos prendábamos pu el volumen, ¿sabes?, y no andábamos con tóa esta vaina e modernismos! ¡Tu señora, lo que tié que jacé es frená los lecos, ¿sabes?, que ese no es pasatiempo pa casás, güeno, y comé güen lomito e res, pa ponese robusta y no andá suspirando como si tuviera gazuza...! ¡Ajá, qué mariquera e juventú!

Flavio Maximino, mientras su papá vociferaba, sonreía con un gesto beatífico. Flavio Maximino estaba convencido de su manifiesta superioridad.

—¡Los papás nunca comprenden el espíritu e sus hijos! —se decía, por dentro, claro es, para tranquilizarse—. ¡Como exclamó el poeta, un abismo separa a cada generación!

Flavio Maximino no pudo recordar qué poeta había exclamado lo del abismo.

El agente de seguros Zabulón Isaías Gil era un muerto de hambre de Los Caracas, Distrito Federal, al que nadie recordaba haberlo visto, jamás de los jamases, gastándose una puya en público. Al agente de seguros Zabulón Isaías Gil, en Los Caracas y en Naiguatá y en Macuto, lo conocían con el mote de *Pollo poncho*, que había heredado de su papá quien, por lo visto, fue un tercio zaporreto y malaúva, con aires de gallito reculo. El papá de Zabulón Isaías se llamaba Pablo, a secas, y fue muy desgraciado en su matrimonio. Esta es otra historia, que aquí vendría un poco a contrapelo. El agente de seguros Zabulón Isaías *Pollo poncho* Gil, era un ridículo de tomo y lomo, un lechero capaz de negarle un grano de maíz al gallo de la Pasión. Lo que la gente no sabía era por qué ni para qué ahorraba *Pollo poncho*, que estaba solo en el mundo y no tenía a quién dejarle los reales.

—¡El ahorro es la base e la tranquilidá!

—¡Guá, compae! ¿Y lo ha pensao usté sin ayuda e naide, pues?

El agente de seguros Zabulón Isaías *Pollo poncho* Gil ahorraba para predicar con el ejemplo.

—Y poque no tengo gana e quedá zapatero, ¿sabe?

—Güeno, y po eso también, pues...

El agente de seguros Zabulón Isaías *Pollo poncho* Gil tuvo amores, años atrás, con una cotorrona de San Francisco de Tiznados, Estado Guárico, que un día, harta hasta el pelo de que el novio no le regalase nada, lo botó a langanazos y lo puso de vuelta y media.

—¡Ah, qué tercio e cachicamo e colmillo ajumao —decía Panchita Perera, su ex novia—, que lo que quié es asegurá a toítos los cristianos, pues, sin respetá ni a las enamorás, güeno, ni a naide...!

Desde aquel día, el agente de seguros Zabulón Isaías *Pollo poncho* Gil no volvió a amar.

—No merece la pena, cuñao, se lo juro, pasá tanto sinsabó y tanta vaina... La mujerá no suele dir con güenos propósitos, ¿sabe?

Don Job Chacín quería ver hasta dónde llegaba la estulticia del solitario *Pollo poncho*.

—¿Con na e güenos propósitos, compae?

—Con na, don, se lo aseguro.

—No lo asegure, cuñao, éjelo que viva...

Don Job Chacín clavó sus ojillos en el desengañado *Pollo poncho*.

—¿Con naíta e güenos propósitos, cuñao?

—Con naíta, don, créame.

Don Job Chacín sujetó al cachicamo conchúo *Pollo poncho*.

—¿Con naitica e güenos propósitos, pues?

—Con naitica, don, se lo ice un experimentao...

Don Job Chacín no dejó respirar al *Pollo poncho* de la triste derrota.

—¿Con naitiquita e güenos propósitos, vale?

—Con naitiquita, don, mié que le igo verdá...

Don Job Chacín quiso dejar las cosas bien en claro.

—¿Con naitiquita e güenos propósitos, compae?

—Con naitiquita, don, las jembras son muy esalmás...

El agente de seguros Zabulón Isaías *Pollo poncho* Gil pasó por las conocidas etapas, en circuito cerrado, ahorro-misoginia-masturbación y vuelta a empezar. El agente de seguros Zabulón Isaías *Pollo poncho* Gil, también se hizo soberbio y piadosón.

—Y es que un hombre e güenas costumbres, ¿sabe?, tié que empezá po se ahorrativo.

Juan Evangelista olvidó al Cleofita de repente. Juan Evangelista no preguntó por el Cleofita ni una sola vez. La negra Cándida José tenía ya preparada su respuesta —una respuesta sencilla, casi poética y eficaz—, pero Juan Evangelista no le dio oportunidad para soltarla. Las preferencias de Juan Evangelista, desde que el Cleofita se esfumó, como una nube, fueron para el moreno Acuña. Juan Evangelista, además, empezaba a dejar ya por la espalda el apacible tiempo de las cucas de papelón y de los bocadillos de guayaba —de guayaba madura— para entrar, ciñendo el miedo de los descubrimientos, en el emocionante, en el apasionante, en el violento tiempo de los primeros potros.

—Guá, moreno, ¿le pío permiso a la mamasita pa cabalgá, pues, y nos chocamo en tres jalones al Turupial?

—Güeno, mi amito...

Juan Evangelista, para tener amigo al moreno Chepito Acuña, se pasaba el día plegariándole yelo a la negra Cándida José.

—¡Ay, mi amó, que vas a reventá, pues, de tanto hinchá la mandofia e yelito...! ¡Miá que tas güelto viciosón con el yelito, mi amó...!

Juan Evangelista ponía cara de circunstancias. Juan Evangelista, debajo de su antifaz de seriedad, gozaba —es posible que sin darse demasiada cuenta; es posible que también algo avergonzado— con los primeros engaños de su vida.

—Y güeno, ña, que yo le pienso que no me va a jacé mal, ¿sabe?, peo si no quié mi negra, no lo tomo, pues, que yo no quiero enfurruñala...

A la negra Cándida José se le ponía el corazón tierno como la lechosa.

—¡Ay, y lo que ha aprendío, mi amó, en el poquitico tiempo que lleva e muchacho!

La negra Cándida José abría la nevera y le daba tres o cuatro cubitos de yelo a Juan Evangelista.

Juan Evangelista empezaba a chupar uno y salía arreando con los demás.

—¡Guá, mi amó, qué malagradecío, pues, que siempre tié que salí juyendo sin dale un besitico a su negra...!

Quizás para que no le atrapasen con las manos en la masa, el moreno Chepito Acuña engullía el yelo como los pavos el maíz. Algunas veces —siempre hay mañanas de mala suerte— el moreno Chepito Acuña, se atragantaba porque se le iba el yelo por otro sitio.

El moreno Chepito Acuña, cuando el yelo no le caía derecho por el guargüero, se ponía a pegar saltos como un zamuro, para que le bajase. Juan Evangelista le ayudaba a no morir pegándole unos golpes en las costillas.

—¡Ajá, que es regüeno esto e el yelito, pues...! ¡Pa mí que ebían habelo inventao antes...! —decía el moreno Chepito Acuña, cuando el frío, yéndosele por el gañote abajo, le dejaba hablar.— ¡Miá que es sabrosura este condimento...! ¡Y que no ebe se na facilón de cociná, mi amito...!

El día del cumpleaños de la catira, don Job se acercó hasta la casa de Potreritos, a felicitarla.

—¡Guá, don, qué gozo velo pu aquí! ¡Peo pa qué se tomó el trabajito, pues! ¡Yo ya me daba po felicitá! ¿Sabe?

—¡Güeno sería, niña, que yo me hubiera queao, to sentaíto, en La Yegüera! ¡Tú, pa mí, eres como e la familia...!

—Y que yo se lo agradezco, don, peo eso ya se sabía.

—Güeno, peo así se sabe mejó...

La catira Pipía Sánchez le preparó un palito al curiepe. La catira Pipía Sánchez, al tiempo de trajinar con los vasos y con las botellas, probó a meterle los dedos en la boca.

—¡Ah, don, que ya me han contao lo e la tángana...!

Don Job arrugó la nariz y se hizo de nuevas. Don Job, a pesar de sus años, disimulaba con bastante ingenuidad, fingía con muy escasa malicia.

—¿E qué tángana, pues? A mí me paece que te han contao e más, catira.

—No, don, que me han contao la solitica verdá..., lo e la palabrera con el licenciao Jesús Domitilo Carrasco, ¿sabe?

Don Job desarrugó la nariz.

—¡Ah, ya...! Peo eso jué un ñereñere, catira, el licenciao no es tercio pa preocupá, güeno, el licenciao Jesús Domitilo Carrasco no es enemigo, pues... Ese es un mausero pa señoras...

—Güeno, peo lo que yo le quieo agradecé, don, es su defensa, ¿sabe?, cuando el licenciao le ijo aquello e que creé lo e la Pachequera, pues, era lo mismo que comé guayaba verde, ¿sabe?

Don Job, con el vaso en la mano, tenía un decidido y hermoso aire de guerrillero en vacaciones.

—¡Qué lavativa, niña! Lo que le pasa al licenciao y a tóa esa partía e vegueros es que no te conocen, pues. ¡Chivos capaos, catira, chivos que no valen pa andá sueltos! ¡Ni caso les tiés que jacé, güeno! ¡Ni caso pa velos pasá, catira!

Don Job Chacín se calentó.

—Yo le solté toíto lo que le tenía que soltá, ¿sabes?, sin dejame na en el buche, pues, pa que no me salgan granos, que ya no tengo edá e tenelos... Y al tercio se le aguó el guarapo, niña, se le encogió el ombligo, pues, que si no se le encoge a tiempo, ¿sabes?, lo boto po la ventana abajo, con to su tronco e paltó levita...

Don Job se pegó el palito con mucha limpieza.

—Y esta mañana me se chocó y me ijo: Oiga, usté, don, que si usté va a Potreritos, a felicitá a la viuda, ¿sabe?, yo me voy con usté, güeno, pa felicitala también. Y yo me le queé mirando pa su ruindá y le ije: Oiga, licenciao, que yo me voy a dir pa Potreritos, ¿sabe?, peo usté no pué vení poque la viuda es muy señorona, pues, y no admite felicitaciones más que po rigurosa invitación, ¿usté tié invitación? No, don, que yo no la tengo... Güeno, pues entonces ya se está queando en el pueblito, ¿sabe?, poque en el tranquero e el hato, la viuda le puso dos piones de mosca, pues, dos piones pa que no se le cuele ningún pabellonero, ¿sabe?, a tomale un empache en la cocina, pues, y a rascase con el licó e su propiedá... ¿Qué te se jace, catira?

La catira Pipía Sánchez, en vez de contestarle, le sirvió otro palo de whisky. Don Job Chacín, al whisky, jamás le hacía ascos. Don Job Chacín continuó su perorata.

—¡Ah, qué chimirito e manganzón, qué zosco e dominguejo! ¡El muy tunante se quiso poné al siete, pues, peo se queó comiendo pavo, catira!

Juan Evangelista, con la camisa por fuera, como de costumbre, entró en la pieza.

—Salúa, pues, a don Job, muchacho...

Juan Evangelista no saludó a don Job. Juan Evangelista se acurrucó en el hombro de la catira.

—¡Ah, qué muchachito campisto, pues, que no quié salúa al don!

En la pieza se hizo un alado, un gracioso, un leve y preocupador silencio. La catira Pipía Sánchez prefirió salir de él.

—Y, güeno, don, ¡que los años pasan...! ¡Da como temó volteá la cabeza pa mirá pa atrás, don...!

Don Job se consoló mirando el whisky al trasluz.

—Tampoco, catira; las cosas pasan en el mesmitico momento en que tién que pasá, güeno, tampoco antes...

—Sí, don, verdá... Peo, ¡míelo usté, pues, aquí lo tié, con la camisa ajuera como un alpargatúo..., to espeinao..., sin queré saluá...! Güeno..., peo este tucusito es la causa e la Pachequera, don...

La catira Pipía Sánchez procuró sonreír al besar a Juan Evangelista.

—Y jace unos años, don, ¿se acuerda, pues?, jace entoavía muy poquitico años, al que se le hubiese hablao, güeno, e que iba a existí este tucusito malcriao, hubiera puesto a brillá lo e la guayaba verde...

A don Job Chacín se le quitó, de repente, la locuacidad; esto de por qué se abren y se cierran las llaves de la verborrea, es algo que los sabios no han estudiado todavía bastante bien.

—Sí, catira...

—¡Y claro que sí, don! ¡Esto e la guayaba verde es muy socorrío, pues...!

CAPÍTULO III

EL OJO DE ZAMURO

L A catira Pipía Sánchez mandó al hijo a recoger a miss Fanny al aeropuerto de Calabozo.

—Y en cuantico que veas que se baja e el avión, ¿sabes?, tú te le chocas, pues, y le ices: güen día, miss Fanny, yo soy Juan Evangelista Pacheco Sánchez, el muchacho que usté vié a guardiá, ¿sabe?, y mi mamasita me encarga que venga, pues, pa saludala y pa enseñale el camino e el hato.

Juan Evangelista procuró estar atento.

—Güeno, mamasita, ta bien.

Con Juan Evangelista se fue Feliciano Bujanda, a la manija del jeep. El jeep de la catira estaba pintado de verde; al jeep de la catira le habían instalado un toldo de lona, verde también, para defender a los viajeros del opaco, del caprichoso e inclemente sol de la sabana.

—¿Pueo manejá, Feliciano Bujanda, un trechito e camino, pues, un trechito cortico?

A Feliciano Bujanda —¡guá, que paece y como una mujé e el otro mundo, pues!— le saltaba por dentro de los ojos el solo recuerdo de la catira. El caporal Feliciano Bujanda tampoco era amigo de compromisos. El caporal Feliciano Bujanda, menos cuando se metía en el conuco, a la blanca y espiritual luz de la luna, con la negra María del Aire, era tercio aplomado, llanero de responsabilidad.

—Y, no, amito...Y más vale que no, güeno, que este potranco es mañosón, pues, y poco amigo e los muchachitos...

A Juan Evangelista, emocionadillo con su primer salida del hato, ni le pareció demasiado mal que le dijeran que no.

—Güeno, pues no me eje manejá, pues, que ya manejaré cuando estire y esté grande como usté dos veces, ¿sabe?

La negra Cándida José, ya Juan Evangelista con un pie en el estribo, le metió en el bolso una semilla de ojo de zamuro.

—¡Guá, y que la Virgen del Valle e el Espíritu Santo, pues, te lleve y te degüelva sanito, mi amó...!

La negra María del Aire le regaló un puño de rositas sabaneras blancas, frescas, recién cortadas.

—Pa que el patroncito se recuerde de mí, pues, cuando arranque a brincá en el carro.

El peón Jesusito Moisés se le quedó mirando, casi con estupor.

—Güeno, amito, y no me se retrase, pues, pu el mundo, que aquí en el hato se nos va a jacé faltá...

La catira Pipía Sánchez le colocó en el cuello del liqui-lique las gruesas, las sólidas mancornas de oro cochano que llevaba su padre el día que se mató. A Juan Evangelista, el primer albo y replanchado liqui-lique de su vida, le dio un cierto sentido de su importancia.

—Güeno, mamasita, ¿y quién me va a quitá las yuntas, pues, ca vez que llegue la noche?

—Miss Fanny, pues, que pa eso la vas a esperá...

La catira Pipía Sánchez le dio un beso y se volteó para la casa aún antes de que el jeep, envuelto en una nube de polvo, se perdiera, más allá del tranquero.

—¡Negra, tráeme un whisky con yelito, pues...!

—¡A la orden, misia!

A la catira Pipía Sánchez le hizo raro descabalgar de los labios el nombre del hijo.

—Juan Evangelista, ven pa acá, ahorita mismo... Juan Evangelista, vete pa allá, pa la pieza, pues, pu esobediente... Juan Evangelista, bótese usté e el potro, que lo va a eslomá y yo no quiero quedame sin muchachito, ¿sabe?

La catira Pipía Sánchez, refiriéndose a Juan Evangelista, había hablado siempre, con una casi dolorosa vaguedad, del muchachito.

—¡Prepárele el vestío nuevo al muchachito, negra... No me se pase el tiempo ándole yelo, pues, que me lo va a enfermá...! ¡Ah, qué muchachito malcriao, pues, que su mamá va a tené que dale meremere con pan caliente...!

Pero la catira Pipía Sánchez, aquel día, cambió.

—¡Negra, téngale to ispuesto a Juan Evangelista, ¿sabe?, pa cuando se degüelva...!

Saludable Fernández y Publio Bujanda —por Dos Caminos, El Sombrero y La Encrucijada— salieron a esperar a Telefoníasinhilos y al amanuense Dorindito.

—¡Ah, y qué alegrón se van a pegá los parientes, pues!

El camino de El Sombrero, aunque más largo que el de Morrocoyes, está en mejor estado.

—¡Y sí, negra, que va a se muy sorpresivo este encuentro!

Publio Bujanda llamaba siempre negra a Saludable, quién sabe por qué extrañas relaciones, por qué cabalísticas suertes de afinidad entre el color de la tez y el cachondo y difícil arte de bailar la rumba.

—¡Ah, negra, miá que el güevón a la vela e tu esposo no hábete sabío templá el coló...!

Telefoníasinhilos de Vásquez R. y el amanuense tartaja vinieron, desde La Yegüera, en un carro asmático y desguañangado que no lucía ningún entusiasmo al caminar. Dorindo Eliecer Vásquez R. se puso un papel de seda todo alrededor del lacito, para que no se le llenase de polvo.

—¿Me me me se se se empol polvará?

—Y yo pienso que no, Dorindo Eliecer, que yo lo veo bien tapao...

A cuatro leguas de Calabozo, al amanuense y a su señora les pasó un jeep pintado de verde.

—¡Guá, que mesmo paece el jeep de la catira e Potreritos, Dorindo Eliecer, pues!

Dorindo Eliecer Vásquez R., preocupado en defender su corbata del polvero que levantaba el jeep, no respondió.

El día estaba pesado y húmedo, como anunciador de los agrios recuerdos que se clavan, igual que lanzazos en la sangre seca, ya para siempre jamás, en la memoria.

—¡Ah, que el aire ta como con prendesón, güeno, Dorindo Eliecer!

El Tornado Cubiche y el amo de Publio's Ice Cream también tenían calor. *El Tornado Cubiche* y el amo de Publio's Ice Cream viajaban en un carrito azul, casi lujoso, reluciente, que habían alquilado en San Juan de los Morros. *El Tornado Cubiche* y el amo de Publio's Ice Cream cargaban una pinta tan distinguida que ni les pidieron fianza. *El Tornado Cubiche* y el amo de Publio's Ice Cream dedicaron un recuerdo a sus helados maracuchos.

—¡Ah, el tutti frutti, amó, ta güeno pa la tardecita!

—Sí, negra, y el champancito que arrimé el día e el estreno e "El nido parisién", ¿ah?

El Ardiente Vendaval de Guanabacoa era hembra que se ponía amorosa con el sudor; a las yeguas les suele pasar lo mismo.

—¡Y qué bambuco relindo, amó...! ¡Y qué tángana, pues, cuando se jué el musiú, a mirá ponese el sol desde Grano e Oro...! ¡Y que tuvo sabrosón el momentico e las paces...! ¿Ah? ¡Qué loquito se puso mi amó, pues, con su negra...!

El amo de Publio's Ice Cream paró el carro. En el radio sonaban los familiares, los lindos y amorosones compases de "Piel canela". *El Ardiente Vendaval de Guanabacoa* se dejó caer sobre el hijo del conocido maraquero Presentación.

—¡Ah, y que estoy toíta sudá, pues, como le gusto a mi amó...! ¡Miá, mete una mano pu aquí, mi amó...! ¡Toitica bañá en la suaera...!

El amo de Publio's Ice Cream metió una mano por aquí. *El Ardiente Vendaval de Guanabacoa* estaba, efectivamente, bañada en sudor. El amo de Publio's Ice Cream metió la otra mano por allá. El sudor de *El Ardiente Vendaval de Guanabacoa* sabía a mango. Los mangos son del pueblo, se dice por

el Yaracuy, y por Cojedes, y por el Guárico, y por todas partes. Los mangos son de quien los toma. El amo de Publio s
Ice Cream metió lo que pudo.

—¡Guá, negra...!

Entre La Encrucijada y Palo Seco, el tránsito no suele engalletarse. Aquellos quilombos no son, esa es la verdad, la
esquina Padre Sierra, en Caracas. El amo de Publio's Ice
Cream tuvo suerte; a media faena aún, el radio se arrancó
por la rumba, son eficaz, cuñao, pal coroto.

—¡Guá..., negra...!

El sudor de *El Ardiente Vendaval de Guanabacoa* también picaba como el ají. Al amo de Publio's Ice Cream le dio
la loquera.

—¡Vivan las negras verracas!

—¡Amó...!

—¡Viva Venezuela...!

—¡Ay, amó...!

—¡Vivan las Naciones Unidas...!

El amo de Publio's Ice Cream solía sorprender a la afición
con erotismos gloriosos e insospechados. Según la dama que
se lo había presentado a María Victorita —¡ah, trenza, y no
habelo conocío antes!— era uno de sus mayores encantos.

Feliciano Bujanda, al cruzar, a la manija del jeep, el río
Orituco, se acordó de su papá, el conocido maraquero Presentación. Juan Evangelista, con sus gafas negras, que le venían algo grandes, miraba el veloz mundo del camino sin demasiada extrañeza.

—Y le hubo otro Rubio e la Rubiera, pues, más moder-
namente, güeno, don Paco Mier y Terán, *Rubio viejo* le
nombran pu acá, que también tuvo su paguanare con el mesmitico Guardajumo. ¡Brrr...!

Feliciano Bujanda procuraba estar atento al ganado que
rejendía, olvidadillo, desmañadete, lento, por mitad del camino.

—Y *Rubio viejo,* pues, en cuantico que sus campos volantes le prendían un cuatrero, ¿sabe?, le cobraba venganza según el coló e el pelo. ¡Brrr...!

Feliciano Bujanda, en silencio, miró para Juan Evangelista. Juan Evangelista no había descubierto aún la leyenda cruel de la Rubiera.

—Y a este torito barroso, pues, decía *Rubio viejo* apuntando al ladrón, me le untan toitica la tutuma e manteca e res, güeno, me le amarran un cuero a la espalda, ¿sabe?, y me lo mandan preso a Calabozo, pa que escarmiente... ¡Brrr...!

Al caporal Feliciano Bujanda se le ahogaba la voz al recordar la voz del maraquero Presentación Bujanda, en el papel de *Rubio viejo*.

—Y a este novillo borcelano, pues, me lo botan con cuidao a La Hoyita, pa que se almuerce el caimán... ¡Brrr...!

Feliciano Bujanda veía, como si la tuviera delante, la cara de su papá al rondar aquellos lances del cuento.

—¡Y a lo mejó el caimán era su mesmitico progenitó, que purgaba tóos los pecaos que había cometío...! ¡Brrr...!

Juan Evangelista se entretuvo en seguir con los ojos los nobles redondeles que el gavilán colorao iba pintando en el cielo.

—Y a este orejano sardo, pues, me le ponen un cachicamo bien sujeto en las manos, güeno, y me lo afusilan po robá la riqueza ajena... ¡Brrr...!

El caporal Feliciano Bujanda, por dentro, repetía, punto por punto, el tránsito que, por fuera, había hecho, años atrás, el maraquero Presentación Bujanda.

—Peo *Rubio viejo*, se conoce que pa engañá a Dios y pa salvá su alma, era generoso, güeno, con los alpargatúos que no le andaban cuatreriando, pues, y con los zamuros que le limpiaban el campo e carroña... Güeno, ecía, a veces, *Rubio viejo* mirando pa los zamuros que le revolaban el hato con tamaña hambrá, que maten una res y que la ejen en mitá e el campo, ¿sabe?, que tién que comé tóos los animalitos del cielo...

Feliciano Bujanda sabía bien que aquel pasaje de la leyenda era el único en el que su papá no hacía ¡brrr...!

—Y *Rubio viejo*, pues, como le venía iciendo, también quiso vendé su alma a Guardajumo, pa que le levantara un corralón to cercao e troncos... ¡Brrr...!

Feliciano Bujanda frenó en seco al jeep, para no atropellar a una vaca que se cruzó. Juan Evangelista soltó la carcajada.

—¡Ah, Feliciano Bujanda, qué res cholúa, güeno, a poquitico la ejamos espachurrá, pa los zamuros...!

El caporal Feliciano Bujanda arrancó el jeep. A los pocos instantes, a Feliciano Bujanda se le volvió a meter su papá en la cabeza.

—Peo cuando ño Guardajumo iba a rematá el corral, ¡zas!, los maeros que se le juntaban pa formale la cruz. Ño Guardajumo, botando puritico sulfato pu el morro, pegaba la espantá y juía a escondese. ¡Brrr...!

Juan Evangelista tocó en el brazo al caporal Feliciano Bujanda.

—¿Y falta mucho, pues, entoavía, pa Calabozo?

El caporal Feliciano Bujanda le respondió sin apartar la vista del camino.

—Y, no, amito..., que ya nos va faltando menos, pues...

El caporal Feliciano Bujanda entornó un poco los ojos, para ver mejor.

—Y cuantas veces ño Guardajumo quería levantá el paloapique, tantas veces que se le formaba la cruz y otras tantas tenía que salí juyendo y botando mero veneno pu el hocico... ¡Brrr...!

Feliciano Bujanda, contándose a sí mismo y en voz baja las remotas historias de su niñez, sufría como si le faltase el aire.

—Y esde entonces, se nombró la Cruz Rubiera a tóa la tierra e los Rubios... Peo *Rubio viejo*, cuando jué que tuvo que pasá el páramo, le contó a los hijos que en la mata e San Juan tenía enterrá una rialera en morocotas de oro e ley... Y si no las encuentran, pues, llamen a ño Guardajumo pa que se las enseñe... ¡Brrr...!

El caporal Feliciano Bujanda hizo memoria de que papá Presentación, a aquellas alturas de la fábula, tomaba las maracas.

—Y aún se canta pu el llano, pues...

Yo estuve en la Cruz Rubiera,
vi a Paco Mier y Terán,
en una bestia cerrera
que le ensilló Sebastián.

Con el último verso, al caporal Feliciano Bujanda se le fue el jeep contra un padrote encerao cacho e peineta que ño Guardajumo —¡brrr...!— les atravesó sin avisar. El caporal Feliciano Bujanda no pudo meter el freno a tiempo y el jeep, tras dudarlo unos instantes, volcó. El caporal Feliciano Bujanda y Juan Evangelista Pacheco Sánchez, el hijo de la catira Pipía Sánchez, el muchacho que iba a esperar a miss Fanny al aeropuerto de Calabozo, salieron disparados por el aire. El caporal Feliciano Bujanda y Juan Evangelista Pacheco Sánchez, el muchachito que tenía que guiar a la gringa por el camino del hato, se quedaron tumbados panza arriba, lejos, con los ojos abiertos —incluso sin espanto— y el corazón inmóvil y roto como el segundero del reloj que se viene de la ventana abajo. Igualitico que la lapa a la que caza el tigre. Y el jeep ardió. El jeep se convirtió en ceniza entre unas llamas verdes, azules, violentas, entre unas llamas que ponían reflejos de plata y reflejos de oro en el polvo del aire.

El Sebastián que le ensilló la bestia cerrera a don Paco *Rubio viejo* Mier y Terán, era su hermano.

La negra Cándida José, aún Juan Evangelista y el caporal pasando el último tranquero, se chocó a la catira.

—Güeno, misia, que ya sé y que yo no mando na, pues, peo pa mí que el muchachito, güeno, ta tierno aún, ¿sabe?, pa viajá, que el muchachito no ta acostumbrao, misia, y va a extrañá el mimo e el hato, pues, el cuidao e el hato...

228

La catira Pipía Sánchez no puso buena cara al negro pensamiento de la vieja Cándida José.

—Güeno, negra, que Juan Evangelista se tié que acostumbrá, ¿sabe?, que tampoco poemo andá con tanta toñequería, güeno, pa que nos salga un pepito... La vía vié pegando duro, negra, y a Juan Evangelista hay que comenzá a endurecelo...

La catira Pipía Sánchez procuró escuchar bien sus propias palabras, quizás para convencerse de que decía verdad.

—Tráigame el whisky con yelito que le he pedío, negra.

—A la orden, misia.

La negra Cándida José llegó rezongando y con aire de pocos amigos hasta la cocina. La negra María del Aire se tragó el yelito que acababa de robar.

—¡Ajá, muchacha, llévele un whisky con yelito al ama, pues, que yo no quiero ni mirala!

La negra María del Aire se asustó al ver a la negra Cándida José. La negra María del Aire se espantó aún más al oirla. La negra María del Aire puso su más dulce voz.

—Güeno, ña, ¿y qué le sucede, pues?

La negra Cándida José no quería dar explicaciones. La negra Cándida José tenía el leco amargo y mandón.

—¡Usté ya se ha callao...! ¡Usté ya le ha preparao el whisky con yelito al ama, pues...! ¡Usté ya se lo ha servío, ¿sabe?, usté ya se ha callao...!

La negra María del Aire se calló. La negra María del Aire preparó, sumisamente, un whisky con yelito. La negra María del Aire se lo llevó al ama a la pieza. La catira Pipía Sánchez, cuando la negra María del Aire llegó con el whisky, se la quedó mirando.

—Güeno, María e el Aire, pues, ¿usté piensa que Juan Evangelista es un baby que lo tengo que tené amarrao al fustán?

La negra María del Aire se quedó un poco cortada. La negra María del Aire no estaba hecha a que la catira Pipía Sánchez le dirigiese la palabra.

—Güeno, misia, y yo como que no le pueo ecí..., ¿sabe...?, a mí me se jace que el amito ya va pa hombre..., güeno..., poquitico a poquitico, pues, po sus pasos...

El peón Jesusito Moisés se acercó a la cocina. A veces, el peón Jesusito Moisés, en la cocina, tenía suerte y pinchaba algún que otro imprevisto. La negra Cándida José se le quedó mirando, fija como el mochuelo. ¡Qué cosas más raras pasan! Aquel día, en Potreritos, todo el mundo miraba para todo el mundo.

—Guá, Jesusito Moisés, güeno, ¿usté piensa que el amito es ya un tercio jochao, pues, pa ranchase, a la poquitica edá que carga, en mitá e la sabana, como un pión escotero?

El peón Jesusito Moisés no supo si debía decir que sí o que no, para quedar bien. En el pensamiento del peón Jesusito Moisés, la estimación de la negra era algo muy importante.

—Güeno, ña, y según pu el lao que lo mire, pues... Que el amito no tié na e simplicio, ¿sabe?

La negra Cándida José torció el gesto. El peón Jesusito Moisés evolucionó con soltura, como el venado a la carrera.

—Peo el amito ta muy tierno aún, pues, pa viajá pa un lao y pa otro... Güeno, eso le pienso, ¿sabe?

El peón Jesusito Moisés miró a la negra, de reojo. Ña Candidita se sintió feliz —o, por lo menos, casi feliz— al oír en otros labios sus propias palabras.

—Y, claritico, cuñao, y claritico que sí... El muchacho ta muy tierno aún, pues, pa viajá pa un lao y pa otro, como un senadó... La hallaca no pué salí e el jojoto, compae, ni aún del maíz zarazo, ¿sabe?, que la hallaca tié que salí e el grano, pues...

La catira Pipía Sánchez detuvo, con un gesto, a la negra María del Aire. La negra María del Aire estaba azarada y no sabía dónde poner las manos.

—Y pa que un hombre se arranque con una moza, pues, y allá, cuando cae la noche, le iga palabritas de amó, negra, mirando pa la luna, en mitá e el conuco, pues, o onde sea, ese hombre tié que botase a viví cuando ta chiquillo, ¿sabe?, que después, a lo mejó se tarda...

La negra María del Aire empezó a temblar. La negra María del Aire creyó que aquello tan misterioso que estaba escuchando eran los primeros andares de la ristra que siempre,

¡ay, amor!, temía ver caer, casi ardiendo, sobre su cabeza. La negra María del Aire habló con la voz quebrada.

—Sí, misia...

La catira Pipía Sánchez bebió un largo sorbo de whisky. Después, la catira Pipía Sánchez se echó hacia atrás, en el mecedor.

—Se pué marchá, negra.

La negra María del Aire respiró.

—Sí, misia... Le toy a la orden, misia...

Publio Bujanda y Saludable de Lenormand, rumbera de oficio, no encontraron a Telefoníasinhilos y a Dorindito, por más que buscaron por las calles de Calabozo.

—¡A ve si se han accidentao!, ¿ah? ¡Miá que es raro no velos pu aquí...!

Publio Bujanda y Saludable de Lenormand, mujer de entusiasmos concretos, chequearon con toda calma las fondas y los botiquines de Calabozo.

—¡Miá que es raro que no se hayan presentao!, ¿ah? ¡A ve si han tenío un accidente...!

Publio Bujanda y Saludable de Lenormand, morenaza de arrestos y de buena casta, preguntaron por todas partes.

—¡Lo más fijo es que se hayan volcao!, ¿ah? ¡Miá que es vaina en la que nos han metío...!

Publio Bujanda y Saludable de Lenormand, gorda de temperamento, nada pudieron averiguar.

—¡Ah, trenza, miá tú que es vaina la e los parientes!, ¿ah? ¡Seguritico que se han volcao...!

Publio Bujanda y Saludable de Lenormand, cachonda de muchas libras, recordaban haberles avisado que se detuvieran en Calabozo.

—¡Y ahoritica varaos po su culpa!, ¿ah? ¡Y a lo mejó metíos en una berenjena...!

Publio Bujanda y Saludable de Lenormand, hembra amiga del vaso y de la sábana y del mantel, tuvieron que decidirse.

—¡Miá tú, y en qué berenjena que nos han metío!, ¿ah? ¡Y ahoritica varaos po su culpa...!

Publio Bujanda y *El Tornado Cubiche* se llegaron hasta el cruce de La Misión.

—¡Ah, qué lavativa e parientes, pues...! ¡Y po qué no nos habremo quedao en Maracaibo...!

El Tornado Cubiche, otra vez en el camino, volvió a romper a sudar.

—¡Lo mejó hubiea sío quedanos en Maracaibo!, ¿ah? ¡Qué vaina e parientes, la que nos ha tocao...!

El Tornado Cubiche, de nuevo en el campo abierto, pronto se olvidó de sus preocupaciones. A *El Tornado Cubiche,* con el sudor, le rebrotaron sus amorosos, sus mimosos, sus sentimentales y espirituales impulsos.

—¡Ah, y que estoy toíta sudá, pues, como le gusto a mi amó...!

Publio Bujanda hizo como que no entendía. *El Tornado Cubiche* era insaciable. Además, *El Tornado Cubiche* tenía ideas muy curiosas sobre el sudor y la más acertada manera de combatirlo. Lo que le pasó al musiú Jean Jacques fue que no supo entenderla.

—¡Toitica bañá en la suarea, amorcito...!

Publio Bujanda, a pesar de sus evidentes facultades, estaba algo cansado.

—¡Miá, mete una mano pu aquí, mi amorcito adorao...!

Publio Bujanda ganó por el camino de Cazorla.

Silverio Canelón, el chófer que traían Dorindo Eliecer Vásquez R. y su esposa, también sabía historias de la Rubiera. Silverio Canelón era de Cazorla; casi todos los cazorlenses saben historias de la Rubiera. Silverio Canelón era un mozo tarajallo y de no muchas luces, que tenía una oreja de menos.

—¿Y qué se hizo e la oreja, Silverio Canelón, pues?

Silverio Canelón siempre contestaba lo mismo. Silverio Canelón no era partidario de andar cambiando. Silverio Canelón tenía alma de godo.

—¿E qué oreja?

—¡Guá, compae, e la que le falta, pues, que los cristianos suelen lucí una a ca lao e la cara...!

—¡Ah!

Silverio Canelón, cuando caía en la cuenta, se llevaba la mano a la oreja que no tenía.

—¿E ésta?

—Sí.

Silverio Canelón se encogía de hombros.

—¡Pues, na, ¿sabe?, que me se cayó, güeno..., se conoce que me se puso maurita, pues, y me se cayó...!

A Silverio Canelón, eso de tener una oreja de menos no le preocupaba demasiado.

El poeta Leandro Loreto Moncada, un día que se lo encontró en La Cruz, le preguntó:

—Güeno, Silverio Canelón, ¿y usté no carga complejo e oreja, pues?

Silverio Canelón se apartó el cigarro de la boca.

—¿Eh?

El poeta Leandro Loreto Moncada era tercio instruído y de muchas y muy varias lecturas.

—No; que le preguntaba, güeno, pu eso e la oreja, ¿sabe?

—¿E qué oreja?

—Güeno, e la que le falta... Que le preguntaba, pues, Silverio Canelón, si usté no carga complejo e oreja.

Silverio Canelón, como de costumbre, se encogió de hombros.

—Pues, no, bachillé, que yo no cargo e eso, ¿sabe?

Silverio Canelón, palpándose el sitio de la oreja muerta, lo pasaba bastante regular. A veces, eso de andarse hurgando en las cicatrices, da mucho gusto.

—Míeme bien, pues... Aquí en este lao, po no cargá, no cargo ni oreja... Míeme bien, pues... Míeme sin reparo, bachillé...

La señora de Dorindo Eliecer Vásquez R., desde su asiento, se pasó todo el camino mirándole para la oreja a Silverio Canelón. El asiento de la señora de Dorindo Eliecer Vásquez R., tenía un muelle fuera de su sitio que se le venía clavando en el trasero.

—Guá, qué birragua e oreja! ...pensaba la señora de Dorindo Eliecer Vásquez R.

La señora de Dorindo Eliecer Vásquez R., atenta a la oreja de Silverio Canelón, no sentía el prolongado pinchazo del muelle roto. Silverio Canelón, aunque lo ignorase concienzudamente y a carta cabal, era muy sensible para las miradas que se posaban, como un aburrido pájaro de color gris ceniza, en su oreja. Silverio Canelón, de vez en cuando, aguaitaba —por el espejito y como quien no quiere la cosa— a la señora de Dorindo Eliecer Vásquez R.

—¡Ah, qué rolistranco e gorda, y cómo va a sacá el... güeno, eso..., en cuanto se esaparte e el muelle partío, pues...!

Para dejar al jeep que se alejase y no los cegara con su polvorín, Silverio Canelón frenó el carrito.

—¡Así escansa...!

—¡Cla cla cla clari ti tico que que que sí...!

Silverio Canelón se puso a mirar para la sabana. La negra mancha de los cimarrones se movía, lenta, olvidada y casi solemne, bajo el sol doloroso. Silverio Canelón se sobó la suave, la moradilla y tirante costura de su oreja. Silverio Canelón tenía la voz entrecortada y hasta saltarina.

—Hasta estas trochas de pu aquí, y aún más lejos, pues le llegaba el ganao e la Rubiera, güeno, cuando los Rubios... Y el primé Rubio...

El amanuense Dorindito y el chófer Silverio Canelón se apoyaron en el estribo del furruco, por el lado de la sombra. Telefoníasinhilos de Vásquez R., ni intentó desclavarse del asiento.

—El primé Rubio, compae, era un tronco e llanero, pues, ¡guá, y si lo era!

El amanuense Dorindito ofreció un cigarro a Silverio Canelón. El chófer Silverio Canelón se lo llevó a la boca, lo encendió y empezó a chupar.

—Y cruel, güeno, a lo que cuentan, como era la gente, ¿sabe?

El chófer Silverio Canelón dio las gracias a destiempo.

—Gracias, pues...

—No no no hay que que que dalas.

El chófer Silverio Canelón empezó a hablar antes de que el amanuense Dorindito terminara. En realidad, el chófer Silverio Canelón, cuando el amanuense Dorindito andaba por el segundo no, ya sabía lo que venía detrás.

—El primé Rubio, compae, que le cayó pu acá, jué un español muy farrusquero, güeno, que mandó enterrá vivos, pa que los espíritus le guardiaran la tierra, a to un tropé e casaes, ¿sabe?, e animalicos negros...

La señora de Dorindo Eliecer Vásquez R., que era hembra curiosona, peló la oreja, desde su asiento. La señora de Dorindo Eliecer Vásquez R., como cabe suponer, lucía dos orejas, una a cada lado de la cara. Las orejas de la señora de Dorindo Eliecer Vásquez R. eran gorditas, rosadas, tiernas. Las orejas de la señora de Dorindo Eliecer Vásquez R. se hubieran podido comer, seguramente, ayudadas con un poco de cazabe.

—Un casá e potranco y yegua..., un casá e toro y novilla..., un casá e burro y burra..., un casá e chivo y chiva..., un casá e perros..., un casá e gatos..., un casá e gallito piroco y gallina piroca..., un casá e gallitos bravos..., un casá e zamuros...

La señora de Dorindo Eliecer Vásquez R. iba llevando la cuenta con los dedos. La señora de Dorindo Eliecer Vásquez R., al llegar el chófer Silverio Canelón al casar de perros, cambió de mano.

—Y pa rematá tanta sepoltura, güeno, el primé Rubio, que era un esalmao, también mandó enterrá vivos a un negro y a una negra...

El amanuense Dorindito arrugó la nariz. Casi sin quererlo, el amanuense Dorindito empezó a oler a muerto.

—¡Qué qué qué je jedenti ti na!

El chófer Silverio Canelón continuó hablando.

—Y el negro que el primé Rubio mandó enterrá, ¿sabe?, jué un esclavo que le ecían Juan Bautista.

El chófer Silverio Canelón se dignó mirar para el amanuense Dorindito, quizás para que ni se atreviese a poner una sola de sus palabras en tela de juicio.

—Güeno... Y Juan Bautista, el negro enterrao, entoavía le guardia el hato, pues, de fiel como le hubo e salí... Y el moreno Juan Bautista, compae, engolvío en una cobija colorá, tocao con una cachucha e pelero e araguato y montao en un potro que mesmo paece un zamuro, po lo negro, se pasea pu estos costos, pa vigilá que naide se alce con las reses...

La señora de Dorindo Eliecer Vásquez R. miró por la ventanilla. El campo estaba sosegado, solitario, silencioso.

—Y también lo han visto, po las noches, cabalgando un roliverio e venao con la carama cumplía, ¿sabe?, pu ahí po la erecha, po la parte e el río Guaritico...

El chófer Silverio Canelón, tras el paseo del moreno Juan Bautista en su venado viejo, cerró el pico, es posible que en señal de respeto. El chófer Silverio Canelón contaba sus cuentos como mejor sabía. El chófer Silverio Canelón no era tan buen actor como el maraquero Presentación Bujanda. Un chófer —a nadie se le debe ocultar— nunca puede ser tan buen cómico como un maraquero. El chófer Silverio Canelón, con el ademán circunspecto y bien medido, volvió a prender la punta de su cigarro. El chófer Silverio Canelón botó el humo por la nariz. La señora de Dorindo Eliecer Vásquez R. se puso a pensar en las posibilidades que el chófer Silverio Canelón tendría de poder botar el humo por la oreja.

—Seguramente ninguna, pues... La oreja la tié que tené atorá...

El chófer Silverio Canelón, como si le hubiera adivinado el pensamiento, sonrió y botó el humo por la oreja. El chillo de la señora de Dorindo Eliecer Vásquez R. se tuvo que oír en La Yegüera y quién sabe si aún más abajo, en Guayabal o en Cazorla.

—¡¡¡Ay...!!!

El chófer Silverio Canelón y el amanuense Dorindito se pararon de un bote. Telefoníasinhilos de Vásquez R., en el piso del carro, jadeaba desmayada y pálida, convulsa, sin sentido y casi muerta. Telefoníasinhilos de Vásquez R. se había desclavado, de golpe y sin dolor, del muelle roto. El chófer

236

Silverio Canelón y el amanuense Dorindito le soplaron en la cara, a ver si revivía. Telefoníasinhilos de Vásquez R., al cabo de un rato, como siempre pasa, revivió. Telefoníasinhilos de Vásquez R. lo primero que hizo, al volver a la vida, fue mirarle a la oreja al chófer Silverio Canelón.

—¡Ajá, este tercio condenao, que bota el jumo por la oreja...!

El amanuense Dorindito miró para la oreja del chófer Silverio Canelón. El chófer Silverio Canelón, en cambio, miró para Telefoníasinhilos.

—¿Po qué oreja?

—¡Guá, compae, po la que le falta, pues, que los cristianos suelen lucí una a ca lao e la cara...!

—¡Ah!

El chófer Silverio Canelón, cuando cayó en la cuenta, se llevó la mano a la oreja que le faltaba.

—¿E ésta?

—Sí.

El chófer Silverio Canelón se encogió de hombros.

—Pues no me lo explico, ¿sabe?, pa mí que esta oreja tié que ta atorá...

El amanuense Dorindito, su señora y el chófer Silverio Canelón, cuando las aguas volvieron a sus cauces y los ánimos se apaciguaron, siguieron, carretera adelante, por el camino de Calabozo. Y a una legua de La Misión, por el camino de Calabozo...

—¡Guá, si paece una fogarera!

Los pájaros no sienten el dolor de los demás. Ni la desesperanza, la agonía o la muerte de los demás. Los pájaros, los libres, los pintados, los inquietos y jolgoriosos pájaros —la poética garza, el turpial negro y amarillo, la melancólica soisola, el arrendajo minúsculo, la dulce paraulata, el rajaviento audaz, la chiricoa saltarina, el arisco patorreal, la matraca y su primo el martín pescador, el cristofué solitario y misterioso, la cotúa múltiple, el yaguazo de pico colorado, el güirirí de las mejores algarabías, el picoeplata que canta como una niña, la tigana menuda, el corocoro que muere de color de rosa, el pájaro-carpintero, que anda en coplas, el tautaco con su campanil, la vocinglera guacharaca, el madrugador maicero, el alcaraván— no sienten, los pájaros, pues, el dolor de los demás: el de la bestia herida o el de la res enferma, el del tigre olvidado o el de la lapa ya para siempre sola, el del becerro huérfano, el del potro capón, el del vaquero enamorado y sin amor, el del niño muerto, casi sin sentirlo.

En el camino de Calabozo, a una legua del cruce de La Misión, cantaba el pájaro llanero. El alma duele como duele una pierna, sin que los demás se percaten.

—¡Ah!, ¿y que usté ice, cuñao, que tié doló en la canilla, pues?

—Y, sí, compae, que casi no me pueo ni mové, ¿sabe?, que le cargo po tóa esta parte un doló muy jochao...

—Güeno, no esconfíe..., ¡ya le sanará...!

A una legua del cruce de La Misión, en el camino de Calabozo, el sol, sobrevolando la húmeda, la gruesa y blanda nube, escuchaba el canto del pájaro cruel y bellísimo, el pájaro insensato y dulce, atolondrado y huraño.

—¡Guá, si mesmo paece como una fogarera!

A dos leguas del cruce de La Misión, vadeado no más el Orituco, el amanuense Dorindito, su señora y el chófer Silverio Canelón, vieron pintarse una fogata, allá a lo lejos.

—Que no va errao, compae, que sí que le es...

Al amanuense Dorindito, a su señora y al chófer Silverio Canelón, como no eran pájaros, les corrió un mal presentimiento por el pulso. Pero el amanuense Dorindito, su señora y el chófer Silverio Canelón, como no eran pájaros, guardaron silencio.

—¡Ah...!

La culebra de color de polvo se agazapó, quizás con la conciencia intranquila, al borde del camino.

—¡Zape, la bicha!

Y hacia levante, difuminado por la calina, se pintaba el grácil morichal.

—¡Ah...!

En el camino de Calabozo, a una legua escasa del cruce de La Misión y arropado en unas aún violentas, verdes, azules llamas, ardía un jeep: un jeep pintado de verde pena y con las cuatro ruedas al aire, como el potranco muerto de una cornada.

—¡Ah...!

El chófer Silverio Canelón frenó el carrito. Dorindo Eliecer, su señora y el chófer Silverio Canelón, como no eran pájaros, sintieron un temblor que les chuqueaba las piernas. Las piernas duelen como duele el alma: en silencio y haciendo, de tripas, corazón.

—¡Que le cargo una pena, cuñao, que me mata el alma...!

—¡Ya le pasará, compae, to pasa...!

Con los ojos atónitos y la lengua fuera, con las carnes estremecidas y el último hálito amarrándosele, como la trepadora, al güesero de la muerte, un toro cacho e peineta y encerao agonizaba, dolorosamente, a seis u ocho pasos del jeep.

El amanuense Dorindito, su señora y el chófer Silverio Canelón, como no eran pájaros, se vieron espantar.

—¡Ah...!

El caporal Feliciano Bujanda tenía la cara rota contra la tierra. Juan Evangelista Pacheco Sánchez, el hijo de la catira Pipía Sánchez, con la mirada perdida más allá, mucho más allá de las lindes del llano, también estaba muerto.

—¡Po que to pasa siempre...!, ¿sabe?

Juan Evangelista Pacheco Sánchez tenía el liqui-lique manchado de tierra... Los negros zamuros hacían guardia a la tierra... Los miserables, los ruines, los viles pajaritos del cielo, cantaban sobre la tierra... A puro golpe de traición, los pajaritos del cielo, los pajaritos sin claridad, los impúdicos y estúpidos pajaritos cantaban, incluso armoniosamente, sobre la tierra dorada y plateada de la Pachequera...

La catira Pipía Sánchez mandó disponer la pieza de miss Fanny.

—Que le esté to bien esmerao, negra, que le esté to con orden...

—Ta bien, misia.

239

La catira Pipía Sánchez aleccionó a su gente sobre el trato que habían de dar a miss Fanny.

—Güeno..., que eso e miss les vié a se como cuando pu acá ecimos misia, ¿sabe?

—Ta bien, misia.

La catira Pipía Sánchez organizó un joropo para recibir a la gringa miss Fanny.

—Y lo primeritico po lo que se arrancan, ¿sabe?, es pu el compás de "Alma llanera".

—Ta bien, misia.

—Güeno..., peo que naide me se bote al joropo, pues, hasta que Juan Evangelista saque a bailá a la miss, ¿sabe?, y dé po lo menos dos güeltas to alreedó.

—Ta bien, misia.

La catira Pipía Sánchez estuvo, aquel día, más diligente que nunca. La catira Pipía Sánchez enseñaba, a quien lo quisiera ver, un ánimo que parecía alegre y decidor, un ánimo en el que hubiera sido muy difícil calar hasta su amarga, temerosa almendra. La catira Pipía Sánchez era partidaria de que los muchachitos aprendieran idiomas.

—¿Sabe?, que aprendé el inglés muy rebién aprendío le ha e sé al muchacho e mucha utilidá.

—Sí, misia, ¡quién lo duda!

La catira Pipía Sánchez vigiló la cocina. La negra Cándida José estaba apagada y mustia, igual que si esperase un golpe de hígado, una vuelta de campana al hígado.

—¿Y qué le sucede, pues...?

—Na, misia, que no me sucede na...

Las negras viejas —cuando, de cuando en cuando, el mundo parece más descuidado y necio— se miran el blanco y venoso fondo del alma con el raro aparatico, mitad brújula, mitad barómetro de las presiones, que cargan, casi resignadamente, en el corazón.

—Y a la miss me le pone sencillito, ¿sabe?, pa que se nos vaya jaciendo al alimento.

—Ta bien, misia.

La negra Cándida José no levantó la vista de la faena. La

negra Cándida José se sintió un poco culpable de su frialdad.

—Ta bien mandao, ¿sabe?, ta muy rebién mandao...

La catira Pipía Sánchez tenía la euforia, la ciega euforia, lastrada con el plomo impreciso de todos los presentimientos. Pero la catira Pipía Sánchez, quizás por misericordia, no quiso ni detenerse.

—Po que tié que se un día e mucha emoción, güeno, un día e lo más emocionante...

La catira Pipía Sánchez iba a añadir "y alegre", pero no lo añadió: el diablo, que lo sabe todo, podrá decir por qué causas.

—Sí, misia, un día e lo más emocionante, pues.

Potreritos cobró un aire de fiesta, un aire lento, multicolor, monótono y solemne de fiesta a la fuerza, de fiesta a pesar de todos los pesares y contra viento y marea. Hay fiestas, a veces, previstas, fatales, indefectibles fiestas, que sobrecogen el resuello y fabrican un nido de miedo en el más pobre y olvidado rincón del alma de cada cual.

—¡Qué emoción, vale, po tóa esta tierra, con la primé salía e el muchachito...!

—Sí, compae, y que el ama le ha mandao prepará el coroto po to lo alto, ¿sabe?

—Sí, con licó pa tóa la pioná, ¿sabe?, y con parrilla e res, güeno, y con joropito pa postre...

—Sí, compae, ¡qué emoción po to este costo, güeno, con la primé salía e el amito...!

Mal asunto el que la gente se repita demasiado tan abundantes promesas de felicidad.

—Y que la vamos a gozá, cuñao, en cuantico que se nos pinte pu allá lejotes el tierrero e el jeep...

—Güeno, que yo me voy a rascá, ¿sabe?, to rascaíto, que no me van a conocé...

—¡Y sí, compae, que tenemo que celebralo bien celebrao...! ¡Que el coroto se lo merece...! ¿Sabe?

La pavita —nadie la vio volar— se llegó hasta el cotoperiz que sombreaba la pieza de Juan Evangelista.

—¡Zape, la pájara!

241

A la negra Cándida José nunca le había gustado tocar a vísperas.

—¡Guá, y po qué no se aguardiarán, pues, a que el muchachito se degüelva...!

La negra Cándida José era mujer sensata. La negra Cándida José no era amiga de gastar pólvora en zamuros.

Por el camino de Cazorla abajo, Publio Bujanda y Saludable de Lenormand, la hermana de Telefoníasinhilos de Vásquez R. —¡ah, y po qué no nos habremo quedao en Maracaibo...!—, llegaron, a una legua del cruce de La Misión, hasta los mismos dolorosos morros del toro agonizante. Publio Bujanda sacó de dudas a Dorindo Eliecer, a su señora y al chófer Silverio Canelón.

—Y sí que es Feliciano...

El amanuense Dorindito, su señora y el chófer Silverio Canelón, no sabían ni por dónde empezar. Publio Bujanda y El Tornado Cubiche, tampoco.

A El Tornado Cubiche, la presencia de la muerte, la exacta llegada de la muerte, la ponía cachonda. Cachonda como la criada que degüella al pavo sujetándole el tibio gañote entre los muslos... Cachonda como la motolita que va a los toros y sería capaz de pecar, casi sabiamente, a la puesta de sol... Cachonda como la niña que se estremece —¿de qué se estremece la niña?— mirando cómo el matarife que jiede a cachiquel asesina, con cuchillo firme y con segura calma, al cerdo sangrador y reluciente...

—¿Y el muchachito?

—El muchachito es el amo e la tierra... El muchachito es el hijo e la catira misia Pipía Sánchez...

—¡Guá, qué doló!

Telefoníasinhilos de Vásquez R. vio linda a El Tornado Cubiche. El Tornado Cubiche, en cambio, encontró gorda y fondona a Telefoníasinhilos de Vásquez R., la madre de familia que tan felices se las había prometido. Telefoníasinhilos de Vásquez R. explicó a El Tornado Cubiche que esperaba novedades.

—¿Y otro, ah?

Telefoníasinhilos de Vásquez R. era hembra que gozaba narrando sus maternidades y sus proyectos.

—Pues, sí, que ya me ha faltao dos veces, ¿sabes?, y va pa la tercera.

Publio Bujanda, el amanuense Dorindito y el chófer Silverio Canelón cargaron el cadáver de Feliciano en el carro del muelle roto. Publio Bujanda envolvió a Feliciano Bujanda en la cobija, con el lado negro al aire, según costumbre.

—Cuidao que no se pegue, pues, con la puerta...

Publio Bujanda, el amanuense Dorindito y el chófer Silverio Canelón cargaron el cadáver de Juan Evangelista en el carrito azul, casi lujoso, aún reluciente, que había salido de San Juan de los Morros ignorando la triste lotería que el llano le deparaba.

El amanuense de La Yegüera arropó a Juan Evangelista Pacheco Sánchez —el muchachito que perdió la vida a las primeras de cambio— con la cobija volteada por lo negro, según el uso.

—Cuidao que no se vaya a golpiá, pues...

En el cotoperiz de Potreritos, la pavita cantó. Nadie la vio volar, con el trajín. Tampoco nadie —o casi nadie— la escuchó.

El Tornado Cubiche, hablando con Telefoníasinhilos, andaba por lo de su divorcio con el musiú Jean Jacques.

—¡Guá, que era celosón, ¿ah?, y atravesao...! ¡Yo ya no lo poía aguantá, ¿ah?, e zonzo como se había güelto...!

—¡Y claro, pues, que has jecho peo que muy bien botándolo a la mitaíta e la calle, hermana...! ¡Estos musiús cargan unas tendencias muy escarás, güeno, unas manías de muy poca confianza...!

—¡Y eso me ecía Publio, ¿ah?, miá, negra, que estos cornúos sosegaítos te son tóos traidorones, güeno, y poco clareaos...!

Publio Bujanda hacía equilibrios para que el cadáver de Feliciano no se pegase con la puerta.

—Pa mí que Publio no tenía po qué mentime, ¿ah?

243

Juan Evangelista Pacheco Sánchez, el muchacho que murió sin haber llegado a endurecerse, lucía los ojos atónitos y abiertos, como si aún quisiera seguir mirando los anchos redondeles que el gavilán colorao pintaba sobre el llano amargo. Sus gafas negras, aquellas gafas negras que le quedaban grandes y con las que había mirado, casi sin extrañarse, el rápido mundo del camino, salieron rebotadas por el aire, hasta muy lejos.

No era casi nadie. Pero era, en todo caso, la negra Cándida José. La negra Cándida José escuchó el canto de la pavita. La negra Cándida José se echó a temblar. La negra Cándida José se estremeció.

—¡Guá, que no lo quiero ni pensá...!

La negra Cándida José frotó la concha del cotoperiz con la piedra del zamuro, el mágico bezar antigafe.

—¡Juye, pájara e el diablo, traicionera, Ave María Purísima...!

La negra Cándida José subió a la pieza de Juan Evangelista y, sobre la almohada, pintó tres cruces solemnes y cuidadosas, casi de confitería.

—El santo nombre e el taita e el cielo, el santo nombre e el hijo que murió en la cruz, el santo nombre e la paloma santa y que a tóos nos coja confesaos, amén.

La negra Cándida José se lavó los ojos y las manos con agua de cariaquito.

—¡Ah, y que no lo puedo ni pensá...!

La negra Cándida José cargaba una tenaza al rojo que le partía en dos el sentimiento.

—¡Ay, mi muchachito, que no lo quiero ve..., to frío..., que no lo queo mirá..., mi muchachito, to callao..., que yo lo quiero tené, mi muchachito, amarrao pa siempre...!

La negra Cándida José rompió con la llantera.

—¡Virgen del Valle e el Espíritu Santo, que me degüelvas a mi muchachito pal hato, que un cirio te he e prendé, que no me se muera...!

La negra Cándida José se dejó caer, pesadamente, en el escaño de la cocina. La catira Pipía Sánchez empujó la puerta.

—Y a la miss me le pone sencillito, ¿sabe?, pa que se nos vaya jaciendo al alimento e pu acá.

La negra Cándida José no contestó. La negra Cándida José no levantó la vista. La negra Cándida José ni se movió.

—Y cuando la miss, ¿sabe?, ya vaya tando acostumbrá...

La catira Pipía Sánchez se acercó a la negra Cándida José.

—¿Qué le pasa, negra? ¿Po qué no responde, pues...?

La negra Cándida José estaba como sorda.

—Que le toy hablando, negra, ¿es que no me oye...?

La negra Cándida José estaba como muda.

—Güeno, ¿es que se olvidó e hablá...?

La negra Cándida José estaba como ciega.

—¡Ah!, ¿qué le sucede, negra...? ¿Es que no me ve, pues...?

La negra Cándida José estaba como muerta.

—¡Ah!, ¿y po qué no ice na, pues..., ni mira pal ama..., ni respira, güeno...?

A la catira Pipía Sánchez estuvo a punto de faltarle el valor, cuando le tocó un hombro a la negra Cándida José.

—¡Negra...! ¡Espabílese, pues...! ¡Negra...!

La negra Cándida José, doblándose por la cintura, se fue contra el suelo. Por Potreritos, la noticia corrió quebrando los preparativos del joropo.

—¡Y diz que panquió, cuñao, e una piñata al corazón!, ¿sabe?

—¡Ah, que la negra buscó mal el momento e espegase, compae...!

La catira Pipía Sánchez no tuvo tiempo de entristecerse. La catira Pipía Sánchez se sobrepuso.

—Y aquí no ha pasado na, ¿sabe?, Juan Evangelista no tié po qué enterase e na...

—Ta bien, misia.

La catira Pipía Sánchez procuró hacer firme la voz.

—La negra me la botan a un potro y me la llevan pal Pedernal, ¿sabe?

—Ta bien, misia.

La catira Pipía Sánchez levantó la cara.

—Y el joropo se da con güen semblante, ¿sabe?, Juan Evangelista tié que ve el hato alegre, pues, y a la gente animá...

—Ta bien, misia...

La pavita volvió a cantar en el cotoperiz.

Los carros de los muertos, al pasar por el Turupial, fingían unas raras semejanzas. Por menos, hay quien escucha llorar a la Llorona, y silbar al Silbador, y hachear al Hachador.

—Usté es es es el que que habla...

Dorindo Eliecer Vásquez R. prefirió que fuera Publio Bujanda el que dijese:

—Güeno..., y que esto es lo que nos hemos topao en el camino, ¿sabe?, una legua antes de chocá al cruce e La Misión...

Dorindo Eliecer Vásquez R. hubiera tardado más tiempo del preciso. Y estas cosas conviene soltarlas cuanto antes.

—Usté lo lo lo i i ice me me mejó, ¿sa sabe?

Por el campo abierto trotaba un peón, jinete en un potranco rucio, llevando del ronzal a una bestia meditabunda y triste que cargaba un bulto, enfardado en cobija negra, que mismo parecía un cristiano muerto.

El peón se salió de la trocha para dejar el paso a los dos carros.

—Y en Maracaibo, ¿ah?, tenemo tóos los aelantos... El beisbol se lo pué mirá esde la mesmitica pieza, ¿ah?, con esto e la televisa...

El Tornado Cubiche era mujer progresista y rumbera moderna. Telefoníasinhilos de Vásquez R., su hermana, no se resignaba a quedarse atrás.

—Guá..., y po La Yegüera tenemo ya tóos esos inventos, güeno, y aún otros más complicaos...

El peón de las dos bestias ganó para la parte del Pedernal. El peón de las dos bestias no saludó.

—¡Ah, qué pión ideático, pues, que no salúa en el camino!

Entre el Turupial y Potreritos, Telefoníasinhilos de Vásquez R. y *El Tornado Cubiche* se callaron.

—Es que a mí, ¿ah?, con esto e lo negro, me se va la juerza...

—Y a mí, Salú, y a mí que me sucée lo mesmo, pues.

El chófer Silverio Canelón vio pintarse, a lo lejos, las luces de Potreritos. Publio Bujanda, por el pisao del chófer Silverio Canelón, no las vio hasta que las tuvo encima.

—¡Ah, y qué lindura e planta, la que jué a instalá la catira...!

Cuando los carros de los muertos se chocaron al tranquero de Potreritos, la catira Pipía Sánchez se asomó al porche de la casa.

—¡Déle ya, moreno!

El moreno Chepito Acuña, casi con ganas, pegó fuego a su estruendoso oficio de fueguero y disparó el fusuco de la señal.

—¡Ah, que tocan a rascase, cuñao, aguaite que no se le pase el turno e el aguardiente!

La catira Pipía Sánchez miró para los músicos y los músicos, como esperando la mirada, rompieron con los acordes de "Alma llanera". El moreno Chepito Acuña, aún antes de pararse los carros, voceó a grito herido el inútil pregón que tanto trabajo y tanto borrón y cuenta nueva le había costado discurrir.

—¡Viva la gringa miss Fanny, nueva ciudadana e el Estao Guárico...!

Los carros se detuvieron bajo el alero mientras, rebotando por encima de la pelambre, se apagaban los últimos vivas del coro. A la catira Pipía Sánchez le temblaron los párpados, al no ver al jeep. Publio Bujanda se apeó de su carrito azul y se chocó a la catira Pipía Sánchez. Publio Buianda quiso componer el gesto, pero no lo pudo evitar y sonrió.

—Güeno..., y que esto..., güeno...

Los músicos, de una manera misteriosa, cesaron de tocar. Y la peonada, presa del mismo misterio, cesó de rezongar.

—Güeno..., pues que esto, misia..., mi hermanito Feliciano, ¿sabe...?

La catira Pipía Sánchez notó que la sangre se le iba escapando de la cabeza.

—Mi hermanito Feliciano, eso es..., güeno..., y que esto es lo que nos hemos topao en el camino...

Publio Bujanda tragó saliva.

—Una legua antes, ¿sabe?, e el cruce e La Misión...

La catira Pipía Sánchez cerró los ojos.

—¿Y el muchacho...?

Publio Bujanda se sintió el hombre más desgraciado de toda Venezuela.

—Güeno..., claro..., pues el muchacho..., eso, misia, ¿sabe?, el muchacho también...

Los hombres dejaron caer la cabeza sobre el pecho. La catira Pipía Sánchez, arropada en un silencio que llegaba a clavársele en los oídos, cargó con el cadáver de Juan Evangelista. La catira Pipía Sánchez le soltó las yuntas —aquellas mismas gruesas yuntas de oro que llevaba su marido, el día que se mató— para escucharle, en vano, el corazón. La catira Pipía Sánchez ya sabía que el corazón de Juan Evangelista estaba mudo. La catira Pipía Sánchez, la hembra fuerte de la Pachequera, se desmayó.

Fuera, sonó el seco y retumbador disparo de la venganza. El moreno Chepito Acuña le acertó a la primera a la pavita del cotoperiz.

—¡Ah, pájara e guiña, que ya no golverás a cantá pu estos costos...!

En el liqui-lique de Juan Evangelista, en el bolsillo de la derecha, dormía, un poco avergonzado, el ojo de zamuro en el que había puesto toda su confianza la negra Cándida José.

CAPÍTULO IV

LA CESTA DE SIBISIBE

L A tierra queda. La tierra queda siempre. Aunque los ríos se agolpen. Aunque los cielos lloren, durante días y días. Aunque los alzamientos ardan. Aunque los hombres mueran.

—¿Manque las mujeres se tornaran jorras, güeno, como las vacas?

Sí; aunque las mujeres se volviesen horras, igual que las viejas vacas agotadas, la tierra, esa rara substancia, quedaría siempre.

—¿Y el día que el mundo reviente, vale?

—¡Guá, compae, no lo piense! ¡El mundo ta entoavía finito!

A la tierra la levanta el viento. La tierra se lleva y se trae pegada a la alpargata. La tierra, a veces, se abre y escupe fuego, como un dragón.

—¡Ah, cuñao, qué vaina e pendejá más misteriosa, pues, qué tronco e vaina, to esto e la tierra...!

Pero la tierra, pase lo que pase, no devuelve a sus muertos. A quien Tunga se lo lleva, la tierra no lo trae. La tierra se alimenta de muertos, se nutre de dolorosos o indiferentes muertos.

—Güeno, peo a la res se la devora el zamuro, compae, y no la tierra...

—Y, sí, cuñao, peo el zamuro también esaparece, pues, y zamuro no come zamuro, ¿sabe?

249

Don Job Chacín se preparó un cafecito en el reverbero. Había algunas cosas que don Job Chacín jamás pudo explicarse.

—Prefieo una montonera e mauseros.

—¿A qué, don?

—A tóa esta lava e guiña, catira...

La catira Pipía Sánchez, una vez más, dio tierra a sus muertos. Los sabios dicen que hay tribus, remotas tribus, que cuando las cosas vienen mal dadas, comen tierra.

—¡Y muy fregao se les tié que poné el coroto, compae!

—Güeno, peo cuentan que la comen, ¿sabe?, que yo no lo he mirao po mis ojos...

La catira Pipía Sánchez, desde la muerte del hijo, se agarró aún todavía más a la tierra. La tierra es, al mismo tiempo, caritativa y cruel, hermosa y monstruosa, blanda como la pluma de garza y dura como el viento del páramo, amarga y dulce, sonreidora y esquiva, desmemoriada y rebosante de amor. La negra María del Aire sintió que sus olvidos no andaban con la luna.

—¡Guá, negra, que e tanto dir al conuco, le va a pegá el plomo...! ¡Que los piones le son muy jochaos, ¿sabe?, y no buscan a la negra más que pa gozá...!

A la negra María del Aire le pegó el plomo.

—Güeno, mejó pa mí... ¡Tampoco voy a se la primé negra que bote al mundo un muchachito clareao...!

—Tampoco, pues...

El moreno Chepito Acuña, con un pañuelo, quitaba todas las noches la tierra a su peloeguama. El moreno Chepito Acuña lucía triste, desde algún tiempo atrás.

—¿Y pa qué tanto limpiá el alón, moreno?

—¡Pues ya ve!

La negra María del Aire, recién ascendida, daba yelito al moreno Chepito Acuña. Al moreno Chepito Acuña, un día, se le fue el yelito contra el suelo. La negra María del Aire se rió.

—¡No se reiga, pues, que me se ha llenao e tierra!

—La tierra no es mala, moreno, sóplele un poquitico no más...

Catalino Borrego se chocó a San Juan de los Morros, a cumplimentar unas diligencias de la catira. Leónidas Bujanda, el poeta que se hizo famoso cuando lo del óbito del doctor Eligio Rivero, jurisconsulto de mucho renombre, había instalado un mabil de mala muerte a medias con una tal ña Sentimientos, vieja de oficios varios y mujer de inestables geografías. El poeta Leónidas Bujanda, entre palo y palo de ron, compuso un soneto que tituló "In memoriam" y que empezaba así:

> *Parca inclemente que segó la espiga*
> *y botó a tierra la más alta estrella.*

Leónidas Bujanda era un poeta especializado en parcas. Ña Sentimientos le decía el verso a todo el que asomaba el hocico por su casa.

—¿Es lindo, ah?

—¡E lo más lindo que se ha escuchao, comae...! ¡Guá, que es lindo!

En La Yegüera, el poeta Leandro Loreto Moncada también arregló otro soneto. El poeta Leandro Loreto Moncada lo tituló "In memoriam". El soneto del poeta Leandro Loreto Moncada empezaba así:

> *Capullo tierno que la parca airada*
> *volteó a la tierra que lo vio nacer.*

La gente solía decir que el poeta Leandro Loreto Moncada era más fino, más espiritual, pero que el poeta Leónidas Bujanda tenía más fuerza, más mensaje. Cuando hay un muerto por medio, estas güevonadas de los poetas jieden a mamaera e gallo.

Don Job Chacín se preparó un cafecito en el reverbero. Don Job Chacín, por más que se esforzaba, no conseguía hacerle comprender al poeta Leandro Loreto Moncada que la tierra, pasase lo que pasase, era siempre la misma.

—Esde Adán y Eva, bachillé, pa que lo vaya sabiendo, la tierra, güeno, sigue onde está. El Guárico, bachillé, pa que lo vaya sabiendo, tenía el mesmo coló cuando lo miraron Adán y Eva, güeno, si se chocaron pu acá, cosa que no se ha averiguao.

El poeta Leandro Loreto Moncada, es posible que ni siquiera para irritar a don Job, lucía su más afiladita cara de liebre.

—¡Guá, don, qué ideas! ¡Peo si el Guárico estaba sin inventá aún, pues, pu aquellos tiempos...!

Don Job Chacín, hablando con el poeta Leandro Loreto Moncada, se ponía de un humor de mil pares de diablos.

—Mié, bachillé, lo mejó es que no se meta en estas profundiades, ¿sabe?, que pa mí que es usté muy cortico e luces...

El poeta Leandro Loreto Moncada se levantó y se fue, con el rabo entre piernas. Don Job Chacín sopló el reverbero y se sirvió el cafecito.

—¡Ah, qué palo e tontiloco este bachillé comemierda...! ¡Lo que tié uno que aguantá, amarrao a tanto ignorante...!

Don Job Chacín, desde la muerte de Juan Evangelista, se engrillaba por cosas que antes le tenían sin cuidado.

—Ta güeno el cafecito... Sí, señó, ta güeno... Y ahorita me voy a pelá la barba... Sí, señó, ahorita me voy a pelá la barba, que pa eso es mía...

Don Job Chacín, desde la muerte de Juan Evangelista hablaba solo. Don Job Chacín prendió el reverbero para calentar el agua de la afeitada.

—Y entre lintre me pelo la barba, güeno..., entre lintre me pelo la barba, pues..., na. Entre lintre me pelo la barba, na...

El reverbero de don Job Chacín era un reverbero de lujo, regalo de la catira Pipía Sánchez.

—Y que lo mesmo le vale, cuñao, pa un roto que pa un descosío..., que lo mesmo le vale, güeno, pa fritá que pa cocé...

—Y, sí, don, que le son muy prácticas, pues, tóas estas maquinitas.

El pereza, desde su yagrumo, adivina pasar el tiempo. El oso palmero, desde el morichal, mira crecer las aguas. El morrocoy de la corriente, la lapa de la vaguada, el cachicamo de la terronera, el tigre de la alta yerba, el venado corredor, el caribe traidor, el gavilán volador, sienten, a veces, que algo raro sucede.

—¡Abajo la raza latina!

El poeta Leónidas Bujanda le tentó el bulto de la plata a su hermano Publio. A la ocasión la pintan calva.

—Güeno, manito Publio, pues, que el arte no da pa lujos..., que la existencia e el verdadero poeta es muy jochá, güeno, manito Publio, en estos tiempos tan metalizaos...

El Tornado Cubiche sabía bien que la obligación de toda coima que se precie es defender la tela de su cabrito contra las tenazcadas de los parientes.

—Miá, Publio, tú verás, ¿ah? Yo no me voy a meté... Leónidas es tu hermano, güeno, y yo no me voy a meté, ¿ah?, peo a mí me paece que Leónidas te vié to erechito pu el rial, ¿ah?

Publio Bujanda era tercio de moneda pronta. Además, Publio Bujanda admiraba las habilidades del poeta Leónidas.

—Miá, chico, poco es, ¿ah?, peo toma este marrón, güeno, y no se lo igas a la maracucha...

—A naide, manito... Po mí, naide lo ha e sabé... En estas cosas es mejó la reserva, pues, y ni abrí la boca...

Ña Sentimientos le propuso al poeta Leónidas la forma de corresponder.

—Que más vale tenelo bien preparao, pues, po lo que puea pasá...

Ña Sentimientos, recordando sus viejas artes de cabrona, era hembra que acertaba a dar en la ñángara de cada cual.

—Arréglale una rumba a la maracucha, pues, pa que Publio le ponga el compasito.

—Ya lo había pensao, Sentimientos, yo creo que eso le habrá e gustá mucho...

El poeta Leónidas Bujanda le escribió a *El Tornado Cubiche* una letra procaz y descocada a la que tituló "El cambur". A *El Tornado Cubiche* le agradó y el poeta Leónidas, en vista del éxito, le compuso "Mango maduro" y "La ponchera de plata", letras que, andando el tiempo, llegarían a hacerse famosas.

Publio Bujanda le arrimó al poeta otro marrón.

—Y a la maracucha, ni japa, ¿ah?

—Escuida...

Cuando el pereza se aburre, se hace una bola y se deja caer, desde la rama más alta del yagrumo; después se va a dar un paseo por el campo, hasta no muy lejos.

—¡Abajo la raza latina!

Telefoníasinhilos de Vásquez R. le ordeñó la teta de los bolos a la hermana Saludable Fernández. A la ocasión —se dice—, asirla por el guedejón.

—Güeno, Salú, pues, que con esto e tanto muchachito, una no tié ni pa lo más preciso... ¡Guá, que al que nace pa caleta, e el cielo le caen los bultos!

El Tornado Cubiche le aflojó la mosca a la hermana Telefoníasinhilos. Publio Bujanda veía con resignación las caridades de *El Tornado Cubiche*.

—Miá negra, bótale unos juertes a la sobriná... Yo te pienso que tóa esta cayapa tié que pasá más gazuza que una pella e portugueses.

El amanuense Dorindito le sugirió a su señora la mejor manera de expresar el agradecimiento.

—Que más va va vale te te tenela ami mi amiga, pues, po lo que pu pu puea ve vení.

El amanuense Dorindito tenía alma de siervo y un raro instinto para adivinar las cobas del prójimo.

—Lla lla llámale pla pla platúa, pu pues.

—Ya lo había pensao, Dorindo Eliecer, a mi manita Salú le gusta escuchá que ta en la guama.

Telefoníasinhilos de Vásquez R. le jaló mecate a *El Tornado Cubiche*. *El Tornado Cubiche*, en agradecimiento, le soltó otra pila de duros.

—Y Publio no tié po qué enterase, ¿ah?, Publio no tié po qué sabelo.

El Tornado Cubiche prefería que Publio supusiese que los reales habían sido más.

El Tornado Cubiche, como los comerciantes avisados, llevaba dos contabilidades.

—Escuida...

Cuando las aguas bajan su pujanza invernal y vuelven, casi como corderos, a empatiarse en sus previstos cauces, el oso se descuelga. a tímidos brincos, del moriche esbelto, y se pasea, igual que un señorejo vitoco, por la húmeda tierra recién despierta.

—¡Abajo la raza latina!

El moreno Chepito Acuña procuró consolar el moceril entusiasmo de la negra María del Aire.

—¡Morenitica bonitica, preciosura e mis ojos, pajarita e las nieves, rosita e la sabana, pitreza e tóa la tierra, lindura e la Pachequera, que me dé un besitico apretao en la mitá e el morro...!

La negra María del Aire pronto echó a un lado el recuerdo del caporal Feliciano Bujanda. A rey muerto, rey puesto y el que venga detrás, que arree.

—¡Ah, que no son horas, moreno, que to tié su tiempo, pues...! ¡Confórmese con su yelito y no me friegue, ¿sabe?, que tengo que trabajá...!

El moreno Chepito Acuña, cuando la negra no andaba facilona, lucía manso y bobalicón hasta que la noche, con su mejor cultivada diligencia, arropaba en amorosas sombras al caney. La negra María del Aire, quizás para evitarse incómodas comparaciones, no había vuelto a entrar en el conuco, desde la muerte del caporal Feliciano Bujanda. Es posible que a la negra María del Aire también le latiese, vaya el diablo a saber en qué cruz de sus carnes, un último y cachondillo resto de fidelidad.

—Que en el caney se ta mejó, moreno, a la sombrita e la luna...

—Güeno, negra, que yo toy bien en tóas partes, ¿sabe?, con tal de andá a su lao...

A la negra María del Aire, con un niño en la panza, el amor le brotó jacarandoso, maromero y alegre.

—¡Que yo le pienso igual, moreno, que yo le pienso igualitico igual!

Cuando algo raro acontece y los hombres y los animales se desorientan, el probo cachicamo, la recoleta lapa, el morrocoy paciente, guardan las formas.

—¡Abajo la raza latina!

Peje caribe, en cambio, el gavilán, el venado, el tigre, alborotan y echan los pies por alto, como una negra núbil que espera novedades y cree, a pie juntillas, en casualidades.

—¿Y cómo jué, negra, que le hubo e pegá el coroto, tan motolita, pues, tan mosca muerta?

—¡Y ya lo ve, misia, tinoso que me salió mi amó, ¿sabe?, que me acertó a la primera, güeno, sin mallugame ni una ñinguita así...!

—¿Ni una ñinguita así, negra?

—¡Güeno, misia, casi...! ¡Toíto le vié a resultá mesmo asegún se hable...!

—¡Ah, negra, no me se ande mangüelando, pues, que yo no le voy a pedí cuenta e sus amoríos, ¿sabe?, que po mí pue usté tirarse a media República!

La negra María del Aire se encampanó.

—¡Que ya lo sabía, misia, sin que me lo ijese naide!

Libertad de Asociación Gutiérrez, el primer marido de Telefoníasinhilos —la esposa del amanuense Dorindito— y el papá de sus tres primeros niños, Sesquicentenario del Lago, Helicóptero y Supereterodino, fue tercio arbitrista y soñador que pensaba arreglar el mundo cortándole las alas, o quién sabe si la cabeza, a la raza latina. Libertad de Asociación Gutiérrez llamaba raza latina a los curas y monjas.

—¡Qué vaina e cachorrá, compae!

Misia Picaflor, la mujer que porfiaba con la negra María del Aire, era una santanderina pacotillera que se había chocado a Potreritos vendiendo bacinillas de peltre y matrimonios.

Don Job Chacín arrimó la canoa al decaído ánimo de la catira Pipía Sánchez.

—Miá, catira, la tierra quea, ¿sabes? La tierra es lo pren-
cipá, catira, to lo emás son pendejás y gana e pasá el tiempo.

La catira Pipía Sánchez, enmatada en sus cavilaciones, no
solía prestarle mucho cuidado.

—Sí, don.

—Sí, catira, la tierra quea, pase lo que pase... La tierra
quea siempre, catira... Güeno, hasta el fin del mundo... Espués del fin del mundo, ya to es igual... Güeno, menos lo
e la gloria y el infierno, claro, que e eso no se habla ahorita,
pues...

A la catira Pipía Sánchez, por dentro de su pálida tez y
en el negro fondo de sus ojeras, le brillaban los fucilazos violentos de la última energía.

—Sí, don.

—Sí, catira, la tierra no hay quien se la lleve... La tierra
nos come a tóos, catira, peo la tierra quea...

La catira Pipía Sánchez sonrió tristemente. La catira Pipía Sánchez levantó los ojos.

—¿Pa quién, don, pa quién quea la tierra?

Don Job Chacín había sido amigo de Libertad de Asociación Gutiérrez.

—¡Guá, que esta gorda maracucha e la Telefonía cargó
esgracia con los maríos, a pesá e to lo que cambió...!

Libertad de Asociación Gutiérrez fue un ñato malaúva y
picado de viruela que murió de una comelona de mute que
tuvo lugar en el Rotary Club de San Felipe, Estado Yaracuy, el día de la Toma de la Bastilla del año 1944. A Libertad de Asociación Gutiérrez le sentó tan mal el alimento que
la espichó antes de que acabase su discurso el doctor Pompilio
Lira, fundador de la Agrupación Sinfónica Panamericana. Libertad de Asociación Gutiérrez panqueó de golpe y sin avisar,
y al doctor Pompilio Lira, al verse interrumpido en lo mejor,
le dio tal coraje —por otra parte, bien justificado— que le
cayó a patadas al muerto y, si no lo apartan, lo hubiera acabado quebrando como una caneca. En Burro Negro, Estado
Zulia, a orillas del río Pueblo Viejo y cuna de Libertad de
Asociación Gutiérrez, ni se enteraron de tan sensible desenlace.

—Pues la tierra quea pa los que vienen detrás, catira...

El pajarito quea, catira, manque la yerba sea nueva tóos los años y el ganao se la coma... Y si el pajarito arde, catira, como en el 1926, que tú tabas entoavía chiquita, la tierra, ahí la tiés, también quea...

Don Job Chacín buscaba en su caletre el manantial de los buenos argumentos, la vena de las razones sin vuelta de hoja. Pero don Job Chacín —los años pasan para todos— tenía seca y dura la discurridera.

—La tierra quea pa siempre, catira, quea pa los que vienen detrás, catira, quea..., güeno..., ¡quea!

Por verdadero milagro, don Job Chacín no aclaró que la tierra quedaba para los hijos y para los nietos. La catira Pipía Sánchez le habló como sin querer.

—¿Pa los hijos y pa los nietos, don?

—Güeno, niña Pipía, pues, que yo no lo ije...

A la catira Pipía Sánchez le entristeció aún más ver triste a su fiel y compungido don Job Chacín.

—No, don..., que usté no lo ijo..., que juí yo...

Libertad de Asociación Gutiérrez, con su pinta innoble de licenciado del degredo, dejó un hueco muy hondo en el corazón de Telefoníasinhilos.

—¡Ay, mi esposo, que me lo han matao, con tanto viaje! ¡Ay, mi esposo, que eja tres güerfanitos, que no van a podé viví sin su protección! ¡Ay, mi esposo, que no lo voy a sabé olvidá en toíta la existencia! ¡Ay, mi esposo, lo farrusquero que lucía con su flux de casimir, comprao recién!

Telefoníasinhilos dejó los tres muchachitos a Saludable y se largó hasta San Felipe, para despedirse de los restos mortales de Libertad de Asociación. Cuando Telefoníasinhilos llegó, ya estaba todo dispuesto para el entierro.

—A mi esposo no me lo botan a la tumba fría, ¿ah?, hasta que jieda a muerto y a bien muerto... Yo no me esaparto e mi Libertá hasta que ya no aguante la jedentina... Esde los espacios etéreos, mi esposo me lo sabrá agradecé...

Telefoníasinhilos se sentó al lado de la caja de su marido y aguantó hasta que a los zamuros se les hizo la boca agua. Después permitió que lo llevaran al camposanto. Sus acompañantes a la última morada tuvieron que taparse la nariz.

—¡Guá, qué peste e maracucho, y cómo güele el condenao! ¡Pa mí le tengo que ya taba putrefacto e vivo…!

Como el corazón de Telefoníasinhilos era blando, el hondo hueco que le dejó su marido pronto llegó a cerrarse. Telefoníasinhilos, de vuelta a Maracaibo, dejó pasar los plazos de la ley y después, quizás para no verse tan sola, matrimonió con el filatélico albino Wolf Schneider, musiú, sí, pero no francés. Este Wolf Schneider, judío que se dio el bote a tiempo de la Alemania de Hitler, le hizo, a la Telefoníasinhilos Fernández, otros tres hijos, Tucán, Televisa y Penicilina, que solían cobrar unas sobas medianas de sus hermanastros.

—Que juí yo solitica, don…, que a veces no lo pueo evitá…, ni quiero, don, ni tampoco quiero, ¿sabe?

La catira Pipía Sánchez prefirió pensar que la tierra, quedare en las manos que quedase, agradecía siempre las horas, nadie sabe si inútiles o victoriosas, que se le dedicaban.

—La tierra es como un hombre, don, amorosa y violenta como un hombre… Peo los hombres se nos van de al lao, güeno, quién sabe si pa dejanos a solas con la tierra…

La panza de la negra María del Aire crecía como la vela hinchada por el viento. El moreno Chepito Acuña, cuando la vio llenita, le regaló un diostedé amaestrado, un picoefrasco negro, naranja y escarlata que venía volando, cuando se le llamaba.

—Tenga, pues, María e el Aire, se lo doy pa usté, ¿sabe?, pa que le brinque toíto alreedó.

—Agraecía, moreno, es un pájaro muy relindo, pues… Ha tenío usté muy güena ocurrencia…

El moreno Chepito Acuña sonrió, gentil y caballero.

—Usté se lo merece, María e el Aire.

La negra María del Aire sonrió también, discreta como una infanta.

—Favó suyo, moreno, favó que usté me jace…

Por la cocina de Potreritos cruzó un aire rendido, versallesco y sutil.

—Ciérreme la ventanita, moreno, que nos vamo a acatarrá, ¿sabe?

El moreno Chepito Acuña cerró la ventana. Después, como la tenía tan a la mano, besó a la negra María del Aire.

—¡Más juerte, moreno, que lo veo como muy remilgao!

A la negra María del Aire se le subió la sangre a la cabeza.

—¡Ajá, negra, que me pone verraco al hablá, pues...! ¡Tome usté juerza, negra, y aguante, pues, la que le voy a botá...! ¿Sabe?

La negra María del Aire y su novio de turno, el moreno Chepito Acuña, se amaron, honestos y violentos, tan a lo vivo, que el piapoco del obsequio tuvo que guarecerse, para salvar la pluma, en la más alta balda de la alacena.

La catira Pipía Sánchez, desde la puerta, se volvió, respetuosa y quizás complacida, sin decir ni palabra.

—¿Y qué hubo e lo que me ecía usté e Versalles, vale?

—¡Y na, licenciao, qué quié usté que le haiga! ¡En Versalles también se espabilaban, güeno, llegao el momento!

—No, licenciao, esta tierra no se vende, ¿sabe?, a usté le han informao con poco jundamento, ya le igo..., a usté le han informao mal... Si usté se choca al hato con esta encomienda, güeno, pa mí que el ama le bota los perros, ¿sabe? La Pachequera costó mucho doló reunila, licenciao, y apaciguala, ¿sabe?, y al ama le sobra el rial pa que piense en ventas... Esta tierra no se vende, licenciao, a usté le han informao mal, le han informao con poco jundamento...

El licenciado Zorobabel Agüero sorbió parsimoniosamente su taza de café. El licenciado Zorobabel Agüero entornó los ojos con un lánguido y coqueto gesto de putita europea. El licenciado Zorobabel Agüero era un hombre de mundo que, sólo para pasar el rato, señor, se dedicaba a la compraventa de fincas.

—Güeno, don, na hemos perdío pu hablá, ¿sabe?, pa mí ha sío un placé podé conocelo personalmente...

Don Job Chacín correspondió inclinando la cabeza. A don Job Chacín, el licenciado Zorobabel Agüero no le daba buena espina.

—¡Guá, qué pepito relindo, qué marico más relamío!

Don Job Chacín, haciendo un gran esfuerzo, procuró disimular.

—Pa mí también, licenciao, yo me alegro e velo, ¿sabe?, aquí ta usté en su casa...

—Mil gracias, don.

—No hay que dalas, licenciao, güeno...

Don Job Chacín, sin dejar las finuras, quiso poner las cosas en claro y en su sitio.

—Peo lo e la compra, olvíelo, ¿sabe?..., a la Pachequera, éjela pasá..., ¡y ojos que te vieron, paloma turca! Es lo mejó, licenciao, lo más prudente... Si usté me se choca al hato con esa encomienda, ¿sabe?, el ama le manda botá los perros, no lo dude... La catira Pipía Sánchez, licenciao, no es jembra pa andá e broma, ¿sabe?..., al ama Pipía Sánchez le pegó muy duro la vía, güeno, y claritico, licenciao, pues que se ha endurecío, ¿sabe?

—¡Versiá, don!

—¡Y tanto, licenciao, y tanto!

El licenciado Zorobabel Agüero cargaba un lupus en la nariz del porte, más o menos, de un petipoá. El licenciado Zorobabel Agüero lucía las uñas de las manos muy cuidadas y muy bien pulidas. El licenciado Zorobabel Agüero gastaba tacón cubano.

—Güeno, ¡y qué le vamo a jacé, don...!

Don Job Chacín no le ofreció el segundo cafecito. Don Job Chacín, disimulandillo, se puso a mirar al techo. Don Job Chacín estaba deseando que el licenciado Zorobabel Agüero se largase.

La catira Pipía Sánchez se vio desnuda en el espejo. A veces uno, de repente y como sin querer, se ve desnudo y de cuerpo entero en el espejo. No pasa con frecuencia, pero sí de cuando en cuando.

—¡Guá, qué lipúo te has güelto, cuñao, quién te ha visto y quién te ve, compae, con tóa esa grasa e más que te se ha posao, güeno, en la sobrebarriga...!

Por el cielo rodaban, como espantadas yeguas, las preñadas y grises nubes de la tormenta. La catira Pipía Sánchez se encontró hermosa y juvenil. Coroto es éste que debe andar, como casi todo, en relación con los astros y con las fases de la luna. La catira Pipía Sánchez sonrió.

—¡Y que entoavía tas linda, catira, y e güen ve!

Hay mujeres que crían arrobas, y mujeres esbeltas como palmeras, que mueren sin claudicar. La catira Pipía Sánchez hizo una reverencia ante el espejo.

—¿Pa quién, catira?

La catira Pipía Sánchez, sin ningún remordimiento de conciencia, soltó la carcajada.

—¡Pa quien yo quiea y no me lo mande naide!

La catira Pipía Sánchez, frente al espejo, cerró un ojo y lo abrió; después hizo lo mismo con el otro. Dentro de una mujer desgraciada, honda y tímidamente desgraciada, puede habitar, sin que nádie, ni aun ella misma, lo sepa, la temblorosa sombra de una mujer feliz, de una mujer cruel e ignoradamente feliz.

—Ta bien, catira...

La catira Pipía Sánchez, sola en su espejo, levantó un brazo y lo bajó; después hizo lo mismo con el otro.

—¡Y vivita, catira, pues, manque con maera e muerta!

Contra la tierra estalló, como relincha el potro recién capado, el aldabazo del trueno retumbador y miserable. La catira Pipía Sánchez se apartó del espejo y, de bruces sobre la cama, rompió a llorar. Después, poco después, la catira Pipía Sánchez se quedó dormida. Sobre el cristal del espejo de la catira Pipía Sánchez, se posaron siglos y siglos de desdichada preocupación.

Misia Picaflor, baratijera de Zapatoca, le soltó una ristra de pachotadas a la señora del amanuense Dorindito. Contra todos los pronósticos, a Telefoníasinhilos de Vásquez R. se le aguó el guarapo, por lo menos de momento. Misia Picaflor era tercia largurucha y jipata, que escupía venablos y sapos y culebras a bocaradas, en cuanto el coroto se le torcía; con las gentes de malas obras y de peor lengua, lo más prudente es no buscarse brollos. Las cosas que le dijo misia Picaflor a la señora del amanuense Dorindito, no son como para recordarlas.

—¿Tan graves jueron, pues?

—¡Y más entoavía, cuñao, que la bruja e la pacotillera mesmo paecía que taba como tomá e tóos los diablos! ¡Guá, y pobretica misia Telefoníasinhilos, compae, tan correcta, ¿sabe?, y tan señora, que me la pusieron como a palo e maraca! ¡Qué cosas tié uno que ve, vale, y que escuchá...!

—¿Y la señora e Dorindito, pues, ni rechistó?

—Güeno, sí... La señora e Dorindito, cuando ya se vio jarta e tanta hablaera, se le paró, e lo más bien educá, eso sí, y le ijo: mié, ña, que los matos son pintaos y andan empinaos, ¿sabe?

—¿Y misia Picafló?

—Pues, na, compae, misia Picafló se queó como esorientá, ¿sabe?, y la señora e Dorindito, ¡qué pacencia, vale!, le atapuzó un templón que a poquitico más la perjudica.

El amanuense Dorindito, en el botiquín del indio Pompeyo Lozada, que abría su canija puerta frente a la jefatura, comentó el suceso con el licenciado Zorobabel Agüero.

—Sí mi mi se se señora se po pone brava, lo me me mejó es juí, ¿sa sabe?

—Ya, ya... ¡Que se lo pregunten a la colombiana, pues!

—E e eso, que se se se lo pre pregunten..., a ve qué qué ice...

El amanuense Dorindito sonrió, rebosante de gozo, y, para celebrar lo alto que había puesto su señora el pabellón familiar, invitó al licenciado Zorobabel Agüero a otro palo de ron. El amanuense Dorindito presumía de las victorias que, por puritico tonelaje, cuñao, lograba la gorda de la Telefoníasinhilos.

—Po la salú e su señora, pues...

Al amanuense Dorindito estuvo a punto de salírsele el corazón fuera de su sitio. El amanuense Dorindito, esa es la verdad, andaba muy enamorado de su señora; no suele ocurrir en los matrimonios pero, a veces, a algún amanuense del interior le sucede.

—¡Sa salú, li li licenciao!

Don Job, aquella misma tarde, se chocó al botiquín del indio Pompeyo Lozada. Don Job, para mayor seguridad, no entró por derecho.

—Güeno..., me paece, vale, que no habrás tenío precisión e guardá a la guaricha...

El indio Pompeyo Lozada le miró, sin explicarse ni poco ni mucho por dónde le iba a salir el curiepe.

—¿Po qué, don?

—Po na, compae, que con esta parroquia e bujarras pienso que pués dormí bien tranquilito...

El indio salió del mostrador y se sentó a la vera de don Job Chacín.

—Con su licencia, don.

El indio Pompeyo Lozada bajó la voz.

—¿Lo ice usté pu el amanuense e la jefatura, don, pu el tartaja e Vásquez?

Don Job Chacín prefirió que el indio entrase poco a poco y sin amugar la oreja.

—¿Un cigarro, cuñao?

—Güeno, don, ¡qué honó!

Don Job Chacín temía festinar el cuidadoso informe.

—Guá..., y pu otros lo igo, cuñao, que el Vásquez..., güeno, el Dorindito no me paece e ese pelero, ¿sabes?, que el Dorindito ta como airiao esde que nació, güeno, peo pato no me paece.

El indio Pompeyo Lozada acercó un poco más el taburete.

—¿Lo ice usté pu ese propietario e San Carlos que le andaba esta mañanita con Vásquez, pues?

Don Job Chacín disimuló.

—Güeno..., yo no lo igo po naide, Pompeyo Lozada, yo lo ecía más bien pu hablá e algo...

Don Job Chacín era maestro en la difícil suerte de atar las moscas por el rabo.

264

—Y ese que andaba con el Dorindito, pues, ¿ices que es un propietario e San Carlos?

—Sí, don, eso rugen pu ahí... un propietario e mucho rial..., güeno, yo no se lo he visto, pues, peo eso cuentan, ¿sabe?

—¡Ajá!

Don Job Chacín, repicando con los dedos sobre el tablero de la mesa, hizo como que se distraía.

—¿Y quería comprá tierra, pu aquí?

—Y no lo sé, don, de eso no hablaron... Aquí se pasó to el tiempo murmurando con Vásquez de la tángana e su señora...

—¡Ajá!

El indio Pompeyo Lozada le contó a don Job Chacín, al por menudo y con pelos y señales, todos y cada uno de los tiempos del bonito número que, al vecindario de la Yegüera, brindaron, al alimón, la maracucha misia Telefonía, 230 libras, y la santanderiana misia Picaflor, 125 libras. Don Job Chacín le dejó hablar, sin interrumpirle.

—¡Y con qué señoría, don, la esposa e Vásquez le atiestó media docena e lufres! ¡Usté había e vela, don, con qué elegancia, pues, con qué serenidá! ¡Daba gusto mirala, don!

La señora de Dorindo Eliecer Vásquez R. tenía muy buena prensa en La Yegüera.

—¡Ya sé lo que paece el licenciao Zorobabel Agüero, catira! ¡El licenciao Zorobabel Agüero, güeno, con perdón, paece una putita europea, catira! ¡El licenciao Zorobabel Agüero paece mesmamente una putita europea, toíto engringolaíto, catira, toíto vitoquito, toíto recién lavao y aplanchao y perjumao...! ¡Ah, qué tronco e marico entrometío, catira!

La catira Pipía Sánchez procuró aplacar las iras de don Job Chacín.

—¡No me se ponga bravo, don, no vale un higo to esto! Éjelo con sus manías, pues, y que se nos vaya en paz y sin molestá, don, éjelo que se nos bote ajuera!

Don Job Chacín estaba furioso consigo mismo.

—¡No, catira, lo que pasa es que ya voy viejón, güeno, y sin juerzas para na, ¿sabes?, que si me toma con diez años menos, le marco el jierro e la Pachequera en mitá e la nalga, pa que lo cargue e recuerdo, catira!

—¡Éjelo que se vaya lejos, don, no vale el cuidao..., éjelo que se nos bote ajuera y sin fregá!

Don Job se pegó un puñetazo en las rodillas.

—¡Y yo igo que no, pues! ¡Yo no estuve peo que na acertao éjandolo marchá, catira! ¡A enemigo que juye, plomo caliente, catira, pa que aprenda!

Don Job Chacín le contó a la catira las pretensiones del licenciado Zorobabel Agüero sobre la Pachequera. La catira lo escuchó sin indignación.

—El licenciao no sabe e qué va el coroto, don..., yo y el licenciao pensamos muy iferente e la tierra...

La catira, después, se fue encogiendo, igual que un pajarito.

—¡Peo quién sabe quién tié la razón!

Por el llano corrió el runrún de que la catira vendía.

—La catira no pué vendé, cuñao, si la catira vende, güeno, la catira se muere e la pena... La catira ha puesto tóa su sangre en la tierra, vale, tóa su sangre y la sangre e tóa su gente... La Pachequera, cuñao, es como una cestica e sibisibe toíta rebosá e sangre... La sangre no es como el agua, cuñao, la sangre se pega duro y tarda en borrase... La sangre que se bota a la tierra, cuñao, no se pué comprá porque quema la mano. La catira tié que ejá su sangre, cuñao, onde ta su sangre... La catira es como la garcita que cae en el cañabraval, compae, que tié que resistí, pues, íngrima y sola, manque la soledá le pese, porque tié quebrá el ala y ya no pué levantá el güelo... Y la catira, cuñao, ¡no lo piense!, manque pudiera volá e su tierra, no lo haría... La catira no pué juí e la tierra que pacificó... La catira no juntó la tierra, cuñao, pa dirse e ella... ¿Sabe?

—¡Versiá, don...!

—¡No lo piense, cuñao! ¡Usté, que ta joven, habrá e velo pa contáselo a sus nietos, compae! ¡La catira morirá e vieja y en su sitio, lo ha e vé!

La negra María del Aire se acercó a la pieza de la catira. La negra María del Aire tenía temblorosa la voz. La negra María del Aire cargaba un resplandor agudo en los ojos, un brillo como de haber llorado. La negra María del Aire habló igual que si no tuviera sentido común.

—Un muchachito retinto no vale pa que la sujete a la tierra, misia, peo si lo quié, güeno, se lo doy...

A la negra María del Aire se le puso la voz estremecedoramente alegre.

—Y yo me boto al caimán del caño Guaritico, misia, pa no podeme golvé atrás...

La catira Pipía Sánchez tuvo que hacer un doloroso esfuerzo para fingirse cruel. La catira Pipía Sánchez engalló la voz, quizá para ahuyentar los malos pensamientos.

—¿Qué ice usté, negra? ¿Quién la ha mandao llamá? ¡Lárguese a la cocina, pues, y no me se ande entrepiteando, güeno, onde no la requieren!

La negra María del Aire no se movió del sitio. La negra María del Aire se rio. A los condenados a muerte, a veces, les pasa que se mean por encima al recibir la noticia del indulto.

—¡Ah, qué vaina esto e tené que seguí viviendo!

La negra María del Aire se meó por encima. La negra María del Aire, con la verija ardiendo, se acordó de Feliciano Bujanda, el caporal.

—¡A besotes te he e reventá, negra, pa que te recuerdes del santarriteño pa tóa la vía...! A besosotes te he e comé, negra, pa que cargues mi jierro en mitá e la cara, ¿sabes?, que ya no tas cachilapa, negra...!

—¡Ah, qué tercio tardinero, pues, y pa qué me botó tóa esnúa, güeno, encimita e la tierra!

La negra María del Aire no se movió del sitio. Por dentro de la cabeza de la negra María del Aire retumbaron, confusas como las más honestas caricias, las vagas campanas de la palabrería.

—¡Pa que te se pegue tóa la tierra al cuero, negra, pa que al comete la carne me sepa, entro e la boca, al sabó e la tierra!

Los ángeles pastorejos del bestiaje y del ganao cantaron, por dentro de la cabeza de la negra María del Aire, la eterna melopeya que funde los amargores de la tierra y el hombre.

—Misia Pipía...

La catira Pipía Sánchez no respondió. La catira Pipía Sánchez, con los ojos atónitos, el alma en equilibrio y el corazón en vilo, tampoco apartó el mirar de la negra María del Aire.

—Misia Pipía...

La catira Pipía Sánchez vio a la negra María del Aire toda hecha de tierra, de dulce y latidora tierra, de tierra amable y tibia como un niño que llora porque no aguanta el acre saborcillo de la felicidad.

—Misia Pipía...

A la catira Pipía Sánchez se le posó, en los párpados, una nube misteriosa y blanda, una amorosa nube venida como del otro mundo.

—Misia Pipía...

La catira Pipía Sánchez se vio desnuda en el espejo. La catira Pipía Sánchez se vio hermosa y juvenil como nunca jamás se viera. La catira Pipía Sánchez se sonrió.

—¡Guá, catira, qué indecencia, pues, tóa en cueros, tóa como una novia impaciente!

Rodando por el mundo abajo, por el llano, la selva, la montaña, el mar, los hombres de buena estrella se topan, a veces, con mujeres airosas y valerosas como la palma real. La catira Pipía Sánchez, frente al espejo, se inclinó.

—Misia Pipía...

Los clarines del aire silbaron los delicados versos del poeta, aquellos versos —¿recuerda, cuñao?— que hablaban de rubios, pulidos senos por una lengua de lebrel limados... El mundo —¿recuerda, usté, compae, que ya se ijo?— está formado, poquito a poco, por todo: hasta por la memoria, esa quebradiza vena de la ilusión. La catira Pipía Sánchez, sola en su espejo, se pasó las yemas de los dedos por la piel; jamás un arpa fue tañida con esmero más hondo y más respetuoso.

—Catira...

—Qué...

La catira Pipía Sánchez volvió a sus reverencias.

—Na... No te ecía na...

A la catira Pipía Sánchez, por entre la nubecica, se le pintó la negra María del Aire. La panza de la negra María del Aire había crecido como la vela hinchada por el mejor viento.

—Negra María e el Aire...

La negra María del Aire no respondió. La catira Pipía Sánchez habló sentada y sin pestañear. La voz de la catira Pipía Sánchez era grave y opaca, como dicha con un cojín de pluma contra la boca.

—Negra María e el Aire, un hijo entoavía lo pueo tené... Una mañanita, sin que naide me mire, ¿sabe?, me voy a dir pu el mundo, más allá e esta tierra, a Caracas, ¡vaya a sabé!, o a onde quiea, pa elegí al taita e mi muchachito... Yo no quiero un muchachito robao, negra María e el Aire, sea catire o retinto, ¿sabe?, yo quiero un muchachito mío, güeno, a lo mejó me entiende...

La catira Pipía Sánchez tomó de un brazo a la negra María del Aire.

—¡Y usté ya se ha callao, negra...!

La negra María del Aire semejaba una muda mujer de tierra, una mujer hecha de palpitante tierra sabrosa, de fecunda y templada tierra, de esa misma tierra que se nutre de muertos y que, al decir de los barbudos y pacientes sabios, comen, cuando las cosas vienen mal dadas y el coroto se tuerce, algunas tribus remotas.

—Sí, misia...

—Y claritico que sí, negra...

La catira Pipía Sánchez siguió hablando sin soltar a la negra María del Aire.

—Poque eso que se ruge pu ahí es falso, negra... Yo no vendo... Yo compro, negra... La Pachequera no la pueo vendé, ¿sabe?, poque la Pachequera, güeno, no es mía... Güeno, a lo mejó me entiende... La Pachequera es de la sangre que costó la paz, negra... Y la paz es algo que no se vende en el mercao... La paz se gana, negra... Güeno, a lo mejó me entiende.

La catira Pipía Sánchez volvió a sentarse en su mecedor. Después, la catira Pipía Sánchez, serena como nunca, prendió candela a su cigarro.

—Poque la tierra quea, negra... La tierra quea siempre, ¿sabe...? Güeno, a lo mejó es éste coroto que tóos entendemos...

La catira Pipía Sánchez se balanceó con la cabeza echada hacia atrás. A la catira Pipía Sánchez le había oscurecido, ligeramente, el pelo.

—Sí, negra... Tóos lo tenemo que entendé... La tierra quea, negra... La tierra quea siempre... Manque los cielos lloren, durante días y días, y los ríos se agolpen... Manque los alzamientos ardan, güeno, y mueran abrasaos los hombres... Manque las mujeres se tornaran jorras, negra...

La catira Pipía Sánchez se paró en medio de la pieza. A la negra María del Aire, el ama Pipía Sánchez le pareció más alta que nunca.

—¡Míeme e arriba abajo, negra...! Y yo entoavía no me veo jorra... Y yo no vendo, negra... Yo no pueo vendé la paz, negra... Ni la sangre, negra... Güeno, ni la sangre...

Desde el cotoperiz, pregonando a los vientos de la Pachequera lo que la tierra, esa sabiduría, jamás dudara, silbó el pajarito alegre de la esperanza. Y al pie del ceibo, aquel ceibo —¿recuerda, vale?— cuya copa materna casi podía tocarse desde el balcón de la catira, se estremecieron, tierra sobre la tierra, unas cenizas.

La negra María del Aire se echó a llorar.

—Váyase pa la cocina, negra...

—Sí, misia...

La catira Pipía Sánchez también se echó a llorar, con unas lágrimas inmensa y piadosamente consoladoras.

270

—Hasta que el mundo reviente e la viejera, y el mundo ta entoavía finito, la tierra tié que se e la mesmitica sangre que la apaciguó...

La catira Pipía Sánchez, vestida como estaba, se miró en el espejo.

—Sí...

Palma de Mallorca-Puerto de Pollensa,
febrero-setiembre de 1954.

VOCABULARIO DE VENEZOLANISMOS
USADOS EN ESTA NOVELA

No se definen — salvo que se indique lo contrario — las voces que aparecen en el DICCIONARIO DE LA LENGUA, de la Real Academia Española, 17.ª edición, Madrid, 1947.

A

Acemita. — El diccionario la define pero, en Venezuela, significa más bien pan dulce en forma de corona o de torta, a base de harina de trigo y papelón, fermentado y cocido al horno; se suele sazonar con anís.

Acondicionar. — Acondicionar, en la 1.ª acepción del diccionario, los gallos para la pelea.

A enemigo que huye, plomo caliente. — El sentido de este refrán es claro y rigurosamente inverso al español AL ENEMIGO QUE HUYE, LA PUENTE DE PLATA.

Afeitada. — "Afeitado", substantivo que no recoge el diccionario.

Agolparse. — Comenzar la crecida de los ríos.

Agriura. — Acedía.

Aguaitacaminos. — Determinada ave *llanera.*

Aguársele el guarapo. — Equivale al español ENCOGÉRSELE EL OMBLIGO.

Ahorrarse. — Volverse horra la hembra de cualquier especie animal.

Aireado. — Tonto.

Aistá. — Contracción de "ahí está" y equivalente a "eso es lo que yo digo".

Ajiley. — Determinado juego de cartas que estuvo muy en boga, y aún se conserva, en Venezuela.

Ajito. — Que tiene o que le dio la *obradera.*

Ajobachado. — Rendido.

Albarisco. — Nombre apureño de la *macanilla;* con la semilla del *albarisco* se hacen unas sortijas que se emplean como amuletos.

Alcaraván que se espanta, gente que pasa o zorro que lo levanta. — Refrán que indica, exactamente, lo que quiere decir; esto es, que nada se hace en vano sino con su cuenta y razón.

Alegrona. — Mujer liviana y de dudosa conducta.

Alón. — Sombrero de ala ancha.

Alpargatudo. — Miserable, desgraciado, de baja condición.

Al que bota su arepa, el diablo lo visita. — Significa que el que no guarda no tiene.

Al que nace para caleta, del cielo le caen los bultos. — Equivale al español A PERRO FLACO TODAS SON PULGAS.

Al que no le guste el son, que le eche la colcha al arpa. — Equivale a decir "el que no esté de acuerdo, que se vaya".

Alumbrado. — Tonto.

Amaniguarse. — Estado del ánimo que resulta de quedarse prendido en el hechizo del trópico, de ser intoxicado por su veneno sin remisión posible; algo así como alcoholizarse, con el vino, o *arrochelarse,* con una mujer.

Amugar. — Actitud de echar las orejas hacia atrás, que adoptan los animales cuando están disgustados o temerosos.

Ancheta. — Propina, gratificación.

Animalada. — Multitud de animales.

Ansias. — Náuseas.

A padrote viejo, no le relinchan potrancos. — Su sentido es claro; puede equivaler, en cierto modo, al español DONDE HAY PATRÓN, NO MANDA MARINERO.

Apitonar. — Abultarse o hincharse cualquier cosa.

Apolismado. — Muy triste.

Arepa. — El diccionario la define, no muy exactamente, diciendo: PAN DE FORMA CIRCULAR, QUE SE USA EN AMÉRICA, COMPUESTO DE MAÍZ SALCOCHADO, MAJADO Y PASADO POR TAMIZ, HUEVOS Y MANTECA, Y COCIDO AL HORNO. En realidad, para la *arepa,* el maíz no debe hervir y, por tanto, no se *salcocha* sino que se *sancocha* (vid. *Salcochar* y *Sancochar);* ni se tamiza, sino que se muele; ni se le agregan huevos y manteca sino, simplemente, un poco de sal; ni se cuece al horno, sino en parrilla. Podría definirse como: "pan de forma circular, que se usa en América, compuesto de maíz *sancochado,*

sazonado con sal, molido, y cocido en parrilla". También hay *arepas* de huevo, a las que quizás quiso aludir el diccionario, *arepas* de queso o *manducas,* pan de chicharrón, etc.

Armarse. — Llevarse algo; equivale al español ALZARSE O LEVANTARSE en el sentido que se le da, por ejemplo, en la frase ALZARSE CON EL SANTO Y LA LIMOSNA.

Arpa, maraca y buche. — Aplicado a un festejo cualquiera — por ejemplo, *baile de arpa, maraca y buche* — significa pobre y de baja condición.

¡Arpa y nos fuimos! — Expresión que equivale a "¡Vamos, andando!".

Arpisto. — Arpista.

Arrastracuero. — Fanfarrón.

Arrastrar un cuero. — Proferir una fanfarronada.

Arrequintar. — Arremeter.

Arrimar la canoa. — Ayudar moral o materialmente; puede equivaler al español ARRIMAR EL HOMBRO.

Arrocito. — Fiesta pobre, con música y baile.

Arrochelarse. — Cobrar querencia a algo.

Atapuzar. — Asestar; es sinónimo de *atiestar* y de *atestar.*

Atestar. — Atapuzar.

Atiestar. — Atapuzar.

Atortajado. — Turbado.

Auntual. — En la actualidad.

Auntualito. — En este mismo momento.

Aviso. — Anuncio.

B

Bachaco. — Según don Julio Calcaño, "insecto semejante a la hormiga, pero más corpulento y cabezudo que ella". Vid. *Moverse más que un bachaco.*

Bailar en un tusero. — Equivale a los modismos españoles "pisar arena movediza" o "dormir sobre un polvorín".

Bamba. — Moneda de plata de dos *bolívares.*

Banco. — *Coger el banco,* irse, largarse.

Bandera roja. — Marca de unos cigarrillos criollos, de tabaco negro.

Barinés. — Natural de Barinas. 2. En los Estados Guárico y Apure, el viento del oeste.

Barrear. — Maniatar.

Barroso. — En el ganado vacuno — según el "Vocabulario taurino autorizado", de José María de Cossío — "pinta del toro jabonero muy oscuro, negruzco"; *barroso* es vocablo que, en esta acepción, no incluye el diccionario.

Batido. — Papelón de melado algo más crudo que el que se destina para el papelón corriente, condimentado con queso u hojas de naranja y batido hasta conseguir que blanquee.

Bebentina. — Borrachera.

Bebezón. — *Bebentina.*

Beisbolero. — Relativo al "baseball".

Bendito. — Cura, sacerdote; es sinónimo de *curiepe.*

Berenjena. — Lío, alboroto.

Bestia. — Entre *llaneros, bestia* no significa más cosa que caballo.

Bichanguear. — R. D. Silva Uzcátegui lo define diciendo: "Verbo usado familiarmente para expresar cualquier acción cuyo nombre correcto no acude inmediatamente a la memoria."

Bicharango. — Bicharraco.

Bigarro. — Toro viejo y cimarrón.

Birragua. — Persona o cosa insignificante y despreciable.

Birriondo. — Valiente.

Boca-de-locha. — Pez *caribe,* así llamado porque su mordedura saca el bocado del tamaño de una *locha.*

Bocarada. — Bocanada.

Bola. — ¡De bola!, exclamación que implica aumentativo.

Bolerear. — Robar.

Bolero. — Bandido.

Bolívar. — Unidad monetaria de Venezuela; puede servir la definición del diccionario; su valor, con respecto a la peseta, en la época de la acción de esta novela, es de 1 B. = 12,7 pts., aproximadamente; el *bolívar* pesa 5 gramos, de plata con ley de 900; también recibe los nombres de *bolo* y *peseta.*

Bolo. — Bolívar.

Boquerón. — Boca limpia de maleza, en la selva o en el monte.

Borcelano. — En el ganado vacuno, color muy blanco, con los cuernos rosados y los ojos azules; puede corresponder al "en-

277

sabanado" de José María de Cossío en su "Vocabulario taurino autorizado" ("toro de piel blanca", a diferencia de la definición del diccionario: APLÍCASE AL TORO QUE TIENE NEGRAS U OBSCURAS LA CABEZA Y LAS EXTREMIDADES Y BLANCO EL RESTO DEL CUERPO).

Bordón. — Persona muy querida.

Botado. — Expósito; amén de las acepciones que pudiera tener como participio pasivo de botar.

Botalón. — Grueso poste de madera, situado en medio del corral, que se usa para las faenas de la doma.

Botar. — El diccionario lo define diciendo: ARROJAR O ECHAR FUERA CON VIOLENCIA; en Venezuela, su acepción es mucho más amplia y no siempre implica violencia; según los casos, puede significar: Abandonar. 2. Arrojar. 3. Derramar. 4. Derrochar. 5. Desechar. 6. Despedir. 7. Echar. 8. Olvidar. 9. Tirar. Etcétera.

Botar el pelero. — Dejar la piel. 2. En sentido figurado, morirse.

Botiquín. — Botillería.

Bregar. — Bregar la arepa, buscarse el sustento.

Brejeloso, — Desconfiado.

Bridona, — Determinada silla de montar.

Brujeador. — Cazador de cimarrones, a quienes persigue, días y días, sin darles tregua ni cuartel.

Buenmocísimo. — Muy buen mozo.

Bueno. — Muletilla conversacional. 2. Fórmula de despedida.

Bueno, pues. — Vid. Bueno, 2.ª acepción.

Bujarra. — Bujarrón.

Bulto. — El diccionario, en su 5.ª acepción, lo da como FARDO, CAJA, BAÚL, MALETA, ETC.; en Venezuela vale por lo dicho y también por bolso, cartapacio, cartera, mochila, etcétera.

Bulloso. — Bullicioso.

C

Cabildear. — Reunirse el ganado a impulsos del miedo.

Cabrestero. — Corrupción de cabestrero.

Cabrona. — Alcahueta.

Cachachás. — Tomar el cachachás, en el llano, equivale al español "tomar las de Villadiego"

Cachama. — Determinado pez de los ríos llaneros.

Cachamero. — Pez caribe, así llamado por su semejanza con la cachama.

Cachapear. — Desfigurar el hierro del ganado marcándole otro encima.

Cachapera. — Lesbiana. El diccionario registra, únicamente, y como locución propia de la provincia de Valladolid, la acepción CHOZA HECHA DE RAMAJE.

Cachapero. — Vendedor de cachapas.

Cachete. — Moneda de plata de cinco bolívares; recibe también los nombres de duro y fuerte.

Cachilapo. — Res sin herrar.

Cachiquel. — Aguardiente de ínfima calidad.

Cachito. — Llámase *tiro de cachito* al que se dispara a traición, ocultándose, esperando pacientemente el momento.

Cacho broco. — En el ganado vacuno, llámase a la res que José María de Cossío, en su "Vocabulario taurino autorizado" nombra "brocho" — "el toro que tiene los cuernos muy apretados o que cierran las puntas al volver" — o "corniabrochado", "el toro con tendencia marcada a brocho en la cornamenta"; ni "brocho" ni "corniabrochado" son voces que registre el diccionario, que sí da, en cambio, corniapretado.

Cacho de diablo. — En el ganado vacuno, llámase a la res "corniavacada" — voz que no registra el dicionario —, que José María de Cossío, en su "Vocabulario taurino autorizado", define como aquella a quien "nacen las astas muy atrás, siendo además, veletas y abiertas"

Cachorrada. — Acción propia de persona *cachorra*.

Cachorro. — Terco.

Cajeta. — El diccionario, en su 3.ª acepción, la da como CAJA DE TABACO, TABAQUERA, y como voz característica de Cuba; en Venezuela significa, más bien, petaca de cuero, de madera fina, de plata o de hojalata, que se usa para llevar el chimó.

Calabozo. — Caballo de cara curva.

Calambeco. — Largo, flaco.

Calcanapire. — Determinada yerba *llanera*.

Calceta. — Pampa de poca extensión.

Calentazón. — Ira, cólera.

Camaguanero. — Natural de Camaguán, Estado Guárico.

Camarón. — Sueño breve.

Campear. — En el español de España puede ser "sobresalir"; en Venezuela significa, metafóricamente, "quedar dueño del campo o de la situación".

Campeche. — Dícese de lo que es propio del campo.

Campisto. — Tímido.

Campos volantes. — Guardia armada que tuvo don Francisco Mier y Terán, *Rubio viejo,* para la vigilancia y custodia de sus tierras del Guárico.

Campuruso. — Campeche.

Canagüey. — En los gallos y gallinas, el que tiene el cuello, las alas y el lomo manchados con plumas castañas. 2. También el de color amarillo claro.

Candelillo. — Color rojizo, en el plumaje de los gallos de pelea.

Canilla. — Pierna, voz ésta que no suele ser usada por el pueblo venezolano.

Canillera. — Zancadilla, trampa. 2. Herida que recibe un gallo en la pelea.

Cañabraval. — Lugar poblado de cañas bravas.

Caño. — Torrente.

Capaburros. — Pez *caribe,* así llamado por razones obvias.

Capitolio. — Marca de unos cigarrillos criollos de tabaco negro.

Carama. — Cuerna del venado.
2. Masa vegetal y arbórea que arrastran las corrientes de agua.

Caramera. — Según el diccionario, DENTADURA MAL ORDENADA. En Venezuela significa *carama*, 2.ª acepción de nuestro vocabulario.

Caramero. — *Carama*, 2.ª acepción de nuestro vocabulario.

Carantoñero. — Además de la acepción que da el diccionario, puede significar, también, embromador, mentiroso.

Caraota. — El diccionario escribe caráota y lo define bien; en Venezuela siempre lo hemos oído sin acento en la segunda a; también sin acento lo hemos leído en todos los autores venezolanos consultados.

Carapacho. — Además de las acepciones del diccionario, esqueleto.

Caribe. — El diccionario lo da como PEZ PEQUEÑO Y MUY VORAZ QUE VIVE EN LAS COSTAS DE VENEZUELA. La definición que antecede es un tanto inexacta, ya que el *caribe* no es pez marino sino fluvial. Podría definirse como pez de poco tamaño, voracísimo, que ataca en tropel y que vive en algunos ríos americanos; las mayores concentraciones de *caribes* pueblan los ríos: Apure, en Venezuela; Essequibo, en la Guayana inglesa, y Amazonas, San Francisco, Tapajoz y Cudajaz, en el Brasil; en este último país reciben el nombre de "piranhas". No deben confundirse los *caribes* propiamente dichos con los *pinches* o falsos

caribes, más pequeños y prácticamente inofensivos; a éstos, en el Brasil, se les llama "pirambelas".

Caribera. — Lugar poblado de peces *caribes*. 2. Nube o tropel de peces *caribes*.

Cargar. — El diccionario, en sus acepciones 1.ª y 19.ª que, de las 31 que ofrece, son las dos únicas que aquí nos interesan, habla de PONER O ECHAR PESO SOBRE UNA PERSONA O UNA BESTIA y de MANTENER, TOMAR O CARGAR SOBRE SÍ ALGÚN PESO; en Venezuela, se usa también en el sentido de llevar, 8.ª acepción del diccionario (ese papel siempre lo *cargo* encima); de tener, 9.ª acepción (fulano *carga* espíritu, habilidad, valor), 15.ª acepción (mengano *carga* cuidado, vergüenza) y 16.ª acepción *(cargar* años, *cargar* días), y de padecer, 1.ª acepción (zutano *cargó* una puñalada).

Carraplana. — Hambre.

Carro. — Automóvil.

Casar. — Pareja de macho y hembra de cualquier animal. 2. Pareja de hijos de diferente sexo. 3. Por extensión, pareja de cualquier cosa que, reunida, pueda formar unidad (taza y plato, por ejemplo).

Cascorvo. — Asunto confuso.

Casquirrioso. — Dícese del caballo asustadizo, nervioso o irritable. 2. Hombre quisquilloso.

Catanejo. — En algunas partes de Venezuela (por ejemplo, Curarigua, Estado Lara), nombre que se da a una determinada especie de *zamuro* que presenta una carnosidad roja sobre el cráneo; CATÁN es voz que da el diccionario como loro verde y azul.

Catajarra. — Sucesión o retahila de muchas cosas.

Catapacio. — Corrupción de cartapacio.

Catire. — La definición del diccionario no es muy exacta. En Venezuela, se llama *catire* al rubio y *catira* a la rubia, sean o no de pura raza blanca. 2. También puede significar persona de piel blanca, aunque tenga los ojos negros y moreno el pelo. En esta 2.ª acepción, el *catire* debe llevar impresa en sus facciones la ascendencia blanca por los cuatro costados; aunque realmente la tenga, si no se le nota no es *catire;* Mina, el lugarteniente de Páez y uno de los héroes de la Independencia, que era hijo de españoles de Dos Hermanas, Sevilla, que habían llegado a Venezuela al servicio del conde de San Javier, y nada sospechoso de tener en sus venas sangre de ninguna otra raza que no fuera la blanca, pasó a la historia con los nombres de *El Negro Mina* y *El Zambo Mina,* no más que por pertenecer a ese tipo de hombre, tan frecuente en Andalucía, que Federico García Lorca inmortalizó llamándole "moreno de verde luna" y que, entiéndase bien, no es necesario que sea gitano. El profesor Ángel Rosenblat, a quien hemos consultado, nos comenta en amable carta: "Dice Rómulo Gallegos en "Cantaclaro" (ed. Austral, pág. 196): "Florentino era de ese blanco bronceado

de resol y viento sabaneros que por allí llaman *catire*". Así debía ser el *catire* Páez, que era mestizo"; este *catire* Páez, rubio él, según se ha conseguido aclarar suficientemente, pudiera servir de ejemplo para nuestra 1.ª acepción. 3. En el ganado caballar, color blanco albino, con los ojos azules.

Cayapa. — Cuadrilla de gentes unidas para atacar o resolver rápidamente cualquier cosa; el diccionario, que no registra esta voz, sí da, en cambio, su derivado CAYAPEAR.

Cayapero. — Relativo a la *cayapa,* que forma parte de ella.

Cazabe. — El diccionario la define como TORTA QUE SE HACE EN VARIAS PARTES DE AMÉRICA, CON UNA HARINA SACADA DE LA RAÍZ DE LA MANDIOCA. Es más bien todo lo contrario: la harina sacada de la raíz de la mandioca se destina a usos diversos y con el residuo que queda de su obtención, agregándole papelón y sal, se preparan las tortas de *cazabe,* poniéndolas a cocer en el budare.

Cazorlense. — Natural de Cazorla, Estado Guárico.

Cebado. — Dícese de la persona o animal habituados a cualquier costumbre.

Centavo. — El diccionario, en su 2.ª acepción, define al *centavo* como MONEDA AMERICANA DE BRONCE, COBRE O NÍQUEL, QUE VALE UN CÉNTIMO DE PESO; en Venezuela, el *centavo* es una moneda de níquel que vale la centésima parte de un *fuerte* y no de un *peso.* (Vid. *Fuerte, Peso* y *Céntimo.)*

Céntimo. — No circula como tal moneda y equivale a la centésima parte de un *bolívar;* debe observarse la diferencia existente entre *centavo* (0,05 *bolívares*) y *céntimo* (0,01 *bolívares*).

Cerdero. — Caballo que, al iniciar la andadura, abre las cerdas de la cola en abanico; son ejemplares tenidos en gran estima; de ahí el refrán *la yegua le ha parido un cerdero,* queriendo indicar suerte en la vida o en los negocios.

Cerecere. — Residuo.

Cerrero. — Cimarrón.

Cimarronera. — Cimarronada.

Cipotazo. — Golpe contundente y aparatoso.

Cipote. — El diccionario, como peculiar de Colombia, lo da por ZONZO, BOBO, acepción en la que lo hemos oído en España, sobre todo en Andalucía; como característico de Guatemala, lo anota por RECHONCHO, OBESO, y como propio de El Salvador y Honduras, lo identifica con CHIQUILLO, PILLUELO. En nuestro país, aunque la acepción no figure en el registro oficial de voces, también puede entenderse por una de las mil diferentes formas de designación popular del sexo del hombre. En Venezuela vale por sinvergüenza y también se emplea (eso está en el *cipote)* para indicar algo muy lejano (Vid. *Donde chuco no carga a su hijo,* que tiene análogo sentido).

Cipotón. — Dícese de algo de desmedidas proporciones; tanto esta voz como *cipotazo* y *ci-*

pote, las hemos visto también escritas con z. En España, *cipotazo* y *cipotón* son, simplemente, aumentativos de *cipote.*

Ciraguo. — Pío, 3.er artículo del diccionario.

Cisno. — En el ganado caballar, capa blanca.

Clenche. — Afectación, mimo; suele usarse en plural.

Cobija. El diccionario lo da por CUBIERTA, en su vaga 1.ª acepción y, como mejicanismo, por MANTA, en su 3.ª acepción; en Venezuela, vale por manta, en sus acepciones 1.ª y 2.ª

Cobija de resuello. — En sentido figurado, y con el inmediato valor de las palabras — manta de aliento o de respiración —, dícese por mujer, aludiendo a acostarse con ella.

Cobija volteada por lo negro. — Es costumbre *llanera,* e incluso de fuera del *llano* y del territorio de la República — en Colombia, por ejemplo, hemos hecho la misma observación — transportar a los muertos y heridos en su propia manta, que suele ser roja por un lado y negra por el otro; cuando el lado que se muestra es el rojo, indica que el hombre que se lleva va herido; cuando es el negro, advierte que va muerto.

Cobija volteada por lo rojo. — Vid. *Cobija volteada por lo negro.*

Cocuiza. — Determinada planta *llanera* a la que se atribuyen virtudes curativas.

282

Cochano. — *Oro cochano,* el que se encuentra en estado de pureza.

Cochina a medias. — *Tener una cochina a medias,* tener una cuestión pendiente, tener que arreglar cuentas con alguien.

Cochino. — Cobarde, además de las acepciones que da el diccionario.

Cogerle a uno la zorra. — Hacérsele tarde.

Colmillo ahumado. — Equivale al COLMILLO RETORCIDO, usado en España.

Colt. — Determinada marca de revólver; como sinécdoque, es voz menos usada que *mitigüison.*

Comelona. — Comilona.

Comeloros. — Indios guaraúnos, que pueblan las márgenes del río Barima, en la Guayana.

Comemierda. — Estúpido.

Comer pavo. — Frustrarse lo que se intentaba.

Comida. — Porción de chimó que se toma de una vez.

Con cuántas hojas se embojota una hallaca. — Equivale a algo que todo el mundo sabe o debe saber; su paralelo español pudiera ser "cuántas son dos y dos".

Concha. — Además de las acepciones que da el diccionario, tienen *concha,* siguiendo a Ángel Rosenblat: 1.º, el coco, la piña, la naranja, el mamón, la ciruela, la cereza, la uva y cualquier fruta; en este caso, vale por cáscara, hollejo o piel. 2.º, los huevos, las patatas, el maíz, el café, el arroz; aquí equivale a cáscara, monda, película. 3.º, los ajos; creemos que significa diente. 4.º, los árboles, diciéndose en lugar de corteza. 5.º, por extensión del anterior, las canoas. 6.º, la piel humana y la camisa de las serpientes. 7.º, la capa de suciedad y la costra o postilla de las heridas. 8.º, la pereza, la cachaza, la impavidez. 9.º, también puede ser el refugio de un perseguido; *enconcharse* es retraerse — y en este sentido, y como peculiar de Colombia y Puerto Rico, lo da el diccionario —, acostarse pronto, ensimismarse, aguantar en un cargo público y amilanarse. 10.º, es *concha* la vaina vacía del cartucho de un arma portátil de fuego; el diccionario no incluye, en el artículo VAINA, la acepción militar que aquí le damos y que, técnicamente, es la correcta; también es *concha* la funda en que se guarda el revólver o el puñal. 11.º, el pescado también tiene *conchas* o escamas. 12.º, también se nombra así el juego que en España se llama escondite. 13.º, cierto peinado de la mujer. 14.º, exclamación.

Concha Martínez. Concha, 14.ª acepción de nuestro vocabulario.

Cónchale. — *Concha,* 14.ª acepción de nuestro vocabulario.

Cónchales. — *Concha,* 14.ª acepción de nuestro vocabulario.

Conchudo. — En España vale por ASTUTO, CAUTELOSO, SAGAZ; en Venezuela, significa fresco; "caradura", que tiene mano izquierda.

Condenado. — Dícese del que tiene habilidad o astucia.

Conejo. — Tímido, corto de carácter.

Con el credo en la boca. — Agonizando. 2. En sentido figurado, muy cansado, agotado, rendido.

Conocer el pescado. — Conocer un asunto, saber de qué se trata.

Contimás. — Con todo y más.

Conuco. — La acepción originaria de América que da la Real Academia puede ampliarse en el sentido de considerar al *conuco,* como un cultivo pequeño, rodeado de una cerca de madera o alambre para evitar que el ganado lo dañe.

Convite. — Convenio.

Coño de madre. — Malnacido, ser vil y despreciable.

Coporo. — Determinado pez de los ríos *llaneros.*

Corneto. — Dícese del hombre o animal que tiene las orejas inutilizadas o deformes.

Corocora. → Ave zancuda de color rojo oscuro.

Coroto. — El diccionario usa el plural y lo define como TRASTOS, TREBEJOS. Puede significar también conceptos tan variopintos como gobierno, negocio, testículos y, en general, cualquier cosa u objeto cuyo nombre no se recuerde al hablar. Es voz de acepción muy amplia y variable.

Corrofia. — Res vieja, agotada, enferma.

Costo. — Lugar, sitio.

Cotoperiz. — Árbol tropical muy frondoso.

Cresta. — Es, a Maracaibo y al Estado Zulia, lo que *lavativa,* a Caracas.

Crudo. — *Estar crudo,* faltar mucho para el fin.

Cruzado. — Ganado cebú.

Cuatro conchas de ajo. — Expresión que indica insignificancia de algo; puede equivaler a los popularismos españoles UN COMINO o CUATRO CUARTOS.

Cubano. — Fusil de pistón, muy apreciado por los *llaneros.*

Cubiche. — Dícese en sentido familiar y, en ciertas ocasiones, despectivo, de lo que es propio de la isla de Cuba.

Cuca. — Galleta de harina y papelón. 2. El sexo de la mujer. 3. *Cajeta.*

Cucambeo. — Tira y afloja que termina en engaño.

Cucarachón. — Persona que vive a expensas de otra.

Cuchilla. — Determinado pez de los ríos *llaneros.*

Cueriza. — Tunda que se da con cualquier objeto de cuero.

Cuestión. — Es, en cierto modo, sinónimo de *coroto* y voz que se aplica a cualquier objeto cuyo nombre no se recuerda de inmediato.

Cuidandero. → El que cuida.

Culebreado. — *Jugar un culebreado,* proceder traidoramente y con trampa; es sinónimo de *jugar un sucio.*

Cunavichero. — Natural de Cunaviche, Estado Apure.

Cuña. — Apoyo o recomendación que se hace a favor e incluso en contra de alguien.

Cuñado. — Compañero, camarada; es sinónimo de *vale*.

Curicara. — Ave tropical de la familia de los loros.

Curiepe. — *Bendito.* En la región de Barlovento, Estado Miranda, existe un pequeño pueblo llamado Curiepe.

Curioso. — Curandero.

Curucutear. — Buscar, registrar.

CH

Chachango. — Nombre familiar de Santiago.

Chaflán. — *De chaflán,* de refilón.

Chancleta. — El acelerador del automóvil.

Chenchena. — Ave de color pardo, gran tamaño y airoso copete de pluma, que vive a orillas de los ríos.

Chepito. — Diminutivo familiar de José.

Chequear. — Explorar, revisar, mirar algo bien mirado y con detenimiento; es una adaptación onomatopéyica, tan arbitraria como e v i d e n t e, del "check, to check" inglés y americano.

Chicuaco. — Determinada ave *llanera,* semejante a la gaviota.

Chimirito. — Persona menuda y muy delgada, alfeñique.

Chimoera. — *Cajeta.*

Chin-chín. — Refiérese a algo fastidioso, monocorde, pesado.

Chirel. → Cada una de las numerosas variedades de pequeños pimientos picantes que se usan en la cocina venezolana y que pueden corresponder, en cierto modo, a la guindilla española.

Chiva. — Además de las acepciones que da el diccionario, significa buena suerte y hombre de suerte.

Chivato. — Persona importante y de influencia.

Chocancia. — Provocación, de palabra o de obra.

Chocar. — Llegar a un sitio. 2. Dirigirse a una persona.

Chocontana. — Lujosa montura de pico alto, muy aparatosa, que suena y cruje al cabalgar; recibe este nombre de la ciudad de Chocontá, Departamento Cundinamarca, Colombia, donde se fabrican.

Chocoreto. — *Mocho.*

Choludo. — Individuo de la última escala social. 2. Misérrimo, desgraciado; en cierto sentido, es sinónimo de *alpargatudo.*

Chuco. — Mono.

Chulavita. — Soldado o policía adicto al gobierno colombiano; es evidente que esta voz se usa en esta novela con un adelanto de quince o diez y seis años a su aparición.

Chulo. — En el Táchira y Colombia, *zamuro.*

Chumbulún. — Onomatopeya que indica acción de sumergirse o chapuzarse.

Chumiar. — Beber de la botella.

Chupar. — Fumar.

Chupe usted y déjeme el cabo. — Equivale al español A PEDIR DE BOCA.

Chuquear. — Trepar como los monos o *chucos*.

Churión. — Tener *churión*, estar triste por sufrir contrariedades amorosas.

Churupo. — Dinero.

Chusmita. — Garza de color azul y de pequeño tamaño.

D

Dañero. — Brujo; su fuerza suele limitarse a hacer mal, usando sus artes.

Degredo. — No se usa en la acepción del diccionario, sino en la primera de LAZARETO.

Demalía. — Mala suerte.

Derecho. — Como el pueblo bajo español, el pueblo bajo venezolano confunde, con frecuencia, *derecho* con DEBER u OBLIGACIÓN. 2. Afortunado.

Desaparición. — Muerte.

Desguañangar. — Destrozar, hacer trizas.

Desguazar. — En Venezuela tiene este verbo más amplia acepción que en España y significa desbaratar o deshacer cualquier cosa y no tan sólo un buque.

Deslomadera. — Peste del ganado.

Desmostrencar. — Apartar los becerros de las vacas.

Despegarse. — Morir.

Despistarse. — Huir, fugarse precipitadamente.

Destoconar. — "Afeitar" a una res, limarle los cuernos.

Diostedé. — Tucán; aunque el diccionario define ambas voces — lo que parece indicar que las diferencia —, nosotros nos permitimos pensar que son sinónimas; al menos, en Venezuela, según el doctor Calcaño, los nombres de tucán, *diostedé*, pico de frasco — que el diccionario, en su 2.º artículo, identifica con tucán —, *piapoco* y *predicador*, sirven, todas ellas, para designar al mismo pájaro.

Domingosiete. — Inoportuno, entrometido, impertinente.

Donde chuco no carga a su hijo. Lejísimos; equivale a los popularismos españoles "en el quinto pino" o DONDE CRISTO DIO LAS TRES VOCES.

Donde tigre pone baile, burro no saca pareja. — Puede equivaler, en cierto modo, al español DONDE HAY PATRÓN NO MANDA MARINERO.

Doña. — Úsase, como arcaísmo español, en el sentido de señora, aun sin necesidad de posponerle el nombre propio.

Dormición. — En el diccionario se da por ACCIÓN DE DORMIR; en Venezuela significa adormecimiento de cualquier parte del cuerpo.

Duro. — *Cachete, fuerte.*

E

Económica. — Fiebre que mata sin dar tiempo a gastos de médico y botica.

Echar pico. — Hablar.

Echarse con las petacas. — Equivale al modismo español "dormirse en los laureles".

El Dorado. — Penitenciaría de la Guayana venezolana.

Enconcharse. — Vid. *Concha*, 9.ª acepción de nuestro vocabulario.

Embojotar. — Envolver, confundir, embrollar.

Embolsar el violín. — Irse discretamente y con el ánimo encogido, CON LA MÚSICA A OTRA PARTE.

Empache. — Empacho.

Empatiar. — Acción de adaptarse a unas costumbres y a un lugar determinados.

Emplumar. — El diccionario, en su 2.ª acepción, da esta voz, como peculiar de Ecuador y Venezuela, en el sentido de ENVIAR A UNO A ALGÚN SITIO DE CASTIGO; en Venezuela lo hemos oído, más bien, como enviar a uno a algún sitio con urgencia, sin que ni ese envío ni esa urgencia impliquen castigo.

Empuntarse. — El diccionario da empuntar como transitivo y como colombianismo y salmantinismo, en la acepción de ENCARRILAR, ENCAMINAR, DIRIGIR y, tan sólo como salmantinismo, en la de DESPEDIR, ECHAR A UNO POR MOLESTO; como intransiti-vo, lo registra como colombianismo que vale por IRSE, MARCHARSE; EMPUNTARLAS, lo anota como frase familiar colombiana, con el valor de AFUFAR, TOMAR LAS DE VILLADIEGO. El diccionario no admite el reflexivo *empuntarse* que, en Venezuela, significa obstinarse, entercarse.

Encalamocarse. — El diccionario define ENCALAMOCAR como ALELAR, PONER A UNO CALAMOCANO O CHOCHO. Entendemos *encalamocarse* como sinónimo de desorientarse.

Encuerado. — Amancebado

Enfuertarse. — Fermentar una substancia azucarada.

Enfuncionarse — Entusiasmarse.

Engalletarse. — Embojotarse. 2. Enredarse, liarse, atascarse el tránsito rodado.

Engringolado. — Adornado con exceso.

Enjabonada. — El diccionario admite esta voz como el femenino del participio pasivo de ENJABONAR (en su 3.ª acepción, REPRENDER A UNO, INCREPARLE), pero no registra el substantivo que, en Venezuela, vale por reprimenda o regaño (3.ª acepción).

Enredar la pita. — Embojotar.

Entabanarse. — Impacientarse el ganado por las picaduras del tábano.

Entiemparse. — Estar en celo un animal.

Entregar los papeles. — Morir.

Entre lintre. — Entre tanto, en el ínterin.

Entre Masparro y La Yuca. — Equivale a los modismos españoles "entre Pinto y Valdemoro" o ENTRE LA ESPADA Y LA PARED.

Entrepitearse. — Entrometerse.

Entrón. — Sociable, simpático.

Envenenar. — Embaucar.

Escuelitero. — Niño que va a la escuela.

Eschavetado. — Loco.

Espaldero. — Guardaespaldas.

Espaletado. — Tener la paleta dislocada.

Espichado. — Dícese del animal — y, en sentido figurado, del hombre — con los ijares hundidos por el hambre; es voz usada en Andalucía.

Espinero. — Profusión de espinas en cualquier objeto o lugar. 2. Asunto difícil, peligroso, escabroso.

Espinito. — Determinado arbusto, muy espinoso.

Esporororo. — Ruidoso estropicio.

Esqueleto. — La 4.ª acepción que da el diccionario, MODELO O PATRÓN IMPRESO EN QUE SE DEJAN BLANCOS QUE SE RELLENAN A MANO, como propia de Colombia, Costa Rica, Guatemala y Méjico, también se usa, en el mismo sentido, en Venezuela.

Estantino. — Popularismo por INTESTINO.

Estar a la parada. — Estar alerta y a la espera.

Estonado. — Machete con punta y doble filo.

Estoracal. — Lugar poblado de estoraques.

F

Fajina. — El diccionario, en su 2.º artículo, lo da por FAENA, y ésta, en su 4.ª acepción, y como propia de Cuba, Guatemala y Méjico, la hace valer por TRABAJO QUE SE HACE EN UNA HACIENDA EN HORAS EXTRAORDINARIAS. En Venezuela significa más bien trabajo a jornal.

Farrusquero. — Persona que camina o cabalga con elegancia y gallardía.

Felicidad. — Fórmula de despedida, más comúnmente utilizada en la conversación telefónica.

Felipear. — Adular.

Fiador. — *Nudo* o *ñudo fiador,* dícese de determinado nudo de gran seguridad.

Finito. — Dícese de aquello a lo que no se le ve el fin; su significado es casi rigurosamente inverso al que tiene en el español de España.

Firifirito. — Chimirito.

Fletación. — Fricción con cualquier substancia medicinal.

Flocho. — Caballo trotón.

Flux. — Terno, aunque también se aplique, solamente, al conjunto de chaqueta y pantalón (sin chaleco). El diccionario lo da sólo como colombianismo.

Fogarera. — Hoguera.

Forrear. — Soplar, las bestias, por la nariz, cuando se asustan.

Frasquitero.— Pretencioso, presumido.

Fregado. — El diccionario da el argentinismo y chilenismo, MAJADERO, ENFADOSO, IMPORTUNO; el colombianismo, TENAZ, TERCO; y el mejicanismo, BELLACO, PERVERSO; pero no el venezolanismo que equivale a trabajador, valiente, decidido.

Fresco. — El diccionario, en su 15.ª acepción, lo da como peculiar de la América Central, Méjico y Perú, en el sentido de REFRESCO, BEBIDA FRÍA O ATEMPERANTE; también lo hemos oído así en Venezuela.

Fritar. → Freír. El diccionario lo da como peculiar de Colombia y Salamanca; también lo hemos oído en Venezuela.

Frito. — En la comida o almuerzo, el segundo plato o plato fuerte. 2. Por extensión, comida.

Fruta de maraca. — Las semillas que la maraca lleva en el interior y que, por la percusión que producen al ser agitadas, la hacen sonar.

Fueguero. — Cohetero.

Fuente de soda. — "Cafetería.

Fuerte. — Cachete, duro.

Funcia. — Entusiasmo.

Funche. — Torpe.

Fundadora. — En el ganado vacuno, la hembra que ha tenido muchos hijos.

Fuñir. — Dañar.

Furruco. — Además de la ESPECIE DE ZAMBOMBA a que alude el diccionario, puede significar cualquier instrumento musical de sonido no muy armonioso. 2. Automóvil al que le suenan mucho el motor o la carrocería.

Fustán. — Falda. El diccionario lo da como ENAGUAS O REFAJO DE ALGODÓN; en Venezuela significa lo dicho ya que, a las enaguas, se les llama *fustán blanco* o *fustán de abajo* o *fustansón.*

Fustán blanco.— Vid. *Fustán.*

Fustán de abajo. — Vid. *Fustán.*

Fustansón. — Vid. *Fustán.*

Fusuco. — Determinada clase de cohete. 2. Por expansión, hombre inquieto, "polvorilla", fuguillas.

Fututo. — Estropeado, que no marcha bien; en ocasiones lo hemos escuchado en España, aunque el diccionario no lo registre.

G

Galafato. — Dícese del que tiene las piernas débiles.

Galembo. — En el Táchira y Colombia, *zamuro.*

Galopiar. — Corrupción por GALOPAR.

Galleta. — Enredo, lío, atasco en el tránsito rodado.

Gallo pelón. — Ser el *gallo pelón,* ser el más desgraciado.

289

Gamelote. — Yerba que el diccionario llama GOLONDRINA, 4.ª acepción, y que señala como voz propia de Costa Rica y Honduras; también la hemos oído emplear en Venezuela.

Ganar. — El diccionario, en su 4.ª acepción, lo da como LLEGAR AL SITIO O LUGAR QUE SE PRETENDE; en Venezuela es más bien DIRIGIRSE que LLEGAR, aunque también pudiera emplearse en este sentido.

Gandumbas. — Testículos.

Gastar pólvora en zamuros. — Equivale al español GASTAR LA PÓLVORA EN SALVAS.

Gatazo. — Dar gatazo o dar un gatazo, en Venezuela no significa lo que enuncia el diccionario, ENGAÑAR, TIMAR, sino enamorar.

Gato enmochilado. — Úsase en el sentido de GATO ENCERRADO.

Gentada. — Gentío.

Gobiernista. — Gubernamental.

Godo. — Afiliado al Partido Conservador.

Golondrina — El diccionario, en su 4.ª acepción, lo da como peculiar de Costa Rica y Honduras, en el sentido de la yerba que, en Venezuela, recibe el mismo nombre y el de *gamelote.*

Gonzalico. — Ave canora que los zoólogos llaman "Icterus auricapillus, Cass".

Gringo. — Es voz que, en la correcta acepción del diccionario y usada desde Venezuela, sirve para designar al norteamericano.

Grizapa. — Alboroto, desorden.

Guacaba. — Determinada ave *llanera,* considerada de mal agüero.

Guachafita. — Desorden, algo que degenera y se deshace.

Guacharaca. — Además de la acepción del diccionario (vid. el mejicanismo CHACHALACA), significa también determinado canto y baile *llanero.*

Guacharaco. — En el ganado asnal, color pardo rojizo.

Guácharos. — Marca de unos cigarros puros venezolanos.

Guama. — Es voz que define el diccionario. *Estar en la guama,* disfrutar de prebendas, gozar de una situación de favor.

Guaparrandón. — Fanfarrón.

Guarapera. — Negocio de poca monta que se apoya en la venta de guarapo de papelón.

Guarataro. — Determinada yerba llanera.

Guardajumo. — El diablo. A principios del siglo XIX fue famoso por todo el Guárico, el bandido Nicolás Guardajumo.

Guardiar. — Corrupción por GUARDAR.

Guarero. — Peón encargado de ahuyentar los loros en las plantaciones.

Guargüero. — Corrupción por GARGUERO O GARGÜERO.

Guaricha. — El diccionario lo da, como propio de Colombia, Ecuador y Venezuela, como HEMBRA, MUJER, EN SENTIDO DESPECTIVO; creemos que, al

B

Bachaco. — Según don Julio Cal- caño, "insecto semejante a la hormiga, pero más corpulento y cabezudo que ella". Vid. *Mo- verse más que un bachaco.*

Bailar en un tusero. — Equivale a los modismos españoles "pisar arena movediza" o "dormir so- bre un polvorín".

Bamba. — Moneda de plata de dos bolívares.

Banco. — Coger el banco, irse, largarse.

Bandera roja. — Marca de unos cigarrillos criollos, de tabaco negro.

Barinés. — Natural de Barinas. 2. En los Estados Guárico y Apure, el viento del oeste.

Barrear. — Maniatar.

Barroso. — En el ganado vacuno — según el "Vocabulario tau- rino autorizado", de José Ma- ría de Cossío — "pinta del toro jabonero muy oscuro, negruz- co", *barroso* es vocablo que, en esta acepción, no incluye el diccionario.

Batido. — Papelón de melado al- go más crudo que el que se destina para el papelón corrien- te, condimentado con queso u hojas de naranja y batido has- ta conseguir que blanquee.

Bebentina. — Borrachera.

Bebezón. — Bebentina.

Beisbolero. — Relativo al "base- ball".

Bendito. — Cura, sacerdote; es si- nónimo de *curiepe.*

Berenjena. — Lío, alboroto.

Bestia. — Entre llaneros, *bestia* no significa más cosa que caballo.

Bichanguear. — R. D. Silva Uz- cátegui lo define diciendo: "Verbo usado familiarmente para expresar cualquier acción cuyo nombre correcto no acu- de inmediatamente a la me- moria."

Bicharango. — Bicharraco.

Bigarro. — Toro viejo y cimarrón.

Birragua. — Persona o cosa insig- nificante y despreciable.

Birriondo. — Valiente.

Boca-de-locha. — Pez *caribe*, así llamado porque su mordedura saca el bocado del tamaño de una *locha.*

Bocarada. — Bocanada.

Bola. — ¡De bola!, exclamación que implica aumentativo.

Bolerear. — Robar.

Bolero. — Bandido.

Bolívar. — Unidad monetaria de Venezuela; puede servir la de- finición del diccionario; su va- lor, con respecto a la peseta, en la época de la acción de esta novela, es de 1 B. = 12,7 pts., aproximadamente; el *bolívar* pesa 5 gramos, de plata con ley de 900; también recibe los nombres de *bolo* y *peseta.*

Bolo. — Bolívar.

Boquerón. — Boca limpia de ma- leza, en la selva o en el monte.

Borcelano. — En el ganado vacu- no, color muy blanco, con los cuernos rosados y los ojos azu- les; puede corresponder al "en-

277

a, significa soltera in-

lado con ma con-

las, con- *sigüí.*

rativo signar s an- mir,

aya- ñol MO-

coge, a pesar de su evidente vigencia.

Güirirí. — Determinado pájaro *lla- nero*, de pequeño tamaño, que vuela en alborotadoras y jubi- losas bandadas.

Guirizapa. → Grizapa.

H

Hablachento. — Murmurador.

Habladera. — Vociferación, 2.ª acepción de vociferar: VOCEAR O DAR GRANDES VOCES.

Hablata. — Vociferación, 1.ª acep- ción de vociferar: PUBLICAR LI- GERA Y JACTANCIOSAMENTE UNA COSA.

Hachador. — Hachero. 2. Ser mi- tológico que tala árboles en la noche.

Hallaca. — El dicionario escribe HAYACA y no la define muy exactamente. Entendemos por *hallaca* algo así como una del- gada torta de masa de maíz, extendida sobre hojas de cam- bur — que durante la cochura no sólo la protegen sino que le comunican su peculiar sabor — ellena de un guiso de cerdo de gallina, aceitunas, tocino, bolla, huevo, etc., y puesta hervir hasta su endurecimien- En ningún caso es un PAS- , como dice el diccionario. hallaca es el plato nacional zolano y, ciertamente, un ar muy sabroso. Calcaño n la advertencia de que e pronuncia sino *haya- Silva Uzcátegui, Alva- tc., escriben *hallaca.*

291

Hallaquita. — Masa de maíz envuelta en hojas secas de lo mismo, condimentada con anís, y hervida.

Hambrada. — Mucha hambre.

Hatajo. — Rebaño de caballos formado por doce hembras y un macho reunidos espontáneamente.

Haz bien y aguarda el leñazo.— Equivale al refrán español CRÍA CUERVOS Y TE SACARÁN LOS OJOS.

Hembrero. — Mujeriego.

Hereje. — En ciertos casos (por ejemplo, referido al HAMBRE), indica intensidad. 2. Abundancia, número.

Hermosura. — Enfermedad que hincha a la res atacada poniéndola, aparentemente, hermosa.

Hijo de pulla. — Mal nacido.

Hombre de averías — Hombre decidido, resuelto, que no se le pone nada por delante.

Hueca. — Dulce de papelón que solidifica en forma de esponja.

Huesamenta. — *Guesamenta.*

Huevón. — *Güevón.*

Huevo perdido. — Huevo batido, revuelto con pan de maíz y frito en manteca.

I

Imperturbar. — Popularismo por PERTURBAR.

Improsulta. — Popularismo y corrupción de NON PLUS ULTRA.

Inable. — Arruinado.

Íngrimo. — Solo; se emplea únicamente en el pleonasmo *íngrimo y solo,* como para reforzar y hacer aún más patente la idea de soledad absoluta, de soledad sin esperanza y sin remisión posible.

Inmancable. — Indefectible, fatal, exacto.

Isleño. — Natural de las Islas Canarias.

J

Jaba. — Enfermedad de las bestias que consiste en unas excrecencias carnosas que les brotan en las encías y el paladar, impidiéndoles comer.

Jabudo. — Bestia que padece de jaba. 2. Hambriento.

Jalar mecate. — Adular; equivale al español "tirar de la chaqueta o de la levita".

Jalón. — *En tres jalones,* en el acto, en un santiamén.

Jefatura. — Jefatura, oficina de la autoridad que, en Venezuela, se llama jefe civil.

Jipato. — Amarillo de enfermedad.

Jochado — Duro, fuerte, ruin. *Trabajo jochado,* el que es penoso e incluso no falto de peligro.

Jodido. — Dícese, en cierta acepción, de la persona de modales finos y remilgados.

Jojana. — Miedo.

Jojoto. — Mazorca de maíz con el grano aún lechoso; la defi-

...osé María de
...cabulario tau-
..."toro de piel
...ia de la defi-
...io: APLÍCASE
...E NEGRAS U
...A Y LAS EX-
...CO EL RES-

...y querida.
...én de las
...ra tener
...sivo de

...de ma-
...del co-
...faenas

...define
...R FUE-
...Vene-
...ucho
...im-
...sos,
...nar.
...De-
...es-
...ar.

Bueno. — Muletilla conversacional. 2. Fórmula de despedida.

Bueno, pues. — Vid. *Bueno,* 2.ª acepción.

Bujarra. — Bujarrón.

Bulto. — El diccionario, en su 5.ª acepción, lo da como FARDO, CAJA, BAÚL, MALETA, ETC.; en Venezuela vale por lo dicho y también por bolso, cartapacio, cartera, mochila, etcétera.

Bulloso. — Bullicioso.

C

Cabildear. — Reunirse el ganado a impulsos del miedo.

Cabrestero. — Corrupción de cabestrero.

Cabrona. — Alcahueta.

Cachachás.—Tomar el cachachás, en el *llano,* equivale al español "tomar las de Villadiego"

Cachama. — Determinado pez de los ríos *llaneros.*

Cachamero. — Pez *caribe,* así llamado por su semejanza con la *cachama.*

Cachapear. — Desfigurar el hierro del ganado marcándole otro encima.

Cachapera. — Lesbiana. El diccionario registra, únicamente, y como locución propia de la provincia de Valladolid, la acepción CHOZA HECHA DE RAMAJE.

Cachapero. — Vendedor de cachapas.

Cachete. — Moneda de plata de cinco bolívares; recibe también los nombres de *duro* y *fuerte.*

nición del diccionario —FRUTO DEL MAÍZ EN LECHE— pensamos que pudiera, en cierto modo, inducir a confusión con un postre análogo al "arroz con leche", por ejemplo. 2. Fruto todavía tierno.

Jopear. — Apremiar, animar.

Joropo. —· Baile *llanero,* el más popular de Venezuela. 2. Fiesta.

Juan Bimba. — Vale por el español, JUAN LANAS.

Juásdua. — Caña semejante al bambú, aunque mucho más fuerte.

Judío. — Ave *llanera* que acompaña al ganado, alimentándose de sus parásitos; su corazón es usado por los hechiceros para preparar filtros amorosos.

Jumadera. Humareda. La *jumadera,* por antonomasia, fue el inmenso incendio del *llano,* en los meses de marzo, abril y mayo de 1926, que fue apagado por la lluvia.

Juraco.—Agujero.

Jurungo.—*Musiú*; se dice siempre con intención peyorativa.

L

Ladrarle a uno en la cueva. — Atacarlo o insultarlo en su propia casa u oficina, en su mismo elemento.

Langanazo. — Golpe que se da, o se recibe, con un objeto contundente.

Lanudo. — Tímido, incivil, lo que en España se dice TENER EL PELO DE LA DEHESA.

Lapo. — *Lanudo.*

Largurucho. — Larguirucho.

Lava. — *Lavativa.*

Lavativa. — El diccionario, en su 3.ª acepción, lo da por MOLESTIA, INCOMODIDAD. En Venezuela, puede significar, además, broma y tomadura de pelo. Como exclamación, es voz muy empleada en Caracas y su uso tiende a extenderse por toda la República.

Lebruno. — En el ganado vacuno, color amarillo claro; puede corresponder al "albahío", de José María de Cossío en su "Vocabulario taurino autorizado", voz que no figura en el diccionario.

Leco. — Grito.

Lengualarga. — Lenguaraz; úsase, indistintamente, como sustantivo o adjetivo.

Leque-leque. — Letanía, monserga, retahíla.

Liceísta. — Alumno de un liceo, en la acepción que el diccionario —tan sólo como chilenismo— da a esta voz.

Licor. — En Venezuela es voz que vale por el LICOR que define el diccionario y también por cualquier otra bebida alcohólica —excepción hecha del vino, la cerveza, la sidra— aunque ésta fuere seca: coñac, whisky, etc. Sin embargo, el plural "licores", en España tiene una acepción más amplia que el singular (o tan amplia como el singular en Venezuela) y alude a toda clase de bebidas alcohólicas — con las excepciones señaladas —, tanto dulces como secas.

Lidioso. — Antipático, que todo lo encuentra mal.

Limpieza. — Pobreza. El diccionario habla de LIMPIEZA DE BOLSA, FALTA DE DINERO.

Liniero. — El peón que hace las líneas o cercas de los potreros.

Lipudo. — Barrigón.

Liqui-lique. — Prenda de hilo semejante a una guerrera militar, sin adorno alguno; el cuello se cierra con uno o dos gemelos o *mancornas* o *yuntas,* de oro; suele ser blanco, crudo o gris y se usa con pantalón del mismo color; es vestido muy elegante y puede considerarse como el traje nacional venezolano.

Liqui-liqui. — *Liqui-lique.*

Locha. — Moneda de níquel, de 0,125 *bolívares.*

Loquera. — Ataque de locura.

Lora. — Úlcera.

Loro por la pata. — Dícese que es un *loro por la pata,* de la bestia que tiene el resabio de cocear.

Los matos son pintados y andan empinados. — Pudiera equivaler a nuestro NO ES TAN FIERO EL LEÓN COMO LO PINTAN; según Calcaño, es frase con que se manifiesta la dificultad de realizar una amenaza de muerte.

Lucir. — Estar, referido al ánimo (*lucía* triste, alegre).

Lufre. — Puñetazo.

LL

Llanero. — Además de HABITANTE DE LAS LLANURAS que da el diccionario, dícese en Venezuela, de aquello que es relativo al *llano.*

Llano, El. — Región natural, muy típicamente venezolana, en la que hemos situado la acción de esta novela. El *llano* propiamente dicho lo forman los Llanos Bajos, de los geógrafos, o Llanos de Apure y el Guárico, aunque el nombre se haga extensivo, también, a los Llanos Altos (Occidentales o de Barinas y de Cogedes, según la nomenclatura popular, y Centrales). Los Llanos de Monagas constituyen una unidad con características propias y diferenciadas. Nosotros escribimos *llano,* en singular, porque así se lo hemos oído siempre al pueblo de Venezuela; y con minúscula, por entender que no se trata de una denominación peculiarmente geográfica, sino de la substantivación del adjetivo calificativo que, por sus evidentes características, recibe.

Llevarse el punto. — Conseguir un propósito, más bien por capricho o cabezonada.

Llevárselo Tunga. — Morirse. 2. Irse al garete.

Llorona. — Ser mitológico que llora los malos tratos que dio, en vida, al hijo muerto.

M

Mabil. — "Cabaret" de baja estofa.

Mabita. — *Guiña.*

Mabitoso. — *Guiñoso.*

Macán. — Enojo. Fastidio. 2. *Prenderse el macán*, en sentido figurado, comenzar la fiesta o el jaleo.

Macanear. — Dejar algo a medio hacer.

Macanilla. — *Albarisco*; planta *llanera* a cuya semilla se le atribuyen propiedades mágicas y medicinales; es la "Bactris gasipaes" de los botánicos.

Macundales. — *Corotos*, en sentido peyorativo.

Machorrear. — Traer mala suerte, "gafar".

Machucho. — Recio, varonil.

Madurito. — Completamente maduro.

Magalla. — Baratija. 2. Mujer muy fea, vieja, poco apetecible.

Majaderear. — Molestar.

Malagradecido. — Desagradecido.

Malcuero. — Persona ajada o físicamente derrotada.

Malobediente. — Desobediente.

Malón. — Maluco.

Mallugar. — Magullar.

Mamá. — Como en España, es sinónimo de MADRE, voz que en Venezuela — y es lástima, dada su noble prosapia — tiende a desaparecer. La expresión "mi madre", causa extrañeza, pero el decir "su madre" es algo que no se tolera y que implica, indefectiblemente, ofensa. A los españoles nos cuesta trabajo adaptarnos a este hábito, ya que, entre nosotros, decir "mi mamá" o "su mamá", resulta un tanto infantil e ingenuo.

Mamadera de gallo. — Broma, tomadura de pelo.

Mamador de gallo. — Bromista, hombre aficionado a tomar el pelo a la gente.

Mamaflor. — Colibrí.

Mamantón. — El diccionario lo registra: DÍCESE DEL ANIMAL QUE MAMA TODAVÍA; en Venezuela, dícese del animal que ha sido criado artificialmente.

Mamón. — Además del árbol y su fruto, a que alude el diccionario en sus acepciones 5.ª y 6.ª, también significa *mamador de gallo.*

Mamonazo. — Golpe contundente.

Mancorna. — Gemelo de camisa o de *liqui-lique.*

Mancha. — Grupo, más o menos compacto, de ganado moviéndose por el *llano.*

Mandofia. — Barriga.

Manduca. — Arepa de queso. 2. En plural, testículos; en esta acepción no es propiamente un venezolanismo; en el mismo sentido, la hemos oído en el lenguaje popular de Andalucía.

Mango de burro. — Variedad de mango, de mala calidad.

Mangüelear. — Desviar o distraer hábilmente cualquier asunto, tema o conversación.

Manito. — Hermanito. 2. Aunque su uso está menos generalizado que en otros países — Méjico, por ejemplo —, también se emplea en el sentido de camarada, compañero, *cuñado* y *vale.*

Manque. — Aunque.

Maña. — Echar *mañas,* usar artes de brujería (decir una oración, dar un bebedizo, etc.), para conseguir un propósito.

Mapora. — Determinada variedad de palma.

Maracaibero. — Natural de Maracaibo.

Maracucho. — Natural de Maracaibo; no es propiamente el gentilicio — que sería *maracaibero* — y se usa siempre en un complejo sentido, medio despectivo y medio familiar y cariñoso.

Maranto. — Caballo o asno a medio domar. 2. En sentido figurado, hombre valiente.

Maraña. — Trampa en el juego.

Marañista. — Fullero. 2. Por extensión, c u a l q u i e r persona tramposa.

Marañón. — En los gallos y gallinas, color rojo claro.

Maraquero. — El que toca las maracas.

Margullir. — Zambullir. 1.ª acepción del diccionario.

Marico. — Homosexual.

Marinela. — Planta *llanera,* de unas dos brazas de altura y de tallo áspero, aunque no espinoso, que crece a orillas de los ríos y que da una flor roja y dorada de delicado aroma; es, quizás, la flor más bella del *llano.*

Mariquera. — Reunión de *maricos.*

Marmoleado. — En el ganado caballar, color blanco albino, con los ojos negros; Rómulo Gallegos lo define como "color blanco y negro de las bestias".

Marmoleño. — Marmoleado.

Maromear. — Hacer títeres o volatines.

Maromero. — Volatinero.

Marota. — Traba, 3.ª acepción del diccionario.

Marotear. — Poner *marotas* a los animales.

Marramucias. — Trapicheos.

Marrón. — Billete de cien *bolívares*; recibe el nombre de su color.

Mascada. — Comida.

Mata. — El diccionario, en su 3.ª acepción, lo da como porción de terreno poblado de árboles de una misma especie; en Venezuela es, más bien, la mancha selvosa que brota, aisladamente, en la sabana.

Matada. — Caída mortal o, por lo menos, grave.

Mato. — Especie de lagartija.

Matrimonio. — Tela blanca para sábanas u otros usos.

Mausero. — Individuo armado de mauser.

Mautaje. — Reunión de *mautes.*

Maute. — Becerro de uno o dos años. 2. Res flaca y enferma.

Mecate. — El diccionario lo da como voz propia de Filipinas, Honduras y Méjico y con el significado de BRAMANTE, CORDEL O CUERDA DE PITA; es VOZ mejicana, aunque también se use en Venezuela.

Mecedor. — Mecedora.

Medio. — Moneda de plata de 0,25 *bolívares*; como fácilmente puede observarse, su nombre no alude a medio *bolívar* sino a medio *real*.

Melcochudo. — Dícese del dulce, cuando se pone correoso.

Merecure. — Determinado árbol *llanero* muy frondoso.

Meremere con pan caliente. — Azote que se da a los niños, como castigo, en el momento de cometer su travesura.

Miedá. — Miedo intenso.

Misia. — Contracción por MI SEÑORA.

Mitigüison. — Sinécdoque por la que el pueblo venezolano designa a todos los revólveres con la marca de fábrica de uno de ellos (Smith & Wesson).

Moclón. — Hombre grueso y corpulento.

Mocho. — El diccionario lo define: DÍCESE DE TODO AQUELLO A QUE FALTA LA PUNTA O LA DEBIDA TERMINACIÓN; en Venezuela se aplica esta voz incluso a las personas que presentan alguna mutilación; es sinónimo de *chocoreto*.

Mojosearse. — Enmohecerse.

Mollejera. — Herida.

Mondonguero. — Pez *caribe* que se alimenta de la entraña de los animales muertos.

Monifato. — Fatuo. 2. Afeminado.

Mono. — Ahorros.

Montado por las patas. — Caballo brioso, noble y veloz; es sinónimo de *zumbado por las patas*.

Moquinga. — En algunas partes del *llano*, el nombre propio del diablo.

Morocota. — Moneda de oro de veinte dólares.

Morocho. — Gemelo, 1.ª acepción del diccionario.

Morrocoy. — Además de la aproximada acepción que da el diccionario, puede significar determinado plato típico *llanero* que suele comerse por Semana Santa.

Mosca. — Vigía o avanzadilla para avisar la presencia del enemigo.

Motilones. — Indios de la gran familia caribe, que habitan, aún en estado salvaje e independiente, en la sierra de Perijá, al suroeste del Estado Zulia.

Motolita. — Mujer modosa y de aspecto honesto y recatado. En España se llama MOTOLITA a la pajarita de las nieves o chirivía.

Moverse más que un bachaco. — Vagabundear — en su acepción española — constantemente. 2. Moverse mucho y sin orden ni concierto.

Muerganaje. — Conjunto de muérganos.

Muerto de hambre. — Persona avarienta y mezquina.

Mujerada. — Multitud de mujeres.

Mujerero. — Hembrero. 2. *Mujerada.*

Mula. — Botella de ron o de aguardiente que suele llevarse oculta en el bolsillo.

Mundaro. — Dícese de los negros cuyo color tiende a morado.

Murrucuco. — Rapiña nocturna, que toma su nombre del monótono canto que emite. 2. Se usa como término comparativo de la fealdad; *más feo que el murrucuco,* equivale al español MÁS FEO QUE PICIO.

Musiú. — Nombre dado, entre venezolanos, a todo extranjero menos al norteamericano, a quien dicen *gringo,* como en Méjico, y al español, a quien designan por su gentilicio; entre los españoles distinguen al canario, al que llaman *isleño.* Musiú no es voz que implique ofensa, aunque pudiera darle ese carácter el tono en que fuera empleada. Sinónimo de *musiú* — y siempre peyorativo — es *jurungo.* Es curioso observar que Venezuela es uno de los escasísimos países hispanoamericanos en que los españoles no tenemos un bautismo peyorativo: "gallego", en sentido despreciativo, en Argentina, Uruguay, Cuba, y aún el más grave "gallego de mierda", en el Río de la Plata; "gachupín", en Méjico; "chapetón", en Perú y Colombia, etcétera.

Mute. Olla de cabeza de oveja, hígado, bofe, corazón, garbanzos, papelón rallado y vino; es plato tan suculento como indigesto.

N

Neciar. — Importunar.

Ni burro es bestia, ni cazabe es pan. — Indica que las cosas pueden no ser lo que parecen; en este sentido, equivale al español NO ES ORO TODO LO QUE RELUCE.

Niguatero. — Dícese del que tiene niguas.

Ni morrocoy sube palo, ni cachicamo se afeita. — Indica que existen cosas o acciones que nos están vedadas, por más que nos obstináremos por conseguirlas; en cierto sentido, equivale al español "una cosa es querer y otra es poder".

No lo piense. — No lo dude.

No masco. — Dícese en el sentido de "no admito bromas" o "¡A mí no me la dan con queso!".

Novedades. — Úsase, como en España, si bien no lo registra el diccionario, en el sentido de síntoma de embarazo. 2. Ídem ídem de parto.

Ñ

Ñángara. — El punto sensible.

Ñaragatal. — Lugar poblado de *ñaragatos.* 2. Por extensión, lío escabroso, confuso y difícil de resolver.

Ñaragato. — Arbusto espinoso, cuyo arañazo puede semejarse al producido por la uña de un gato.

Ñarrita. — Pizca.

Ñema. — Yema. 2. Huevo de ave.

Ñereñere. — Insignificancia, menudencia.

Ñinga. — *Ñarrita*; suele usarse siempre en diminutivo.

Ñongo. — Suspicaz, desconfiado.

O

Obradera. — Diarrea.

¡Ojo pelao! — ¡Alerta!

Ojo de zamuro. — Semilla redonda, usada como amuleto.

Ojos que te vieron, paloma turca. — Equivale al español OJOS QUE TE VIERON IR.

Olivo. — Determinado árbol del *llano*; no tiene de común, con el olivo mediterráneo, más que el nombre.

Olla de carne. — En el *llano*, medida de peso que equivale a once libras y cuarto.

Orúo. — En el ganado vacuno, color cobrizo; puede corresponder al "jijón" — voz que no registra el diccionario—, que da José María de Cossío en su "Vocabulario taurino autorizado".

Oscurito. — Claroscuro que precede al alba.

Oso palmero. — Determinado oso propio del *llano*, que suele vivir en las copas de las palmeras.

P

Pabellonero. — El que tiene habilidad para vivir o divertirse a costa de otro; puede equivaler al español GORRÓN.

Pachanga. — Patatús.

Pachano. — Moneda de oro de cien *bolívares*; recibe el nombre en recuerdo del general Jacinto R. Pachano, quien las ordenó acuñar; el *pachano* no circula como tal moneda.

Pachotada. — Patochada.

Padrote. — En el ganado, macho reproductor.

Paguanare. — Intimidad.

Pajar. — Herbazal; es evidente que yerba y paja no son la misma cosa, aunque en el *llano* digan la segunda por la primera.

Pajarero. — Dícese del hombre o del caballo inquietos.

Pajarito. — Diminutivo de *pajar*.

Pajuela. — Cucharilla que pende de la *cajeta* o *chimoera* y que se usa para tomar una *comida* o porción de chimó.

Palitraque. — Mina, 5.ª acepción del diccionario. 2. También puede significar todo lo contrario: mal negocio.

Palitraquero. — Persona turbia, que no procede de buena fe en los negocios.

Palo. — *Trago* o copa de vino o de cualquier otra bebida alcohólica. 2. Úsase también, con el significado y valor del adverbio MUY, para resaltar la grande — óptima o pésima — calidad de algo, bueno o malo, virtuoso o vicioso, masculino o femenino (*palo de hombre*, hombre grande o valiente, hombre muy hombre; *palo de cachapera*, gran lesbiana; *palo de susto*, susto muy grande; *palo de bebezón*, gran borrachera, etc.); en este sentido, es sinónimo de *pata, rolistranco, roliverio, rúscano, solistranco, solistronco, tronco, zosco*, etc. No deja de ser curioso observar la gran riqueza lexicográfica de que hace gala el pueblo venezolano por el ditirambo. En España, aunque el diccionario no lo registre, se usan, a veces, "pedazo" y "cacho", con la misma intención que *palo* en Venezuela ("ese es un cacho de golfo — que se suele pronunciar elidiendo la preposición DE—, "¡qué pedazo de borrachera cogimos ayer!", etc.).

Paloapique. — Empalizada.

Palo de maraca. — Poner o tratar a uno como a un *palo de maraca*, insultarlo, menospreciarlo. 2. Ser un *palo de maraca*, ser un sirvergüenza.

Palo de oro. — Madera preciosa de las selvas del sur de Venezuela.

Paloma. — Sexo del hombre.

Paltó levita. — Chaqué.

Pan de horno. → Bollo de harina de maíz, papelón, manteca, anís y queso, cocido al horno.

Pando. — *Mocho*; es también sinónimo de *chocoreto*.

Pandorga. — Anteponiéndole la preposición DE, se utiliza para designar a una persona inoportuna, despreciable, molesta.

Panquear. — Morirse.

Pantaletas. — La prenda interior de la mujer, que en España llamamos "bragas" y que el diccionario no admite; el diccionario da BRAGA, como CALZÓN, 2.ª acepción, y éste como PRENDA DE VESTIR DEL HOMBRE, QUE CUBRE DESDE LA CINTURA HASTA LAS RODILLAS; en la voz PANTALÓN, 2.ª acepción, el diccionario habla de PRENDA INTERIOR DEL TRAJE DE LA MUJER, MÁS ANCHA Y CORTA QUE EL PANTALÓN DE LOS HOMBRES. Ignoramos en qué arcaicas fuentes habrá bebido el definidor.

Papá. — Como en España, es sinónimo de padre, voz ésta que en Venezuela ha caído en claro desuso. (Vid. *Mamá*.)

Papel quemado — Persona que ha perdido su honestidad y sus encantos.

Parapeto. — Dícese de la persona o cosa que no hacen sino estorbar.

Pararse. — En Venezuela se usa en la 17.ª acepción que da el diccionario al verbo PARAR: PONERSE EN PIE.

Par de triunfos. — En sentido despectivo, dícese del par de personas que son igualmente inútiles, malvadas, necias, etcétera.

Pasapalo. — Bocado de algo, para tomar con la bebida.

Pasar el páramo. — El diccionario, en la 36.ª acepción de la VOZ PASAR la identifica con MORIR, con la indicación de que JÚNTASE SIEMPRE CON ALGUNA OTRA VOZ QUE DETERMINA LA SIGNIFICACIÓN.

Pasar una mano. — Echar mal de ojo.

Pastorero. — Pastor, voz ésta que no se emplea, jamás, entre *llaneros.*

Pata. — Palo, 2.ª acepción de nuestro vocabulario.

Pato. — Marico.

Patón. — Hombre cobarde.

Pato real. — Vid. *Yaguazo.*

Patuleco. — Patojo.

Pavita. — Pájaro de mal agüero — "Hipnellus bicinctus" — cuyo monótono canto es análogo al de la pava. 2. *Guiña.*

Pavón. — En el ganado caballar, capa negra con manchas blancas, lo que le da un viso azulado.

Pavoso. — Guiñoso.

Pegajoso. — Cariñoso; el diccionario, en su 4.ª acepción, lo da como SUAVE, ATRACTIVO, MELOSO, lo que, en cierto modo, lo hace emparentar con el sentido en que se emplea en Venezuela; en su 5.ª, lo identifica con SOBÓN — 1.ª acepción: QUE POR SU EXCESIVA FAMILIARIDAD, CARICIAS Y HALAGOS SE HACE FASTIDIOSO — que viene a resultar todo lo

contrario de lo que, como venezolanismo, quiere indicar.

Peine. — Trampa, cepo, 5.ª acepción del diccionario. *Pisar el peine,* caer en la trampa, pisar el cepo.

Peladero. — Lugar sin vegetación; no es, exactamente, CALVERO, ya que no lo cualifica el estar EN LO INTERIOR DE UN BOSQUE; ni PÁRAMO, 1.ª acepción, puesto que no es preciso que sea DESABRIGADO; pudiera emparentarse con YERMO, 2.ª acepción.

Pelar. — Errar, equivocar. 2. En *pelar los ojos,* vale por abrirlos y también por coquetear con ellos.

Pelar el ojo. — Estar alerta; es expresión también usada en las Antillas, Centro América, Colombia, Ecuador, Méjico y Perú.

Pelar los ojos. — *Pelar el ojo.*

Peleón. — Gran peleona.

Pelero. — Pelo de cualquier animal. 2. Piel humana.

Pelizorrero. — Asunto arriesgado, aunque no lo parezca. 2. Hombre o animal peligrosos. Puede usarse como adjetivo y como sustantivo.

Pelodeguama. — Sombrero de alas anchas y de fieltro aterciopelado muy usado en el *llano.*

Pelona. — La Muerte.

Pena. — En Colombia y Venezuela, lo hemos oído, en cierto sentido, por vergüenza.

Pendejo. — Aunque el diccionario lo da, como HOMBRE CO-

BARDE, PUSILÁNIME, en Venezuela vale por tonto, estúpido, y por sirvergüenza o golfo, sentido en el que también lo hemos oído en España; igual que *pendón* que, con significado más amplio que el que le da la 5.ª acepción del registro de voces de la Real Academia, también se emplea en el lenguaje conversacional e incluso en el literario.

Pendón. — Vid. *Pendejo.*

Pensamiento. — Cabeza.

Pepito. — Petimetre, afeminado. Don Julio Calcaño lo da por "currutaco, lechuguino, pisaverde, lindo, ninfo, narciso, barbilindo, "dengue", "filé" "tónico", etc."; estas tres últimas voces, aunque no registradas por el diccionario, aparecen, con este sentido en Mesonero Romanos.

Peraulata. — Paraulata.

Percusio. — Sucio, miserable.

Pereza. — Perezoso, 4.ª acepción del diccionario.

Periquera. — Alboroto, desorden.

Perrera. — Periquera.

Persogo. — Cosas o animales atados formando grupo.

Pescosear. — Hurtar.

Peseta. — Bolívar.

Peso. — No existe como tal moneda; sin embargo, en la conversación, es voz que aún se usa; equivale a cuatro *bolívares.*

Pestoso. — Que tiene peste.

Petipoá. — Calcaño lo da por arveja o algarroba, y Rivodó por guisante; nosotros lo hemos oído siempre en esta segunda acepción.

Piapoco. — Diostedé.

Picarse. — Enfermar de tisis.

Pico de plata. — Determinada ave llanera.

Pico de zamuro. — *Estar en pico de zamuro,* equivale al español ESTAR CON UN PIE EN LA SEPULTURA.

Pichas. — El juego infantil que, en España, llamamos "canicas".

Piecitos. — Piececitos.

Pilandón. — Pilenque.

Pilenque. — Montón, 1.ª y 2.ª acepciones del diccionario; *pilenque* es voz que, en este mismo sentido, la hemos oído en Andalucía.

Pinche. — Vid. *Caribe.*

Pinchi-pinchi. — AL CONTADO, CONTANTE Y SONANTE.

Piñata. — Aneurisma.

Pipía. — En la isla Margarita, nombre familiar de Primitiva.

Piquiña. — Picazón, salpullido.

Piroco. — Gallo que carece de plumas en el cuello.

Pisado. — Camino, senda.

Pisillo. — Plato típico de carne desmenuzada, asada o frita.

Pitoco. — Extremidad seca de una rama. 2. Muchacho gordo, travieso y bien parecido.

Pitre. — Lindo.

Pitreza. — Preciosidad.

Pizarra. — Apoyatura o muletilla que se usa para dar mayor fuerza a una frase (¡ah, *pizarra,* que *tronco* de vaina!); suele pronunciarse alargando un poco la primera sílaba.

Planazo. — Golpe dado de plano con el machete o con el sable.

Planta. — Pequeña central eléctrica, por lo común de petróleo o gasolina, destinada al uso de un edificio o de un grupo de ellos. 2. Instalación, en general.

Platanazo. — De *platanazo,* CAER REDONDO Y DE PLANO contra el suelo.

Platudo. — Adinerado.

Plegariar. — Pedir.

Pobrecía. — Pobrería, pobretería, 1.ª acepción; obsérvese la superior belleza del vocablo venezolano, de idéntica formación y de tan rancio y clásico sabor como CLERECÍA, por ejemplo.

Polvarera. — Polvareda; es sinónimo de *polvero, polvorín* y *tierrero.*

Polvero. — *Polvarera.*

Polvorín. — *Polvarera.*

Ponchera. — Palangana.

Poncho. — Reculo.

Poner por obra. — Proponerse firmemente algo.

Poporo. — Chichón.

Porsiacaso. — Alforja que se cuelga en la parte trasera de la silla de montar.

Preciosura. — *Pitreza.*

Prendesón. — Incendio. 2. Fiebre.

Preparo. — R. D. Silva Uzcátegui lo da como "advertencia o amonestación que se hace con objeto de evitar o corregir un mal"; en la frase, se apoya, siempre, en el verbo PONER.

Previsivo. — Previsor.

Pronto. — De inmediato; puede valer la 4.ª acepción del diccionario.

Provocar. — Apetecer.

Puchungo. — Tonto.

Pulguero. — Cárcel.

Pulla. — Eufemismo por PUTA.

Puro. — Idéntico, exactamente igual.

Puya. — Centavo.

Q

¿Qué hubo? — "¿Qué hay?"

Querido. — Amable, que se hace querer.

Queso de mano. — Queso cocido, al que se le da forma con la mano.

¡Quién quita! — "Sin duda", "¿y por qué no?".

Quilombo. — El diccionario lo da como venezolanismo, con la equivalencia de CHOZA, CABAÑA CAMPESTRE; puede significar también despeñadero, zanja y lugar quebrado y lleno de baches.

Quinear. — Enfrentarse, competir; úsase, por lo común, como reflexivo.

R

Ramadas. — En las posadas del camino, los corredores donde la peonada cuelga sus chinchorros —+ toma ramadas — para pasar la noche.

Rancharse. — Plantar, 12.ª acepción del diccionario.

Ranchería. — En Venezuela no significa CONJUNTO DE RANCHOS sino parador o posada de arrieros o de peones.

Rasca. — Borrachera; es voz que también se usa en España, si bien el diccionario no la registra.

Rascarse. — Emborracharse; como rasca, es voz que también se usa en España, si bien el diccionario no la registra.

Ráspago. — Persona deleznable y en último extremo de vicio o de miseria.

Rasparse. — Huir.

Raspón. — Excoriación, raspadura; raspón y rasponazo (voz, ésta, que se usa en Venezuela con el valor de EXCORIACIÓN y no con el más general de RASPADURA) son voces que no registra el diccionario, pero que se suelen emplear en España, en ambas acepciones.

Rasponazo. — Raspón, 1.ª acepción de nuestro vocabulario.

Ratonera. — Tienda de comestibles humilde.

Real. — Moneda de plata de 0,50 bolívares. 2. En sentido figurado, dinero.

Realera. — Capital, caudal, fortuna.

Reculón. — Reculada: el diccionario admite el plural A RECULONES, por RECULANDO, pero no el singular.

Regarse. — Puede valer la 4.ª acepción de REGAR que da el diccionario. Regarse como fruta de maraca, esparcirse, dispersarse como las semillas de una maraca rota.

Regolgalla. — Adorno abigarrado y de mal gusto. 2. Profusión de los mismos. 3. Frito de bofe, corazón, hígado, pajarilla y tripa de cerdo que se prepara con los chicharrones.

Regolgaya. — Regolgalla.

Regorgalla. — Regolgalla.

Regorgaya. — Regolgalla.

Regular. — Bien, en el sentido de "marchar con regularidad"; en Venezuela, no es sinónimo de mediano, 3.ª acepción que da el diccionario a la voz REGULAR.

Regular para el tiempo. — Fórmula de respuesta al saludo y que puede significar, simplemente, BIEN.

Rejender. — Atajar, atravesando un terreno boscoso o difícil.

Rejo. — Soga de piel de res, de diez y seis o más brazas de largo, que emplea el llanero para enlazar el ganado.

Retallón. — Cerecere.

Revolcadero. — Amén de la acepción que da el diccionario, puede significar, en sentido figurado, predio pequeño y de escaso valor.

Rey zamuro. — Vid. *Zamuro.*

Ridiculeza. — Ridiculez.

Ridículo. —*Muerto de hambre.*

Ristra. — Vale la 2.ª acepción del diccionario, referida a REGAÑO, 3.ª acepción del diccionario. *Echar una ristra,* regañar soltando un rosario de insultos, verdaderos o falsos, PONER LAS PERAS A CUARTO, PONERLO DE ORO Y AZUL.

Rodar tierras. — Puede valer la 6.ª acepción de RODAR que da el diccionario.

Rolistranco. — *Palo,* 2.ª acepción de nuestro vocabulario.

Roliverio. — *Palo,* 2.ª acepción de nuestro vocabulario.

Ronca. — Fanfarronada.

Rúa-rúa. — Fuerza violenta.

Rubiera. — El diccionario anota el venezolanismo y lo da como CALAVERADA, TRAVESURA; también puede ser desaguisado, 4.ª acepción del diccionario, alboroto, desorden.

Rúscano. — *Palo,* 2.ª acepción de nuestro vocabulario.

S

Sabroso. — Además de las acepciones en que lo da el diccionario, la voz *sabroso,* en Venezuela, siguiendo al doctor Rosenblat, vale por "agradable, placentero, ameno, bonito, etc.".

Sabrosura. — Calidad de SABROSO.

Salcochar. — Vale la definición del diccionario — COCER CAR-NES, PESCADOS, LEGUMBRES U OTRAS VIANDAS, SÓLO CON AGUA Y SAL — que repetimos aquí para poder comparar esta voz con *salcocho, sancochar* y *sancocho.* (Vid. *Sancocho.*)

Salcocho. — El diccionario lo define diciendo: PREPARACIÓN DE UN ALIMENTO COCIÉNDOLO EN AGUA Y SAL PARA DESPUÉS CONDIMENTARLO, creemos que huelga esta última condición y, derivándolo de *salcochar,* lo daríamos por COCIDO, 1.ª acepción del diccionario. (Vid. *Sancocho.*)

Saltaneja. — Releje; el diccionario admite como peculiar de la isla de Cuba, la voz SALTANEJOSO.

Salud. → Fórmula de despedida, comúnmente utilizada en la conversación telefónica. 2. Fórmula de brindis.

Sampablera. — Pelea, escándalo, bronca; Aníbal Lisandro Alvarado cree que hace excepción a la regla general y que debe escribirse con *n* en lugar de *m.* Silva Uzcátegui y Ángel Rosenblat, piensan lo contrario.

Sampablo. — Exclamación que denota asco o repugnancia.

Samplegorio. — *Sampablera.*

Sancochar.—El diccionario explica: COCER LA VIANDA, DEJÁNDOLA MEDIO CRUDA Y SIN SAZONAR; como COCER y DEJAR MEDIO CRUDA son conceptos relativamente contrapuestos y en todo caso, confusos, referidos el uno al otro, propondríamos definir la voz *sancochar* como: ablandar en agua al fuego una vianda sin que llegue a cocer del todo.

Sancocho.— De la definición que hemos apuntado para el verbo *sancochar,* se deriva como rigurosamente correcta la acepción del diccionario: VIANDA A MEDIO COCER; sin embargo, en Venezuela, se usan *sancochar* y *sancocho* por COCER y COCIDO, sin expresar si mucho o poco o del todo o no, y son infrecuentes las formas *salcochar* y *salcocho.* 2. Plato compuesto de carne, cambures, etcétera, hervido y sazonado con sal y especias.

Sangradera. — Matanza, batalla cruenta.

Santanderiano. — Natural del Departamento de Santander, Colombia.

Santarriteño. — Natural de Santa Rita de Manapire, Estado Guárico.

Santateresa. — Popular marca de fábrica de un ron venezolano.

Santo regañado. — *Parecer* o *estar como un santo regañado,* mostrarse muy triste y afligido.

Sapera. — Charco casi seco en el que se crían sapos y culebras.

Sarataco. — Dícese del individuo que anda bebido pero aún no claramente borracho.

Sardinata. — Determinado pez de los ríos *llaneros.*

Saripioso. — Que tiene granos, verrugas o manchas en la piel.

Sayona. — La esposa del diablo.

Sebo. — *Tener un sebo,* permanecer en complacencia amorosa con una persona.

Seis por ocho. — Escándalo, bronca.

Señorejo. — Calcaño, que lo da como adjetivo, afirma que lo ha escuchado en "elogio de la arrogancia moceril"; creemos que también puede ser substantivo.

Sibisibe. — Bambú.

Siete. — *Al siete,* equivale al español LA MAR DE BIEN.

Sigüí. — Guatanero.

Silbador. — Ser mitológico que silba espantablemente durante la noche.

Sin el saco y los cangrejos. — Sin nada, "limpio", CON UN PALMO DE NARICES, A LA LUNA DE VALENCIA.

Singar. — Causar, moral o materialmente, algún perjuicio.

Sinvergüenzura. — Sinvergüencería.

Sobrinada. — Conjunto de sobrinos.

Soga. — En Venezuela, no es la CUERDA GRUESA DE ESPARTO, a que alude el diccionario, sino una tira de cuero de res, crudo y bien torcido.

Soga a cacho y quijada. — *Traer a alguien con la soga a cacho y quijada,* significa, en sentido figurado, traerlo muy fuertemente atado, como a las reses cuando se las enlaza, al tiempo, de los cuernos y el hocico.

Soisola. — Pájaro *llanero,* que anida en el suelo y que muestra la particularidad de levantar el vuelo casi verticalmente.

Solistranco. — (Aníbal Lisandro Alvarado.) *Palo,* 2.ª acepción de nuestro vocabulario.

Solistronco. — (R. D. Silva Uzcátegui.) *Palo,* 2.ª acepción de nuestro vocabulario.

Soñorita. — En sentido despectivo, mujer soltera y no virgen.

Sorpresivo. — Sorprendente.

Suerta. — *Marota* que se pone a las bestias, enlazándolas una mano y un pie, para evitar que coceen o que se alejen.

Sucio. — La frase *jugar un sucio,* por extensión de la 8.ª acepción de SUCIO, que da el diccionario, vale por "actuar o proceder con fraude"; es sinónima de *jugar un culebreado.*

Suidá. — Ciudad; esta transposición de vocales es también frecuente en el español de España; con referencia a la voz que nos ocupa, en el "Bando de la Huerta" (Fiestas de Primavera, Murcia, 1954), hemos visto escrito "zudiá", donde el retorcimiento es mayor todavía.

Sumagarse. — Resecarse una substancia orgánica.

Surupa. — *Ñereñere.*

Sute. — Además de ENTECO, CANIJO, colombianismo y venezolanismo que da el diccionario, en la 1.ª acepción de esta voz, también puede significar: 2. Niño. 3. Huérfano.

T

Tabaco. — Cigarro; "tabaco" es voz que en Venezuela, y en general en toda América, se emplea en esta su 4.ª acepción del diccionario.

Tacamajaca. — Esto es la *tacamajaca de ño Leandro,* dícese de algo tenido por insuperable y puede equivaler, como popularismo, al culto NON PLUS ULTRA.

Tachirense. — Natural del Estado Táchira.

Talisayo. — En los gallos y gallinas, color negro y amarillo.

Tamaño. — Seguimos a R. D. Silva Uzcátegui: "úsase vulgarmente para denotar gran magnitud en el substantivo (tenía *tamaña* boca abierta; le salió con *tamaño* garrote en la mano)".

Tanaina. — *Ñarrita*; suele usarse en la frase *ni tanaina así,* que se acompaña con el gesto de juntar dos uñas como para significar pequeñez.

Tángana. — Pelea, bronca.

Tanganazo. — Golpe dado con arma o cualquier objeto contundente.

Tapa. — Reserva de agua que queda en las represas de los caños.

Taparo. — En sentido figurado, denota superioridad.

Tara. — El diccionario, en su tercer artículo, 1.ª acepción, lo da como venezolanismo y en el sentido de LANGOSTÓN; el pueblo de Venezuela llama *tara* a la mariposa, voz ésta que casi nunca emplea.

Tarajallo. — Grandullón.

Tarantantín. — Tarantín, 2.ª acepción del diccionario; además de TENDUCHA, puede ser también "negociejo".

Tarantera. — Desmayo, mareo.

Tarascada. — En Venezuela no es MORDISCO, como da el diccionario, sino más bien manotazo, zarpazo.

Tarea. — Trabajo a destajo.

Tarisayo. — Talisayo; *tarisayo* es voz que no hemos oído y que tan sólo hemos visto en "El llanero", libro de Rafael Bolívar Coronado, según consiguió aclarar Oscar Sambrano Urdaneta, erróneamente atribuido, durante años, a Daniel Mendoza.

Tarrayazo. — Golpe seco y contundente; el diccionario da TARRAYA como ATARRAYA, ESPARAVEL; la red así llamada no es redonda, en Venezuela, sino más bien alargada, pero la definición del diccionario puede valer.

Tatura. — Cabeza; es sinónimo de *terba* y *tutuma*.

Tautaco. — Nombre onomatopéyico de determinada ave *llanera*.

Televisa. — Televisión.

Temiga. — Suciedad, porquería.

Templón. — Tirón.

Tenazcada. — Acción de agarrar con violencia con las manos o con las mandíbulas. 2. Acción de intentar, simplemente, hacer lo mismo, aunque no se haga presa.

Tendezón. — Mortandad.

Tener tabaco en la vejiga. — Ser un hombre valiente, impetuoso, fuerte; ser un *tronco* de hombre.

Terba. — *Tatura.*

Tercio. — Hombre, individuo. 2. En la timba, *tercio* significa JUGADOR o PUNTO, 20.ª acepción del diccionario.

Terecay. — Especie de tortuga de pequeño tamaño.

Tierrero. — Polvarera; es sinónimo de *polvero* y *polvorín.*

Tiestos. — Ir o *estar hecho tiestos,* ir o estar muy borracho.

Tigana. — Pájaro *llanero,* con la cola en forma de abanico.

Tigrón. — Matón, chulo.

Tigüín. — Vestido pobre y en mal estado.

Tinoso. — Dícese del hombre que hace buena puntería (que tiene TINO, 1.ᵉʳ artículo, 2.ª acepción del diccionario) con el arma de fuego.

Tirar. — Copular, 2.ª acepción del diccionario; *tirar* es voz tabú en Venezuela, como "coger", que tiene idéntico significado, lo es en la Argentina; entre nosotros también se emplea en este sentido, aunque el diccionario no lo registre, y vale por el españolísimo "joder", que tampoco el diccionario admite a pesar de que — con su doble acepción de "copular" y "molestar, fastidiar" — pudiera ser una de las claves de nuestro carácter: compárese el violento "joder" español con el delicado "faire l'amour" francés, por ejemplo. De las veintiséis acepciones que da el diccionario, el venezolano, en general, tiende a huir, substituyéndolas, siempre que puede, por *botar*, voz que va camino de convertirse en un verbo comodín. En Venezuela, hemos oído, como últimos vestigios del vocablo *tirar* y sus derivados, *tirar la parada*, *tirarse los troncos*, *tirería* y *tiro*, en las acepciones que el lector puede hallar en sus lugares.

Tirar la parada. — Atreverse o arriesgarse a obrar o actuar.

Tirarse los troncos. — Forma despectiva que vale por COMER.

Tirería. — Tiroteo.

Tiro. — Valen las acepciones 4.ª 5.ª, 6.ª y 7.ª del diccionario. 2. También se emplea, como aproximada medida de peso, con el significado del que puede arrastrar una yunta de bueyes.

Tobo. — CUBO, 1.er artículo, 1.ª acepción del diccionario, voz ésta que jamás se emplea.

Tomar trago. → Como en Colombia, y aunque su uso esté menos generalizado, equivale al español BEBER, 2.º artículo 3.ª acepción del diccionario.

Tongoneo. — Contoneo.

Toñeco. — Mimado, mimoso.

Toñequería. — Mimo que se da a los niños.

Toponazo. — Topetazo.

Trago. — *Palo*, 1.ª acepción de nuestro vocabulario; en la frase no se le antepone — a diferencia de *palo* — el artículo indeterminado UN (vamos a tomar un *palo*; estábamos tomando *trago*).

Tramojo. — Madero de un palmo de largo y que, atado a una cuerda, se emplea para mantener sujetas puertas y ventanas; el refrán *no le llamó perro, pero le enseñó el tramojo* quiere indicar que, la persona a que se refiere, entró en razones sin necesidad de explicarle demasiado las cosas, cuando vio que llevaba las de perder.

Tranquero. — El diccionario da TRANQUERA que, en su 2.ª acepción es análoga, aunque no idéntica, a *tranquero*, voz que podemos definir como puerta que consta de dos *botalones* a los que se sujetan seis trancas o traviesas de madera; el diccionario no da BOTALÓN sino en su acepción marinera.

Trapera. — Adorno que cuelga del chinchorro.

Trenza. — Es exclamación propia de Zaraza, Estado Guárico, y equivale a la *lavativa* caraqueña o la *cresta* maracaibera.

Treque. — *Pato*.

Tribilín. — Determinada regla del infantil juego de *pichas*.

Tronco. — *Palo*, 2.ª acepción de nuestro vocabulario.

Troncos. — Vid. *Tirar* y *Tirarse los troncos*.

Tucacas. — Testículos. 2. Puerto en el Estado Falcón, entre Boca de Aroa y Chichiriviche, y de los cayos que quedan frente a sus costas. 3. Puerto colombiano de la península de la Guajira.

Tunga. — Vid. *Llevárselo Tunga.*

Turca. — Paloma de color tabaco; es el "Leptolila verrauxi" de los naturalistas; el diccionario, 2.º artículo, habla de un pájaro chileno que ignoramos si es o no es el mismo.

Tutuma. — *Tatura.*

Tutumear. — Preparar, urdir, tramar, cavilar, dar vueltas a la *tutuma.*

U

Una cosa piensa el macho y otra el que lo va a ensillar. — El sentido de este refrán es claro; equivale, evidentemente, al español UNO PIENSA EL BAYO Y OTRO EL QUE LE ENSILLA, que da el diccionario en la voz BAYO.

V

Vagabundo. — Es término más despectivo que en el español de España y puede valer por golfo, ladrón, chulo de mujeres, etc.; rara vez se emplea en un sentido cariñoso.

Vaina. — El diccionario, en su 3.ª acepción, lo da como CONTRARIEDAD, MOLESTIA y como peculiar de Colombia y Costa Rica; también lo es de Venezuela.

Vajear. — Seguimos a Rómulo Gallegos: "acción que se atribuye a ciertos reptiles de adormecer la víctima arrojándole encima el vaho o aliento".

Vale. — *Cuñado.*

Vamos libres. — Determinada regla del infantil juego de *pichas.*

Vaquear. — Cuidar el ganado que pasta por la sabana.

Vaquería. — Conjunto de operaciones de hierra y marca del ganado.

Varilla. — *Vaina.*

Veguero. — Hombre no apto para las duras faenas del *llano* y que suele quedarse en la casa con las mujeres.

Vejigón. — Necio, vanidoso.

Veladero. — Puesto de caza para tirar a los animales salvajes.

Velar. — Pararse ante quien come, para recibir algo de lo que come.

Velón. — Que vela.

Venir con el pato y la guacharaca. — Equivale al español VENIR CON CUENTOS, con embustes.

Vereco. — Bizco.

Verraco. — Con el verbo SER, dícese de la persona valiente (ese hombre es muy *verraco*). 2. Con los verbos ESTAR y PONER, dícese de la persona enfurecida y agresiva (el papá de la niña está — o se puso — *verraco*). 3. Dícese de la persona que está cachonda.

Verse bajito. — Sentirse acoquinado ante el peligro; el verbo se emplea siempre en pretérito.

Versiá. — "¡Verdad será!"; inter-
jección que se emplea para denotar negación o duda.

Vieja. — Además del PEZ DEL
MAR PACÍFICO de que habla el
diccionario, es un pez de los
ríos *llaneros*.

Viejera. — Vejez.

Virengo. — *Vereco*.

Virotada. — Necedad, tontería,
imbecilidad.

Virote. — El diccionario, en sus
acepciones 6.ª y 7.ª, lo da por
MOZO SOLTERO, OCIOSO, PASEAN-
TE Y PRECIADO DE GUAPO y por
HOMBRE ERGUIDO Y DEMASIADO
SERIO Y QUIJOTE; en Venezuela
significa tonto, imbécil.

Vitoco. — Muy fino y afectado
en el andar, en el hablar y en
el vestir.

Volantona. — Mujer de buena familia pero de vida irregular.

Volarle la pierna al caballo. —
Montarlo.

Voltear. — Volver.

Y

Yacabó. — El diccionario lo registra por YAACABÓ.

Yaguazo. — El diccionario habla
de YAGUASA, pato salvaje de
Cuba y Honduras, que quizá
sea el *yaguazo* venezolano;
también se llama *pato real*.

Yaracuyano. — Natural del Estado Yaracuy.

Yerba del pará. — HIERBA DEL
PARAGUAY.

Y que. — Dicen que.

Yuntas. — Gemelos, 5.ª acepción
del diccionario; es sinónimo de
mancorna.

Z

Zambe. — Determinado baile popular, muy animado.

Zambo. — Además de las acepciones del diccionario, puede
valer por "hombre o animal
corpulento y fuerte". 2. En los
gallos y gallinas, color rojo oscuro.

Zamurada. — Bandada de *zamuros*.

Zamurera. — *Zamurada*.

Zamuro. — Puede valer el artículo AURA del diccionario, que
también anota las voces SAMU-
RO y ZAMURO. El *zamuro* es
el "Cathartes atratus Baird" de
los zoólogos y recibe, por Hispanoamérica, d i v e r s o s nombres: "aura tiñosa", en Cuba;
"cuervo", en Argentina; "chi-
cora", en Colombia; *chulo, galembo* y GALLINAZO, en Colombia y en el Estado Táchira (Venezuela), y el último
bautismo también en El Ecuador; URUBÚ, en Paraguay; "zo-
pilote", en algunas partes de
Méjico; GALLINAZA, etc. Salvo
URUBÚ, que no lo identifica
con *zamuro,* y GALLINAZA y
GALLINAZO, son voces — todas
las enumeradas — que no registra el diccionario. El *zamuro* presta el servicio de limpiar
los campos de carroña y es animal que suele ser respetado por
el hombre. También se cono-

cen el *rey zamuro* ("Cathartes papa Illg."), blanco sucio, de alas negras y pescuezo rojo, según definición de don Julio Calcaño, y el *catanejo* (Vid.)

Zaparapanda. — Zarabanda, 4.ª acepción del diccionario.

Zapatero. — *Quedar zapatero,* quedar sin un real.

Zaperoco. — Bulla, desorden, riña. 2. Torta de maíz y azúcar moreno que se da a los enfermos y a los niños.

Zaporreto. — Rechoncho.

Zarandajo. — Sinvergüenza.

Zebruno. — *Cebruno.*

Zipotazo. — *Cipotazo.*

Zipote. — *Cipote.*

Zipotón. — *Cipotón.*

Zófrego. — *Zarandajo.*

Zorro. — *Formar un zorro o meter en un zorro* a uno, equivale al español METERLO EN UN BERENJENAL, en camisa de once varas, en un lío.

Zosco. — *Palo,* 2.ª acepción de nuestro vocabulario.

Zumbado por las patas. — *Montado por las patas.*

Zumba que zumba. — Determinado baile popular venezolano.

Zuraguo. — *Ciraguo.*

No ignoramos que, entre las 896 fichas anotadas, existen voces de uso común, no sólo en Venezuela, sino también en otros países hispanohablantes; pero quedaría muy lejos de nuestro sencillo propósito de hoy, el haber señalado todas y cada una de las localizaciones.

ÍNDICE

Impreso en el mes de noviembre de 1989
en Talleres Gráficos DUPLEX, S. A.
Ciudad de Asunción, 26
08030 Barcelona